Petra Pluwatsch
Verfolgt und nicht vergessen
Geschichten hinter den Stolpersteinen

Kleine Reihe des NS-Dokumentationszentrums der Stadt Köln, Band 3

Petra Pluwatsch

Verfolgt und nicht vergessen

Geschichten hinter den Stolpersteinen

(M) METROPOL

Umschlagbild Vorderseite:
Stolpersteinverlegung, Deutzer Gymnasium Schaurtestraße, 2023
(Ausschnitt)
Barbara Hermanns

Bildredaktion: Ibrahim Basalamah

ISBN: 978-3-86331-705-8

www.metropol-verlag.de

Umschlaggestaltung + Satz: Andreas Hollender
Druck: Arta-Druck, Berlin

Inhalt

Vorwort

Keine andere Form des Gedenkens an die Opfer der nationalsozialistischen Verfolgung ist in Deutschland im öffentlichen Raum so präsent wie die Stolpersteine. Jeder einzelne der nur 10 x 10 x 10 cm kleinen und mit einer Messingplatte versehenen Betonquader ist Teil des großen dezentralen Kunstwerks, das der Künstler Gunter Demnig seit Mitte der 1990er-Jahre geschaffen hat und das immer weiterwächst. Die Stolpersteine werden zumeist vor den letzten selbst gewählten Wohnorten der Verfolgten verlegt, vor den Häusern also, wo die Wege durch das NS-Lagersystem begannen, die millionenfach in den Tod führten.

Die Namen und Lebensdaten der Verfolgten und die Namen der Lager, in die sie verschleppt wurden, finden wir komprimiert auf den Inschriften der Stolpersteine. Für viele junge Menschen sind sie erste Berührungspunkte mit der Geschichte der NS-Verbrechen, weil sie im eigenen Wohnumfeld täglich auf sie stoßen. Oft bilden sie einen ersten Anlass, um in der Familie, in der Schule oder mit Freund:innen über diese Geschichte zu sprechen.

Die Stadt Köln hat zu Gunter Demnigs Großprojekt eine ganz besondere Verbindung. Hier hat Demnig über vorausgegangene Gedenkprojekte zu den Deportationen der Sinti:zze und Rom:nja zur Form dieses dezentralen Kunstwerks gefunden und hier wurden 1995 – zuerst noch ohne Genehmigung – die ersten Stolpersteine in Erinnerung an einzelne NS-Verfolgte verlegt. Im Jahr 2023 zählen wir bereits fast 2700 Stolpersteine in Köln, und jährlich kommen derzeit circa 65 weitere hinzu. Gunter Demnig schafft diese eindrucksvolle Form des Gedenkens nicht allein, sondern in jeder Stadt oder Gemeinde helfen Initiativen, Archive oder Gedenkorte bei der Vorbereitung und Durchführung neuer Stolpersteinverlegungen. In Köln übernimmt diese Aufgabe das NS-DOK unter Mitwirkung ehrenamtlicher Helfer:innen. Die Journalistin Petra Pluwatsch, Autorin dieses Buches, ist ehrenamtlich im Kölner Stolpersteine-Projekt tätig. Für Anwohner:innen und eine Online-Präsenz des NS-DOK bereitet sie biografische Informationen zu den neu verlegten Kölner Stolpersteinen auf.

Hinter jedem Stein steht eine Lebensgeschichte, und jeder Verlegung gehen umfangreiche Recherchen und die Auseinandersetzung mit den Biografien der Betroffenen voraus. Über das Projekt der Stolpersteine kommen für das NS-DOK so auch häufig neue Kontakte zu Familienangehörigen aus der ganzen Welt zustande. Sei es, weil sie selbst eine Verlegung in Köln anstoßen, sei es, weil über die Vorbereitungen erstmals eine Verbindung hergestellt werden kann. Der Kontakt geht mit einem Austausch des vorhandenen Wissens, vielfach aber auch von Dokumenten oder Fotos einher. So führt jede einzelne Erweiterung des dezentralen Kunstwerks zugleich zur Erweiterung eines vielmaschigen Netzes von Beziehungen im Gedenken an die Opfer der NS-Verfolgung. In den notwendigerweise knappen, komprimierten Inschriften auf den Stolpersteinen kann all dies nicht zum Ausdruck kommen, ist aber doch ein ebenso wichtiger Teil wie die Verlegung der Steine selbst.

Das NS-DOK ist Petra Pluwatsch sehr dankbar, dass sie in diesem Buch ihre umfangreichen Recherchen zu den Lebensgeschichten hinter 15 ausgewählten Stolpersteinen an zwölf Kölner Adressen zusammenführt. Ihre eindrücklichen biografischen Skizzen leisten eine wichtige Ergänzung zum Gedenken an diese Menschen durch die Stolpersteine im Stadtraum. Wir würden uns wünschen, dass dieses Buch seine Leser:innen in Köln und darüber hinaus zugleich dazu anregt, sich auf die Spur nach den Lebensgeschichten hinter einzelnen Steinen zu machen, die ihnen im Alltag immer wieder begegnen, oder auch dazu, im eigenen Wohnumfeld dem dezentralen Kunstwerk weitere Elemente in Form weiterer Stolpersteine hinzuzufügen.

Dr. Henning Borggräfe, Direktor des NS-DOK

Einleitung

Es bleibt dabei: „Wer sich der Unmenschlichkeit nicht erinnern will, der wird wieder anfällig für neue Ansteckungsgefahren.“ Der Satz des damaligen Bundespräsidenten Richard von Weizsäcker aus seiner Rede vom 8. Mai 1985, gehalten zum 40. Jahrestag der Befreiung Deutschlands von der Gewaltherrschaft der Nationalsozialisten, hat nichts von seiner Gültigkeit verloren. Nicht wegschauen, nicht verdrängen und keinen Schlussstrich ziehen – darum geht es. Dabei erweist sich vor allem das Gedenken, das die Verfolgten beim Namen nennt und aus der abstrakten Opferzahl heraushebt, als besonders intensiv.

Der Künstler Gunter Demnig erinnert mit seiner Aktion Stolpersteine an Menschen, die zwischen 1933 und 1945 Opfer der nationalsozialistischen Schreckensherrschaft wurden. Dieses herausragende Mahnmal dezentraler Art wächst seit 1996 Stein um Stein in vielen europäischen Ländern. Die Stolpersteine werden vor den jeweils letzten freiwillig gewählten Wohnstätten verlegt. Sie sind mit Messinghauben versehen, auf denen Name, Lebensdaten und das jeweilige Schicksal vermerkt sind: verfolgt, vertrieben, gedemütigt, deportiert, ermordet.

In Köln wurden bereits mehr als 2500 dieser quadratischen Objekte in Gehwege und Freiflächen eingelassen. Die Verlegungen sind jedes Mal aufs Neue bewegende Momente, in denen eine Verbindung zwischen dem Heute und der Zeit vor bald 100 Jahren hergestellt wird. Da gibt es eine Live-Übertragung aus Köln zu den Nachfahren in einem Kibbuz in Israel. Da reist die deutsch-amerikanische Urenkelin an, um vor dem Haus ihrer Vorfahren Blumen niederzulegen. Da musizieren Angehörige der Kölner Musikhochschule für eine jüdische Opernsängerin. Mal sind es viele, die sich zum Gedenken versammeln, mal ist es eine Einzelperson, die mit bewegten Worten aus dem Leben des Opfers erzählt und somit den Erinnerungsfaden knüpft.

Genau das ist auch das Ziel dieses Buches: Es will anhand von zwölf biografischen Erzählungen dazu beitragen, dass die Schicksale der verfolgten Menschen nicht, wie von den Nationalsozialisten angestrebt, in Vergessenheit geraten. Es ist überdies der Versuch, ihnen die Würde, die ihnen genommen wurde, zurückzugeben.

Erzählt wird die Vita, die mit dem jeweiligen Stolperstein verbunden ist und die auf diesem nur kurz angerissen werden kann. Dabei soll deutlich werden, wie das Leben vor der Zäsur verlief, also bis zu jenem Moment, da der Terror der Nazis in den Alltag der Menschen einschoss. Und wie ihr Leben nach 1933 weiterging. Manchen Verfolgten gelang die Flucht ins Ausland. Doch die meisten fielen der Vernichtungsmaschinerie eines unerbittlichen Systems zum Opfer, wurden vergast, vergiftet, hingerichtet, erschossen, zu Tode gequält oder in den Freitod getrieben.

Der Band versammelt Lebensläufe, die den großen Verfolgtengruppen zugeordnet werden können. Allen voran sind das Jüdinnen und Juden, denen deshalb gleich mehrere Kapitel gewidmet sind. Außerdem werden Lebenswege von politisch und religiös Verfolgten, von Menschen mit körperlichen oder psychischen Besonderheiten, von Homosexuellen, Sinti und Roma sowie von Zwangsarbeiterinnen und Zwangsarbeitern nachgezeichnet. Ausdrücklich geht es in einigen Fällen auch um solche Opfer, von denen nur wenige Spuren überliefert sind.

Die exemplarisch ausgewählten Stolpersteine liegen in Köln in der Aachener Straße, in der Belvederestraße, in der Benesisstraße, in der Gleueler Straße, in der Immermannstraße, am Karolingerring, in der Klosterstraße, am Mauritiussteinweg, in der Salz- und in der Schildergasse, am Sülzgürtel und in der Virchowstraße. Sie erinnern an Mathilde Joseph, die in der Nacht vor ihrer Deportation aus einem Ghettohaus in der St. Apern-Straße in den Tod sprang. An die Kinder Gertrud und Hugo Rose, die aus einer Sinti-Familie stammten und im Alter von fünf und sechs Jahren aus einem Kölner Kinderheim in das Vernichtungslager Auschwitz-Birkenau deportiert und dort ermordet wurden. An Max Zienow, der wegen einer kritischen Bemerkung über Adolf Hitler von einer Bekannten denunziert und im Zuchthaus Brandenburg-Görden hingerichtet wurde. An Hilde und Carl Ludwig Spier, die beim Abtransport in das französische Transitlager Drancy einen Brief an eine Verwandte aus dem Zugfenster warfen mit der „letzte(n) Bitte“, sich um die beiden gemeinsamen Kinder zu kümmern: „Säume nicht, leb wohl.“ An Klara und Fritz Stoffels, die als Zeugen Jehovas ihren Glauben nicht verleugnen wollten: „Ich weiß, wofür ich mein Leben gebe.“ An Heinrich Hubert Malmedy, der als Homosexueller und sogenannter Asozialer ins Visier der Nazi geriet und im KZ

Dachau starb. An Johanna Lenz, die als „geisteskrank“ in die Rheinische Provinzial-Heil- und Pflegeanstalt in Bonn eingeliefert und in der NS-Tötungsanstalt Hadamar ermordet wurde. An Max Ichenhäuser, dem die Flucht über England in die USA gelang, wo er nur zwei Jahre später an Leukämie starb. An Julie Meyer, die 1942 mit dem letzten großen Deportationszug von Köln nach Theresienstadt deportiert wurde und von der es nach dem Ende der Nazi-Herrschaft in einem Familienbrief heißt: „Von Julla kam kein Lebenszeichen mehr.“ An die Zwangsarbeiterin Nina Sawina, die aus Stalino, dem heutigen Donezk, stammte und wenige Wochen vor dem Kriegsende auf einem Feld in Brauweiler erschossen wurde. An den Pferdehändler Jakob Stock, der 1917 aus dem Eifeldorf Lommersum in die Stadt Köln zog und 1942 nach Treblinka deportiert wurde. Und sie erinnern an Hilde Khnie, die mehrere Konzentrationslager überlebte und die uns kurz vor ihrem 95. Geburtstag sagte, sie habe „ein gutes Leben“ gehabt. Nur eines sei ihr nicht gelungen: zu vergessen, was damals geschehen sei.

Die einzelnen Biografien werden im jeweiligen historischen Kontext der Opfergruppen dargestellt und geben einen Einblick in die Lebensumstände von Verfolgten im nationalsozialistischen Köln. Die Quellenlage zu den einzelnen Lebensläufen ist in vielen Fällen karg. Einige empfindliche Lücken in der Überlieferung können nicht mehr geschlossen werden. Zum einen ist dies der systematischen Vernichtung möglichst vieler Spuren durch den NS-Staat geschuldet. Auch leben nur noch wenige unmittelbare Angehörige der Opfer, die Zeugnis ablegen können. Der Einsturz des Historischen Archivs der Stadt Köln im März 2009, bei dem einige Personalakten unwiederbringlich verloren gingen, hat die Recherchemöglichkeiten weiter eingeschränkt. Gleichwohl gibt es beredte Akten im NS-Dokumentationszentrum der Stadt Köln, in den Archiven des Bundes in Berlin und Koblenz und in denen von Ländern, Städten und Gemeinden. Zudem waren Adressbücher aus dem 19. und 20. Jahrhundert, dann auch Briefe, Aufzeichnungen und Auskünfte von Nachfahren hilfreich bei der Rekonstruktion der Schicksalswege.

Die Geschichten hinter den Stolpersteinen werden erzählt, um die Erinnerung zu wecken oder wachzuhalten. Sie sind Fakten gegen das Vergessen. Wer die Verbrechen der Vergangenheit im Bewusstsein behält, mehrt die Chance, dass sie sich nicht wiederholen. So möge der Band „Verfolgt und nicht vergessen“ Mahnung sein, wachsam zu bleiben bei jedem Ansatz von Antisemitismus und Rassismus, von Ausgrenzung und Stigmatisierung. Vielleicht wecken diese Erzählungen bei manchen Leserinnen uns Lesern den Wunsch, selbst einmal nachzuforschen, an wen da oder dort erinnert wird. Indem wir Sorge tragen, dass die Erinnerung nicht verlischt, ehren wir jene Menschen, die während des Nationalsozialismus verfolgt und ermordet wurden.

Stolperstein Hilde Helmreich, Benesisstraße 38 (Foto: Karin Richert)

Karin Richert

„Meine Kindheit war schön, bis Hitler kam“

Hilde Khnie, geb. Helmreich, 1925 geboren in Köln. Verfolgt als Jüdin. 1946 emigriert in die USA.

Benesisstraße 38

„Reichskristallnacht.“ Selbst mehr als 80 Jahre später kann Hilde Khnie dieses Wort akzentfrei aussprechen. „Reichskristallnacht“. Die Nacht vom 9. auf den 10. November 1938, als Männer in braunen Uniformen die schwere, hölzerne Eingangstür ihres Elternhauses in der Benesisstraße 38 aufbrachen und alles zerschlugen, was sie zu packen bekamen. Das Geschirr. Die Bilder und Möbel. Das Goldfischglas im Mädchenschlafzimmer. „Reichskristallnacht“ – die Nacht, in der Hilde Khnies Kindheit unwiderruflich endete.

Hilde Khnie, geborene Helmreich, seit 1946 in den USA zu Hause, ist eine Überlebende des Holocaust. Anders als ihr Vater Benzion Benno Helmreich, der 1940 im Konzentrationslager Buchenwald starb. Anders als ihre Schwester Erna, deren Spur sich 1944 in Auschwitz verlor. Anders als ihr Großvater Isaac Helmreich und die Tanten in Polen. Von den Schwestern des Vaters überlebte nur Tante Gisella. Sie fand Zuflucht in den USA. Das Schicksal von Paula und Rifka ist bis heute ungeklärt.

Geboren wird Hilde am 17. Juli 1925 in der Benesisstraße, einer ruhigen Wohn- und Einkaufsstraße in der Kölner Innenstadt mit bunt verputzten Häusern und kleinen Ladenlokalen. Schräg gegenüber der elterlichen Wohnung liegt die Buchhandlung Wolf Topilowski, die 1937 den Zusatz „jüdisch“ erhalten wird. Ein paar Häuser weiter befinden sich die Annahmestelle der Waschanstalt Peter Weiß und die Goldschmiedewerkstatt von Otto Neumann und Walther Salomon. Nummer 38 gehört Selig und Karoline Adler, einem jüdischen Ehepaar, das in der oberen Etage eine Privatpension führt. Im Erdgeschoss hat sich Hildes Vater kurz vor der Geburt seiner ersten Tochter mit dem Herren- und Damenkleidergeschäft Helmreich selbstständig gemacht.

Die Wohnung der Familie liegt in der ersten Etage. „Die halbe Treppe rauf war die Toilette.“ Vom Wohnzimmerfenster aus kann man bis zur St. Aposteln-Kirche sehen, und „vor dem Fenster wuchsen wilde Trauben. Das war wunderschön“, sagt Hilde Khnie, die sich – in einem langen Telefongespräch zwischen Köln und New York im März 2020 – noch gut an das Haus, in dem sie aufwuchs, und die kleinen Läden im Viertel erinnert. An das Tabakbüdchen an der Ecke Benesisstraße/Mittelstraße, wo man für ein paar Pfennige einzelne Zigaretten kaufen konnte. Und natürlich an das Geschäft für Büstenhalter und Korsetts in der Mittelstraße, an dessen Schaufenster sie sich als Sieben-, Achtjährige die Nase plattdrückte – und sich jedes Mal fragte, wer um alles in der Welt diese fleischfarbenen Ungetüme wohl tragen sollte.

Hildes Eltern stammen aus Galizien. Sie sind sogenannte Ostjuden, die es nach dem Ersten Weltkrieg wie Tausende andere nach Deutschland verschlagen hat. Das Gebiet gehörte bis 1918 zu Österreich-Ungarn und wurde nach dessen Auflösung Teil der Zweiten Polnischen Republik. Etwa elf Prozent der Einwohner sind Juden – Kleinhändler, Handwerker und Hausierer, die oft in bitterer Armut leben. Benzion Helmreich wird 1898 in Lancut, einer Kleinstadt mit damals knapp 5000 Einwohnern, geboren und ist Kaufmann von Beruf. Hildes Mutter Saare kommt am 24. November 1901 in Ropczyce zur Welt, rund 50 Kilometer westlich von Lancut. 1923 heiratet das Paar in Köln.

Saare Helmreich, geborene Isler, ist eine schöne junge Frau, die sich schnell einfindet in der fremden deutschen Stadt. „Sie hatte keinen Beruf, aber sie war the brain, der Kopf des Unternehmens“, erinnert sich Hilde Khnie. Charmant lächelnd führt Saare im Laden die Verkaufsgespräche, während ihr Mann sich vorrangig um den Einkauf und die Buchhaltung kümmert. „Wir waren eine streng orthodoxe Mittelstandsfamilie“, beschreibt Hilde Khnie ihr Elternhaus. Religion habe in ihrer Erziehung eine große Rolle gespielt. „Wir glaubten fest daran, dass eines Tages der Messias kommen wird. Bis all das Schlimme geschah und wir sahen, dass da niemand war.“

Saare und Benzion Helmreich haben sich in Köln der Gemeinde Adass Jeschurun angeschlossen, einer orthodoxen, rund 1200 Mitglieder starken Gemeinschaft, die sich 1906 von der liberalen Kölner Gesamtgemeinde abgespalten hat. Viele ihrer Anhänger und Anhängerinnen stammen aus dem ländlichen Osteuropa. Rund um die St. Apern-Straße, wo auch die Synagoge und das Schul- und Gemein-

Die Benesisstraße um 1910
Rheinisches Bildarchiv, RBA 86027

dezentrum stehen, haben sich zahlreiche koscher geführte Lebensmittelläden, Bäckereien und Metzgereien angesiedelt. Man hält sich an die jüdischen Speiseregeln und bleibt weitgehend unter sich. Auch an der Städtischen Israelitischen Volksschule in der Lützowstraße, die Hilde und ihre Geschwister besuchen, bilden die Kinder der orthodoxen Ostjuden eine eingeschworene Gemeinschaft, die wenig Kontakt hat mit den Schülerinnen und Schülern aus liberalen Elternhäusern.

Hilde bleibt nicht lange ein Einzelkind: Am 17. August 1926 wird in der Benesisstraße 38 ihre Schwester Erna Emma Eva Esther geboren. 1927 folgt Josef, drei Jahre später Naphtali Willi. Die Mädchen teilen sich das „weiße Zimmer" mit den schönen hellen Möbeln und dem bauchigen Goldfischglas. „Alles war weiß mit schwarzen Verzierungen", erinnert sich Hilde Khnie. „Meine Schwester war nur 13 Monate jünger als ich. Aber wir waren etwa gleich groß, und unsere Mutter zog uns gleich an. Damals gab es noch keine Geschäfte für Kinderbekleidung, und unsere gesamte Kleidung wurde zu Hause hergestellt. Meine Schwester sah besser aus als ich, und wenn die Leute uns zusammen sahen, sagten sie über sie: die Gutaussehende. Ich war die Hässliche."

Freundinnen habe sie nicht gehabt, sagt Hilde Khnie. „Ich war ein einsames Kind." Mit neun Jahren habe sie einmal Stinkbomben gekauft und mitgenommen in die Schule. „Natürlich bin ich rausgeworfen worden", und zu Hause habe es gleich noch einmal Prügel gegeben. „Das war damals so. Dennoch hatte ich eine schöne Kindheit, bis Hitler kam. An die Zeit danach habe ich keine einzige gute Erinnerung."

Hilde wächst eingebettet in den Kokon einer jüdischen Großfamilie auf. 1927 zieht Leo Helmreich, der jüngste Bruder des Vaters, bei ihnen ein. Und in der Gladbacher Straße 19, kaum 20 Gehminuten von der Benesisstraße entfernt, wohnt Benzion Helmreichs zwei Jahre älterer Bruder Hermann mit Ehefrau Dwerl und drei kleinen Söhnen. Der Grossist für Haushaltswaren beliefert Geschäfte und Kaufhäuser rund um Köln mit Handtüchern, Töpfen und Werkzeugen. Bei Familienfeiern serviert Dwerl Helmreich ihren berühmten Schmorbraten, zum Nachmittagskaffee gibt es selbstgebackenen Käsekuchen.

Nach der Machtübernahme der Nationalsozialisten am 30. Januar 1933 verändert sich die Stimmung in der Stadt radikal. Hilde Khnie kann sich nur noch an einige wenige Vorkommnisse aus den Anfangstagen des „Dritten Reichs" erinnern. Doch die knapp Achtjährige spürt die Angst und Verunsicherung der Erwachsenen angesichts der politischen Umwälzungen in Deutschland. Bei den Kommunalwahlen am 12. März erhält die NSDAP in Köln knapp 40 Prozent der Stimmen. Am nächsten Morgen marschieren mehrere Abordnungen der Partei zum Rathaus und skandieren: „Adenauer an die Mauer." Gegen elf Uhr wird am Rathausturm die Hakenkreuzfahne gehisst, und NSDAP-Gauleiter Josef Grohé enthebt Oberbürgermeister Konrad Adenauer seines Amtes. Der Zentrumspolitiker und strenge Katholik hatte offen gezeigt, was er von den neuen Machthabern hält. Seinen Platz nimmt der Nationalsozialist Günter Riesen ein. Noch im selben Monat ernennen Riesen und seine Parteigenossen Adolf Hitler zum Ehrenbürger der Stadt Köln.

Hildes Vater bekommt den politischen Umschwung bald hautnah zu spüren. Ende März 1933 ruft die NSDAP zu einem ersten reichsweiten Boykott jüdischer Geschäfte auf. Am 1. April stehen auch in Köln Sturmtrupps der SA und der SS vor jüdischen Läden und Warenhäusern. Nachts werfen Unbekannte die Schaufenster des Herren- und Damenkleidergeschäfts Helmreich ein, an der Hauswand steht

Gäste auf der Terrasse des Ausflugslokals am Flughafen Butzweilerhof, Köln 1938
Publikation: Gründung der Universität Köln 1388: Erinnerungsfeier vom 24. bis 26. Juni 1938, Köln 1938

in großen Lettern „Juden wohnen hier" und „Du dreckiger Saujude". Im Herbst 1935 muss Saare Helmreich die Zugehfrau und das Kindermädchen entlassen, die sich um den Haushalt der Familie und die vier Kinder kümmern. Das „Gesetz zum Schutz des deutschen Blutes und der deutschen Ehre", ein Bestandteil der am 15. September 1935 verabschiedeten Nürnberger Gesetze, verbietet Juden, „weibliche Staatsangehörige deutschen oder artverwandten Blutes unter 45 Jahren" in ihren Haushalten zu beschäftigen.

Auch Hilde leidet unter dem wachsenden Antisemitismus im Land ihrer Geburt. Ein paar Jungen schubsen sie vom Fahrrad und rufen ihr „dreckige Saujüdin" hinterher, als sie weinend davonläuft. Bei einem Spaziergang am Aachener Weiher schlägt ihr ein unbekannter Mann mit der Hand ins Gesicht und beschimpft sie aus „Judensau". „Woher kam dieser Hass?", das fragt sich Hilde Khnie noch mehr als 80 Jahre später. „Und woher wusste dieser Mann, dass ich Jüdin bin, obwohl wir damals noch keinen Judenstern tragen mussten?"

Es kommt zu weiteren hässlichen Vorfällen. Im gerade eröffneten Café am Flughafen Köln-Butzweilerhof, das Saare Helmreich an einem Sonntagnachmittag mit den beiden hübsch herausgeputzten Töchtern besucht, bleiben sie vor leeren Tellern sitzen. „Dann kam jemand mit einem Schild. Darauf stand: Juden sind hier nicht erwünscht. Sie werden hier nicht bedient."

Joseph, der älteste Sohn von Hermann und Dwerl Helmreich, traut sich nicht mehr auf den Spielplatz im Stadtgarten, seit ihn einige seiner früheren Spielkameraden bespuckt und mit Steinen beworfen haben. Hermann Helmreich wird auf offener Straße tätlich angegriffen. Zwei SA-Männer schlagen ihm vor seiner Firma das Gesicht blutig. Nur mit Mühe kann er sich in den Innenhof des Hauses retten, ehe Schlimmeres passiert. Ein paar Monate später poltern spätabends mehrere SS-Männer durch das „dreckige Judenhaus" in der Gladbacher Straße und treten Tische und Stühle um, bevor sie wieder im Dunkel der Nacht verschwinden.

Längst wird in der Familie offen über Auswanderung gesprochen. Hermann und Dwerl Helmreich bemühen sich seit 1935 um eine Ausreise in die USA, wo Verwandte von ihnen leben. Im Oktober 1937 emigrieren sie über Le Havre nach New York. Ein Jahr später flüchtet auch Leo Helmreich aus Deutschland und lässt sich im belgischen Antwerpen nieder. Allein Benzion Helmreich harrt mit seiner Familie weiterhin in Köln aus. Ob es den Eltern an Mut gefehlt habe, Deutschland zu verlassen, an den finanziellen Mitteln oder an der nötigen politischen Weitsicht – Hilde Khnie weiß es nicht.

Erna und sie besuchen mittlerweile die Jawne, das jüdische Realgymnasium in der St. Apern Straße. Die einzige höhere Schule für jüdische Schülerinnen und Schüler im Rheinland ist 1919 eröffnet worden. Seit 1929 nennt sie sich „Privates jüdisches Reformgymnasium mit Realschule für Knaben und Mädchen".

„Eine andere Schule wäre für uns als gläubige Juden nicht infrage gekommen", sagt Hilde Khnie. Doch auch auf der Jawne ändern sich die Zeiten. Seit jüdische Kinder an den öffentlichen Schulen zunehmend ausgegrenzt, beschimpft und diskriminiert werden, schicken viele liberale und nicht-religiöse Eltern ihren Nachwuchs auf die orthodoxe Schule. Innerhalb von vier Jahren erhöht sich die Zahl der Schülerinnen und Schüler von 217 im Jahr 1933 auf 423 im Jahr 1937.

Schulleiter Erich Klibansky, seit 1929 im Amt, hat schon früh die Zeichen der Zeit erkannt. Er versucht, die ihm anvertrauten Kinder im Eiltempo auf ein Leben im Exil vorzubereiten. Auf dem Unterrichtsplan stehen jetzt Palästinakunde, Englisch und modernes Hebräisch.

Schulleiter Dr. Erich Klibansky am Fenster des Jawne-Gebäudes, 1936
NS-DOK Köln / Sammlung Corbach, Bp C 161

Die oberen Klassen werden von rasch angeworbenen muttersprachlichen Lehrern aus England auf die Prüfung für das Cambridge School Certificate vorbereitet. Das Sprachdiplom ist die Voraussetzung für ein Studium in England und anderen englischsprachigen Ländern.

Spätestens im Oktober 1938 können auch Hildes Eltern die Augen nicht mehr vor der politischen Wirklichkeit verschließen. In der Nacht des 28. Oktober werden im Zuge der sogenannten Polenaktion 17 000 Ostjuden festgenommen und nach Polen abgeschoben. Heinrich Himmler, Reichsführer SS und oberster Polizeichef, sieht in der Massendeportation eine Möglichkeit, mit einem Schlag Tausende polnische Juden loszuwerden. Auch Benzion Helmreich wird in dieser Nacht abgeschoben. Erst Anfang 1939 kehrt er zurück nach Köln – nur wenige Monate später wird er erneut festgenommen.

Auf die Polenaktion folgt knapp zwei Wochen später die Pogromnacht, die Reichskristallnacht, wie Hilde Khnie sie bis heute nennt. In der Nacht vom 9. auf den 10. November 1938 brennen in ganz

Deutschland die Synagogen. Rund 30 000 Juden werden verhaftet und in Konzentrationslager deportiert. Auch in Köln zerstören SA-Männer in einer konzertierten Aktion die jüdischen Bethäuser und setzen sie in Brand. Scheiben splittern, in der Hohe Straße liegen zentimeterhoch die Scherben. In letzter Minute kann die Thorarolle aus der Synagoge in der Glockengasse gerettet werden. Auch Benzion Helmreichs Textilgeschäft und die Jüdische Buchhandlung Wolf Topilowski werden verwüstet. „Ich weiß noch, wie sie die Haustür aufbrachen und reinkamen", schildert Hilde Khnie die Schreckensnacht. „Wir saßen im ersten Stock, im weißen Zimmer. Sie warfen das Glas mit den Goldfischen zu Boden. Überall lagen Goldfische herum und zappelten. Sie machten einfach alles kaputt."

Den Rest der Nacht verbringt Hilde mit ihren Geschwistern und der Mutter bei jüdischen Bekannten. „Ich glaube, sie hießen Wunder und wurden ein paar Jahre später deportiert und getötet." Am nächsten Tag, vielleicht auch erst eine Woche nach der Pogromnacht, setzt Saare Helmreich die Kinder in einen Zug Richtung Belgien. Bloß weg aus Deutschland!

In Antwerpen soll Schwager Leo seine Kölner Nichten und Neffen in Empfang nehmen. Leo Helmreich hat kürzlich in eine wohlhabende Diamantenhändler-Familie eingeheiratet. Seine Frau Sara, geborene Finkelstein, erwartet in wenigen Wochen ihr erstes Kind. Der Abschied am Kölner Hauptbahnhof ist kurz, Zeit für Tränen bleibt nicht. „Pass auf die Kleinen auf", gibt die Mutter ihrer Ältesten mit auf den Weg.

Saare Helmreich ist nicht die Einzige, die ihre Kinder in aller Eile in die vermeintliche Sicherheit des Nachbarlandes schickt. Rund 1000 deutsch-jüdische Kinder und Jugendliche aus dem Rheinland finden bis zum Frühling 1939 Aufnahme in Belgien. Einzige Bedingung der dortigen Regierung: Aufenthalt und Versorgung der Flüchtlingskinder müssen privat finanziert werden.

Hilde und ihre Geschwister finden bei Leos Schwiegereltern Aufnahme. Herschel und Fraidla Rivka Finkelstein wohnen in einem eleganten Stadthaus in Antwerpen. „Ich weiß noch, dass sie ein großes Haus mit mehreren Angestellten und sogar einen eigenen Butler hatten", sagt Hilde Khnie. „Aber sie kamen mit uns vier Kindern nicht zurecht. Erst schickten sie die Jungen weiter nach Amsterdam." Dort lebt Moishe Isler, ein Onkel von Saare Helmreich, mit seiner Familie. „Meine Schwester wurde zunächst bei anderen Leuten in Antwerpen untergebracht, aber dann ebenfalls nach Holland geschickt. Nur ich blieb bei ihnen, aber sie haben mich nicht gut behandelt."

Herschel und Fraidla Rivka Finkelstein melden Hilde auf einer exklusiven jüdischen Privatschule an und zahlen das hohe Schulgeld. Ansonsten kümmern sie sich kaum um die verschlossene 13-Jährige, die sich einsamer fühlt denn je. „Ich hatte auch hier keine Freundinnen. Mein einziger Vertrauter war der Butler." Selbst Leo Helmreich hat selten Zeit für die Nichte. Er ist gerade zum ersten Mal Vater geworden: Am 9. Januar 1939 wird sein Sohn Maurille geboren und beansprucht seine volle Aufmerksamkeit.

Hildes Aufenthalt in Antwerpen endet im Frühjahr 1940. In den Morgenstunden des 10. Mai 1940 marschiert die deutsche Wehrmacht in Luxemburg, Belgien und den Niederlanden ein – der Westfeldzug hat begonnen. Hilde bekommt davon zunächst nichts mit. Sie hat bei einer Mitschülerin in Bogerhout, einem Vorort von Antwerpen, übernachtet. „Wir wollten zusammen für eine Prüfung lernen." Als sie am nächsten Morgen, dem Tag der Invasion, zurückfährt zum Haus der Familie Finkelstein, steht sie vor verschlossenen Türen. „Es war keiner mehr da. Sie hatten sich in Sicherheit gebracht und mich allein zurückgelassen."

Zu Fuß macht sie sich auf Richtung Frankreich. „Ich hatte lediglich eine Zahnbürste und ein Hemd zum Wechseln dabei", schildert Hilde Khnie ihre Flucht. „Ich ging an der Grenze entlang, zusammen mit vielen anderen Menschen. Ich wollte nach Calais, aber bis dahin bin ich nicht gekommen." Geld hat sie keines, „also habe ich Essen gestohlen".

Ihre Brüder, erfährt Hilde Khnie Jahre später, sind währenddessen auf dem Weg in die Sicherheit Englands. Mit der SS Bodegraven, einem holländischen Handels- und Passagierschiff, verlassen Josef und Willi Helmreich am 14. Mai in letzter Minute die Niederlande. Mehr als 70 verängstigte Kinder kauern sich fünf Tage im Frachtraum zusammen, während die deutsche Luftwaffe das verdunkelte Schiff wiederholt unter Beschuss nimmt. Am 19. Mai schließlich erreicht die SS Bodegraven den Hafen von Liverpool. Es ist der letzte Kindertransport aus den Niederlanden nach England.

Vier Kilometer vor Calais wird Hilde von deutschen Soldaten aufgegriffen. Die französische Hafenstadt ist am 26. Mai nach fünftägiger Belagerung gefallen, Hildes Flucht ist zu Ende. „Sie sagten, wir müssten alle zurück nach Belgien. Also bin ich mit dem Zug nach

Antwerpen gefahren. Aber dort hatte ich niemanden. Ich habe mich schließlich an den Straßenrand gestellt und einen Lkw mit deutschen Soldaten angehalten, damit sie mich zu ihrem Kommandanten bringen." Sie wolle, erklärt Hilde den jungen Männern, zurück zu ihrer Mutter nach Köln, und sie brauche entsprechende Papiere, um die Grenze passieren zu dürfen.

Die Soldaten setzen sie in der Avenue Louise 453 ab, wo die Dienststelle der Sicherheitspolizei und der Gestapo ihren Sitz hat. Gestapochef Franz Straub höchstpersönlich, so jedenfalls Hilde Khnies Erinnerung, stellt der inzwischen 15-Jährigen eine rosafarbene Bescheinigung für den kleinen Grenzverkehr aus. Und vermerkt am oberen Rand des Dokuments mit roter Tinte, ganz klein und auf dem rosa Untergrund kaum zu entziffern: „Jüdin". „Damit gab er mir die Erlaubnis, dass ich mit deutschen Soldaten zurück nach Köln durfte."

Der Vater lebt nicht mehr, als Hilde in Köln ankommt. Benzion Helmreich ist am 11. September 1939 von der Staatspolizeistelle Köln in „Schutzhaft" genommen und am 10. Oktober in das Konzentrationslager Buchenwald deportiert worden. Am 15. Juni 1940 stirbt Häftling 8213 in Block 21. Todesursache laut Totenschein: Körper- und Kreislaufschwäche. Ein Überlebender, sagt Hilde Khnie, habe ihnen nach dem Krieg jedoch erzählt, der Vater sei gehenkt worden.

Eine Woche nach seinem Tod erhält Saare Helmreich ein Paket mit der Asche ihres Ehemannes und seinen letzten Besitztümern. Das sind: eine Aktentasche, ein Hut, ein Binder, eine Unterhose, ein Paar Strümpfe, eine Weste, ein Paar Schuhe, ein Kragen, ein Rock, zwei Hemden, zwei Mäntel und ein Fahrscheinheft der Deutschen Reichsbahn. Saare Helmreich wohnt inzwischen am Horst-Wessel-Platz 14, dem ehemaligen Rathenauplatz. Das Gebäude ist eines von rund 270 Juden- oder Ghettohäusern in Köln, in denen Jüdinnen und Juden aus dem ganzen Stadtgebiet zusammengelegt, also ghettoisiert werden. In die Benesisstraße 38 sind nach dem Pogrom die Büros der Rheinischen Braunkohlentiefbaugesellschaft und der Vereinigungsgesellschaft Rheinische Braunkohlenwerke eingezogen. Benzion Helmreichs Kleidergeschäft existiert nicht mehr, die Privatpension des Ehepaares Adler in der oberen Etage musste bereits 1936 schließen.

Hilde erkennt die Mutter kaum wieder nach ihrer Rückkehr aus Belgien. Die Belastungen der vergangenen eineinhalb Jahre, der Tod des Ehemannes, die Angst um ihre Kinder stehen Saare Helmreich ins Gesicht geschrieben. Zwei oder drei Wochen nach Hilde trifft auch Erna in Köln ein. „Wir mussten uns die Wohnung mit drei Leuten teilen und hatten nur ein Zimmer", schildert Hilde Khnie einen mühseligen, angstbesetzten Alltag. „Wir durften nur zu bestimmten Zeiten einkaufen gehen und mussten den Judenstern tragen." Zur Schule gehen Erna und sie nicht mehr. Die Jawne ist inzwischen geschlossen.

Im Oktober 1941 werden Saare Helmreich und ihre Töchter schriftlich darüber informiert, dass ihre Namen auf einer Deportationsliste stehen. Sie sollen sich am 21. Oktober auf dem Messegelände in Köln-Deutz einfinden. Abfahrt am nächsten Morgen. Erlaubt ist ein Gepäckstück pro Person. Saare, Hilde und Erna Helmreich gehören damit zu den ersten von schätzungsweise 6000 Kölner Jüdinnen und Juden, die zwischen Herbst 1941 und Sommer 1942 in sechs großen Deportationszügen nach Lodz, Theresienstadt, Riga oder Minsk verschleppt werden.

Mehr als 1000 Männer, Frauen und Kinder stehen an diesem 22. Oktober kurz vor Sonnenaufgang reisefertig am Bahnhof Köln-Deutz. Die Nacht haben sie in drangvoller Enge in der Kölner Messe verbracht. „Kameraden, Soldaten, stellt die Juden, dieses Lumpenpack, an die Wand", schallte es aus einhundert Kehlen, als eine Abordnung der SS am frühen Morgen in die Messehalle einmarschiert, um die Menschen Richtung Bahnhof zu treiben.

Hilde hat ihre wenigen Habseligkeiten in eine alte Hutschachtel gestopft. Die meisten ihrer Mitreisenden haben große Koffer und Taschen dabei, doch viele Gepäckstücke bleiben in der Hast des Aufbruchs auf dem Bahnsteig zurück. Wohin die Menschen gebracht werden, weiß keiner von ihnen. Man habe ihnen lediglich mitgeteilt, dass es Richtung Osten gehe, sagt Hilde Khnie. „Für mich war das ein großes Abenteuer. Wir alle dachten, schlimmer als hier kann es ja nicht werden."

Der Zug, der in den Bahnhof Deutz-Tief einfährt, ist ein normaler Passagierzug: große Abteile, schlichte Holzsitze. Allein ein Speisewagen fehlt. „Das war für uns das erste Alarmzeichen, dass irgendetwas ganz und gar nicht stimmt." SS-Männer in schwarzen Uniformen patrouillieren durch die Wagen, in denen sich bald Unruhe ausbreitet. Einen Tag und eine Nacht dauert die Reise ins Ungewisse. Die Passagiere schlafen auf den Holzbänken oder auf dem Boden. Den meisten ist inzwischen der Proviant ausgegangen.

Ghetto Litzmannstadt, 1942. Das Foto wurde während einer Pferdekutschenfahrt durch die Hohensteiner Straße (die mitten durch das abgezäunte Ghetto führte) heimlich aufgenommen.
NS-DOK Köln, N 137,4 / Privatbesitz

Endlich stoppt der Zug. Endstation Lodz, Ghetto Litzmannstadt. Hilde Khnie erinnert sich an Schäferhunde, die laut bellend an ihren Leinen zerren, an die schneidende Winterkälte, die ihr unter die Kleidung fährt. Die Pfützen auf dem vereisten Boden sind gefroren, es hat bereits geschneit. „Raus, raus", brüllen die SS-Männer, die die verängstigten Menschen auf dem Bahnsteig in Empfang nehmen.

Das Ghetto, in dem Hilde Khnie knapp drei Jahre ihres Lebens verbringen wird, umfasst die Stadtteile Marysin Stare Miasto und das jüdische Armenviertel Baluty: vier Quadratkilometer Elend mit Hunderten baufälligen Holzhäusern ohne Wasseranschluss und sanitäre

Anlagen. Zunächst sollten nur die etwa 164 000 Jüdinnen und Juden aus Lodz in den maroden Gebäuden untergebracht werden. Inzwischen dient das Ghetto als Auffangstation für Deportierte aus dem gesamten besetzten Polen und den Gebieten des Deutschen Reichs. Mehr als 200 000 Menschen, davon rund 20 000 Deutsche, passieren das Lager bis zu dessen Räumung im Herbst 1944. Jeder Fünfte von ihnen verhungert, erfriert oder stirbt an Typhus und anderen Krankheiten.

Hilde wird mit der Mutter und der Schwester in einem alten Schulgebäude untergebracht. Es ist eiskalt in den zugigen Räumen, zu essen gibt es eine dünne Rübensuppe, geschlafen wird auf dem Boden. Ihre Notdurft müssen sie in Eimern verrichten. „Es war schlimmer als alles, was ich bislang erlebt hatte", sagt Hilde Khnie. „Ich hatte noch nie in einem Haus ohne Wasser, Strom und Toiletten gelebt und stand tagelang unter Schock."

Einige Tage nach ihrer Ankunft treiben SS-Männer die Bewohnerinnen und Bewohner des Schulhauses hinaus auf den verschneiten Hof. „Raus, raus, raus" – auch dieses deutsche Wort hat sich Hilde Khnie unauslöschlich ins Gedächtnis eingebrannt. Ein Mann soll vor aller Augen gehenkt werden – ein Kölner, wie sie bald erfährt. Der Mann hatte versucht zu fliehen und war gefasst worden. Jetzt soll an ihm ein Exempel statuiert werden. „Er rief immer wieder: Ich will leben." An diesem Tag, sagt Hilde Khnie, habe sich für sie die Welt verändert. „Wenn du so etwas siehst, bist du nachher nicht mehr vorhanden. Du blendest dich selber aus, um zu überleben." Sie entwickelt noch eine weitere Überlebensstrategie. „Ich musste lernen, mich anzupassen und ein netter, freundlicher Mensch zu sein. Das war ich vorher nicht. Doch wenn du nicht nett warst, kamst du auf die Liste." Was die Verschleppung in ein Konzentrationslager bedeutet hätte.

Mit 13 Deportierten aus Köln teilen sich Saare Helmreich und ihre Töchter eineinhalb Jahre lang eine Wohnung in der Kelmstraße 21. „Ich hoffe, dass Ihr gesund seid", schreibt Moishe Isler am 22. Februar 1942 an die nämliche Adresse. Der Onkel und Ehefrau Rosie wohnen mit ihren Kindern nach wie vor in Amsterdam und werden den Holocaust überleben. „Wir haben Euch am 20. Februar ein Paket mit Osterbrot gesandt, wünschen Euch alles Gute."

Am 29. April 1943 ziehen Hilde, Erna und ihre Mutter innerhalb des Ghettos um in die Bierstraße 16. Alle drei haben Arbeit in einer Kleiderfabrik gefunden und nähen in Zwölf-Stunden-Schichten Goldbordüren und Hakenkreuze auf SS-Uniformen. Dafür bekommen sie pro Tag ein Stück Brot und eine Schale Suppe, Zusatzrationen, die das Überleben sichern. Der Hunger ist allgegenwärtig im Ghetto, und er zeichnet die Körper der Menschen. „Muselmänner", sagt Hilde Khnie, so habe man all diejenigen genannt, deren Gesichter und Extremitäten vor Hunger angeschwollen seien, während ihre Körper immer weniger wurden. „Sie waren so dünn, dass man sah, wenn ein Stück Brot ihre Kehle herunterrutschte."

Regelmäßig treiben SS-Männer die Ghettobewohner unter lautem Gebrüll hinaus auf die Straße. „Raus, raus, raus, alle hintereinander aufstellen!" Schäferhunde hetzen bellend durch die verlassenen Zimmer. Wer zu alt oder zu schwach ist, das Haus aus eigener Kraft zu verlassen, der wird mit Gewalt auf Lastwagen getrieben und abtransportiert. „Aussiedlungen", so heißen diese Aktionen. Man will Platz schaffen für Neuzugänge. „Wir wussten nicht, was mit diesen Menschen geschah", sagt Hilde Khnie. „Aber wir ahnten es."

Im Juli oder August 1944 werden auch Hilde, Erna und Saare Helmreich zusammen mit Hunderten weiteren Ghettobewohnerinnen und -bewohnern auf Lastwagen verladen und in Viehwaggons abtransportiert. Das Lodzer Ghetto soll geräumt werden. Mehr als 7000 Menschen sind zwischen dem 23. Juni und dem 15. Juli bereits in die Vernichtungsstätte Kulmhof deportiert und ermordet worden. Das Ziel des nun rollenden Deportationszuges ist das Vernichtungslager Auschwitz-Birkenau. SS-Lagerarzt Josef Mengele, berüchtigt für seine Menschenversuche, wartet bereits an der Rampe, als die Häftlinge aus den verdreckten Viehwagen taumeln. Dutzende Leichen werden ins Freie getragen. Hilde, Erna und die Mutter gehören zu denjenigen, die aus eigener Kraft gehen können. Das habe ihnen das Leben gerettet, sagt Hilde Khnie. „Dass wir laufen konnten. Wir wurden nach rechts geschickt." Die Alten, Kranken und Schwachen, jene also, die kaum mehr stehen können, schickt Mengele nach links. Direkt in die Gaskammern.

Wärterinnen stehen bereit, um ihnen die Haare abzuschneiden. Hilde muss ihre Stiefel abgeben. Das Männerhemd, das sie erhält, ist viel zu groß. Stundenlang stehen die Frauen am nächsten Tag mit Ziegelsteinen in der Hand auf dem Hof stramm. Es gibt weder etwas zu essen noch zu trinken. Wer das Bewusstsein verliert, wird weggebracht.

Frauen und Kinder auf dem Ankunftsbahnsteig in Auschwitz-Birkenau, der als „Rampe“ bekannt ist, 27. Mai 1944 (Foto: Ernst Hofmann / Bernhard Walter) *Yad Vashem FA268/13*

„Wir hatten ständig Angst, dass auch wir im Gas landen“, schildert Hilde Khnie den Alltag in dem Vernichtungslager. „Wir sahen ja die Krematorien und hatten Tag und Nacht diesen süßlichen Geruch in der Nase. Wir saßen herum, ohne Beschäftigung, immer mit der Angst, verbrannt zu werden.“ Eines Tages wird Erna krank. Die blutigen Durchfälle, unter denen viele Häftlinge leiden, wollen nicht aufhören, das Fieber steigt. Schließlich wird die 18-Jährige abgeholt. Sie solle in eine andere Abteilung verlegt werden, teilt man Mutter und Schwester mit. Doch Erna kehrt nicht zurück.

Am 4. Oktober 1944 werden Hilde und Saare Helmreich zusammen mit rund 500 Frauen weiterverschleppt in das Konzentrationslager Flossenbürg bei Weiden in der Oberpfalz. In dem überfüllten Lager leben bereits 8000 Zwangsarbeiter und -arbeiterinnen, die in der deutschen Rüstungsindustrie eingesetzt werden. Die Fahrt durch das kriegszerstörte Deutschland dauert vier Tage. Am 9. Oktober kommen Mutter und Tochter in Flossenbürg an und werden im Außenla-

KL.: FLOSS

Häftlings-Personal-Karte

Jüdin

Häftl.-Nr.: 54587

Fam.-Name: Helmreich
Vorname: Hilda
Geb. am: 17. 7. 25 in: Köln
Stand: Kinder:
Wohnort:
Strasse:
Religion: Staatsang.:
Wohnort d. Angehörigen:
Eingewiesen am:
durch:
in KL.:
Grund:
Vorstrafen:

Überstellt
am: 9. 10. 44 an KL. n. Oederan
am: an KL.
am: an KL.
am: an KL.
am: an KL.
am: an KL.
Entlassung:
am: durch KL.:
mit Verfügung v.:

Personen-Beschreibung:
Grösse: cm
Gestalt:
Gesicht:
Augen:
Nase:
Mund:
Ohren:
Zähne:
Haare:
Sprache:
Bes. Kennzeichen:
Charakt.-Eigenschaften:
Sicherheit b. Einsatz:
Körperliche Verfassung:

Strafen im Lager:
Grund: Art: Bemerkung:

KL./8/a. 44-600000

Häftlings-Personal-Karte von Hilde Helmreich aus dem KZ Flossenbürg
1.1.8.4 / 11067525 / ITS Digital Archive, Arolsen Archives

ger Oederan untergebracht. Dort produziert die Deutsche Kühl- und Kraftmaschinen GmbH seit dem Spätsommer unter dem Tarnnamen Agricola GmbH Flakmunition. In den Hallen der stillgelegten Nähfadenfabrik Kabis stellen die Frauen in zwei Acht-Stunden-Schichten Sprenggranaten für Flugzeugkanonen her, bis das Lager im April 1945 geräumt wird. „Beim geringsten Fehler war das Essen weg“, erinnert sich Hilde Khnie. „Eine schwangere Italienerin wurde erschossen. Aber wenigstens gab es Toiletten, die wir benutzen durften.“

Unter Schlägen werden die entkräfteten Gefangenen am 14. April 1945 aus dem Lager getrieben, bewacht von Aufseherinnen, die keine Gnade kennen. „Diese Frauen waren grausam“, sagt Hilde Khnie. „Grausamer sogar als die Männer. Die hatten eventuell noch Mitleid, wenn man jung und hübsch war. Die Frauen trugen Metallstücke in ihren Handschuhen, und damit schlugen sie uns.“ Viele der Häftlinge brechen unterwegs zusammen und sterben am Straßenrand, andere werden erschossen oder totgeprügelt.

Anfang Mai, nach einer tagelangen Odyssee zu Fuß und in Viehwaggons, erreichen die Überlebenden schließlich das Ghetto There-

KZ Flossenbürg, Außenlager Oederan: ehemalige Häftlingsunterkunft und Arbeitsstelle in der Nähfadenfabrik Kabis, 2019 (Foto: Rainer Viertlböck) *KZ-Gedenkstätte Flossenbürg / Rainer Viertlböck*

sienstadt. Wenige Tage später wird das Lager von der Roten Armee befreit. Der Zweite Weltkrieg ist zu Ende. Hilde und Saare Helmreich haben überlebt.

Die beiden Frauen bleiben noch bis zum 15. Juni 1945 in dem ehemaligen Ghetto. Zwei Tage vor Hildes 20. Geburtstag werden sie in ein Offizierscamp der US-Armee im bayerischen Deggendorf verlegt. „Endlich fing das Leben an", sagt Hilde Khnie. „Es gab sogar einen Swimmingpool. Die Sonne schien. Wir durften uns Essen und Getränke aus der Kantine holen, und alle jungen Leute lagen in der Sonne, um braun zu werden. Wir wollten nur noch leben, leben, endlich leben. Und vergessen, was passiert war."

Doch Hilde fühlt sich müde und schlapp, ein schweres Gewicht scheint auf ihrer Brust zu lasten. „Ich konnte mich kaum bewegen", das Atmen fällt ihr schwer. Ein Arzt stellt schließlich eine Tuberkulose fest: Die junge Frau muss zur Behandlung in ein Lungensanatorium. Fast ein halbes Jahr verbringt sie in der Heilstätte Kostens bei Straubing, ehe sie am 20. Februar 1946 entlassen wird.

Das Grab von Benzion Helmreich auf dem jüdischen Friedhof Köln-Deckstein (Foto: Martin Oehlen)
Martin Oehlen

Am 6. Juni 1946 verlässt sie gemeinsam mit der Mutter und deren zweitem Ehemann auf der SS Marine Flasher Deutschland. Saare Helmreich hat in Deggendorf den Berliner Opernsänger und Auschwitz-Überlebenden Arnold Kirschberg kennengelernt. Am 18. Juni erreichen Hilde und das frisch vermählte Ehepaar New York. Endlich leben!

Saare Kirschberg, verwitwete Helmreich, stirbt 1994 mit 93 Jahren in New York. Hildes Brüder Josef und Willi Helmreich emigrieren Ende 1947 ebenfalls in die USA, wo sie heiraten und Familien gründen.

Hermann Helmreich eröffnet in seiner neuen Heimat einen Großhandel für Textilen und Haushaltswaren. Die Familie benennt sich um in Helmrich. Hermann Helmrich stirbt am 8. September 1995 in New York.

Leo Helmreich und seine Frau Sara wandern 1946 in die USA aus. Im August 1945 ist in der Schweiz ihr zweiter Sohn William geboren worden. Leo Helmreich eröffnet in New York ein Juweliergeschäft. Er stirbt 2011 im Alter von 102 Jahren. William Helmreich, ein bekannter Soziologieprofessor, stirbt im März 2020 in New York an den Folgen einer Corona-Infektion.

Benzion Helmreichs Grabstätte auf dem jüdischen Friedhof in Köln-Deckstein besteht noch. Ernas Name ist auf einer Bronzetafel am Löwenbrunnen auf dem Erich-Klibansky-Platz in Köln eingraviert, dort, wo einst die Jawne stand.

Hilde Helmreich macht nach ihrer Ankunft in New York eine Ausbildung zur Sekretärin und heiratet 1947 den 13 Jahre älteren Sender Khnie. Das Paar bekommt zwei Töchter, erst Senders Tod im Februar 2000 beendet die mehr als 50 Jahre währende Verbindung. „Ich hatte ein gutes Leben und einen guten Ehemann", sagt Hilde Khnie kurz vor ihrem 95. Geburtstag. „Wir hatten alles außer Geld. Aber wir waren glücklich." Nur eines sei ihr nicht gelungen: zu vergessen, was damals geschehen sei.

Einwanderung aus Osteuropa

Seit Ende des 19. Jahrhunderts wandern verstärkt orthodoxe Jüdinnen und Juden aus Osteuropa nach Deutschland ein. Die Gründe dafür sind wirtschaftliche Zwänge, fehlende Aufstiegschancen und ein wachsender Antisemitismus in ihren Herkunftsländern, der sich in gewaltsamen Ausschreitungen niederschlägt. Allein zwischen 1902 und 1906 werden im zaristischen Russland bei Pogromen rund 2000 Menschen jüdischen Glaubens ermordet.

Köln gehört neben Berlin zu den bevorzugten Zielen der sogenannten Ostjuden. Für viele von ihnen sind die beiden deutschen Großstädte eine Zwischenstation auf dem Weg in die USA. Vor dem Ersten Weltkrieg macht der Anteil osteuropäischer Immigrantinnen und Immigranten in Köln etwa 25 Prozent der jüdischen Bevölkerung aus. 1933 stellen die Kinder von Ostjuden bereits die Hälfte der Schülerinnen und Schüler der Städtischen Israelitischen Volksschule in der Lützowstraße. Viele der Zugewanderten stammen aus sozial schwachen Schichten und versuchen, als Händler, Handwerker und Industriearbeiter in der Großstadt Fuß zu fassen. Ihnen steht ein weit gefächerter und liberal eingestellter jüdischer Mittelstand gegenüber, der vom Aufstieg Kölns zu einer modernen Handels- und Wirtschaftsmetropole in der zweiten Hälfte des 19. Jahrhunderts profitiert und – mehr noch – entscheidend zum Wachstum der Stadt beiträgt.

Stolpersteine Klara und Fritz Stoffels, Belvederestraße 147
(Fotos: Karin Richert)

Karin Richert

„Ich weiß, wofür ich mein Leben gebe“

**Klara Stoffels, geb. Wiechert,
1904 geboren in Wiesdorf-Küppersteg.
Verfolgt als Zeugin Jehovas.
1944 hingerichtet im Strafgefängnis
Berlin-Plötzensee.**

**Fritz Stoffels, 1898 geboren in Hamborn.
Verfolgt als Zeuge Jehovas.
1944 hingerichtet im Zuchthaus
Brandenburg-Görden.**

Belvederestraße 147

Eines Tages war Tante Klärchen verschwunden. Tante Klärchen aus der Belvederestraße 147. Die mit den merkwürdigen Heftchen, die überall in ihrer Wohnung herumlagen. „Diese Heftchen waren mir irgendwie nicht geheuer“, erinnert sich Helmut Bieger. „Sie wollte mir immer daraus vorlesen, aber ich hatte einen großen Widerwillen dagegen und hätte viel lieber Karl May-Bücher gelesen.“

Acht Jahre alt war Helmut Bieger, als die Tante, die eigentlich seine Cousine war, aus seinem Leben verschwand. Zwölf Jahre war er, als er erfuhr, dass sie am 11. August 1944 im Strafgefängnis Berlin-Plötzensee wegen Wehrkraftzersetzung und Feindbegünstigung hingerichtet worden war. Bis heute beschäftige ihn die Geschichte von Tante Klärchen und ihrem Tod auf dem Schafott, sagt der 90-Jährige 2021 im Gespräch. „Ich mochte sie sehr gern. Sie war für mich ein Idol und eine Spielkameradin.“

Klara Stoffels und ihr Ehemann Fritz, der drei Tage nach ihr im Zuchthaus Brandenburg-Görden hingerichtet wurde, gehörten den Zeugen Jehovas an, den Ernsten Bibelforschern, wie sich die christliche Religionsgemeinschaft vor 1931 nannte. Bis zu ihrem letzten Atemzug waren sie fest verankert in einem Glauben, der sie und mehr als 2000 Gleichgesinnte während der NS-Zeit das Leben kostete.

Cousins und Geschwister von Klara Stoffels, (v. l.): Adi und Helmut Bieger, Fritz, Mimi (hinten) Gretel und Karl Wiechert
NS-DOK Köln, N 3283 / Privatbesitz Helmut Bieger

Geboren wird Klara Stoffels am 7. Dezember 1904 in Wiesdorf-Küppersteg, heute ein Stadtteil von Leverkusen. Ihr Vater Fritz Wiechert ist ein Imi, wie man im Rheinland sagt, ein Zugezogener aus dem protestantischen Berlin. Als junger Soldat hat er im Gardekorps der Preußischen Armee gedient, ein hochgewachsener, kräftiger Mann, der gern von den alten Zeiten erzählt. Inzwischen verdient er sein Geld als Küfer. Klaras Mutter, nach der die älteste Tochter benannt ist, stammt aus Rhens, einem knapp 1500 Einwohner großen Ort südlich von Koblenz. Klara Wiechert, katholisch wie der Rest der Familie, sei extrem fromm gewesen, erinnert sich Helmut Bieger. „Sie hatte so eine religiöse Ader." Auch sie habe zeitweise mit den Zeugen Jehovas sympathisiert. Das zumindest erzähle die Familienlegende.

Die Familie wächst rasch, ein Kind nach dem anderen wird geboren: Auf Klara folgen Karl, Maria, Käthe, Wilhelmine, Fritz und die 1928 geborene Margarete. Die Geschwister wachsen in Köln-Bickendorf auf, damals ein Arme-Leute-Viertel im Westen der Stadt, in dem vor allem Arbeiter und kinderreiche Familien leben. Dort sei sie zur Ersten Heiligen Kommunion gegangen, gibt Klara Stoffels 1944 auf einem Fragebogen des Frauengefängnisses Barnimstraße in Berlin an. Und dort, in Köln-Bickendorf, habe sie die Volksschule besucht, wenn auch nur ein Jahr lang.

Die Familie wohnt in einer abgelegenen, längst leer geschöpften Kiesgrube an der Widdersdorfer Straße. „Im Loch", wie man in der Verwandtschaft sagt. Nicht weit davon entfernt verläuft die Eisenbahnstrecke Köln–Aachen. Nachts hört man das langgezogene Pfeifen der vorbeifahrenden Züge. Das Wohnhaus im Loch ist ein schmuckloser, barackenähnlicher Bau, doch es hat eine Terrasse, auf der wilder Wein wächst, und einen Garten, in dem Fritz Wiechert Hunde, Schweine und Schafe hält. Eine Idylle fernab der Großstadt Köln.

„Für uns Kinder war das ein Paradies", erinnert sich Helmut Bieger, der als „kleiner Stöpsel" regelmäßig zu Besuch bei den Verwandten war. Er wohnt mit den Eltern, seinem älteren Bruder Adi und Oma Gertrud aus der Eifel in der Nagelschmiedgasse, nur 30 Gehminuten entfernt vom Loch. Das dritte Kind der Familie Bieger, Tochter Marianne, ist bereits vor Helmuts Geburt bei einem Unfall ums Leben gekommen. Helmut Biegers Mutter Käthe ist eine Halbschwester von Klara Wiechert. Die Frauen haben verschiedene Väter, doch die Familien sind eng miteinander verbunden.

Klara Stoffels arbeitet als Küchenhilfe bei einer Kölner Filiale der Firma Siemens. Kartoffeln schälen, Töpfe schrubben – jeder Pfennig ist willkommen im Hause Wiechert. In ihrer Freizeit kümmert sie sich um die jüngeren Geschwister. „Du bist die Älteste, du musst allen mit gutem Beispiel vorangehen", nimmt Klara Wiechert ihre Erstgeborene regelmäßig in die Pflicht. Doch die Tochter hat eigene Pläne. Pläne, die sie fortführen werden aus Köln. Fort von den Eltern und Geschwistern. Fort vom Loch. 1922 tritt sie aus der katholischen Kirche aus und schließt sich den Bibelforschern an – eine Entscheidung, die noch Jahre später für hitzige Diskussionen innerhalb der Verwandtschaft sorgt. Außer ihrer Mutter habe wohl niemand Tante Klärchens Schritt nachvollziehen können, sagt Helmut Bieger. „Ihr Mann und sie waren fanatisch, was ihren Glauben anbelangt." Fanatisch und zu allem entschlossen. „Wenn sie etwas vorsichtiger gewesen wären und das eine oder andere unterlassen hätten, hätten sie vermutlich überlebt."

Vor allem Fritz Wiechert tut sich schwer mit dem religiösen Eifer seines ältesten Kindes. Mit harter Hand versucht er, der 18-Jährigen „die Flausen" auszutreiben. „Hat von ihrem evangelischen Vater deswegen Prügel bekommen", so steht es in einem Vernehmungsprotokoll der Kölner Gestapo, die Klara Stoffels im Februar 1939 wegen ihrer Zugehörigkeit zu der inzwischen verbotenen Gemeinschaft befragt. Doch alle Versuche des Vaters, die Tochter zur Abkehr von ihrem Glauben zu bewegen, scheitern. Ihr Gelübde halte bis in den Tod, schreibt sie 1944, nur wenige Stunden vor ihrer Hinrichtung, in einem Abschiedsbrief an die „lieben Eltern und Geschwister": „Wenn Ihr mich vielleicht auch nicht verstehen könnt, das verzeihe ich Euch."

Klara Stoffels ist nicht die Einzige, die sich im ausgebluteten Nachkriegsdeutschland der 1920er-Jahre „dem wahren Gott Jehova" zuwendet. Seit Ende des Ersten Weltkriegs steigt die Zahl der Ernsten Bibelforscher rasant an. Die christliche Glaubensgemeinschaft ist in den 1870er-Jahren in den USA gegründet worden. In Deutschland besteht seit 1903 eine Zweigstelle der Watchtower Bible and Tract Society. Sie hat ihren Sitz in Wuppertal. Die Anhänger der Bewegung glauben an das baldige Ende der bisherigen Weltordnung und aller Regierungen auf Erden. Nach der finalen Schlacht von Harmagedon, so ihre Überzeugung, werde auf den Trümmern der satanischen alten eine friedvolle neue Welt unter Gottes Führung entstehen. Wer sich an dessen Gebote halte, der werde mit vollkommener Gesundheit und dem ewigen Leben im Paradies auf Erden belohnt.

Insbesondere in den deutschen Großstädten fällt die Lehre vom irdischen Garten Eden, der weder Kriege noch Hunger und Tod kennt, auf fruchtbaren Boden. Ehemalige Frontkämpfer suchen nach ihren traumatischen Erlebnissen auf den Schlachtfeldern von Verdun, Ypern oder Langemarck Erlösung in den Armen der Frieden verheißenden Gemeinschaft. Die wirtschaftliche Not in dem politisch geschwächten Land trägt ihr Übriges dazu bei, die Lehren der bibeltreuen Organisation populär zu machen. Ein Jahr nach Ende des Ersten Weltkriegs zählt die deutsche Gemeinde rund 5500 Mitglieder.

Im katholischen Köln gewinnt die christliche Bewegung bereits vor Kriegsbeginn zahlreiche Anhänger hinzu. Seit 1913 finden regelmäßig entsprechende Vorträge in den Sartory-Sälen, in der Wolkenburg und an anderen öffentlichen Veranstaltungsorten statt. Als 1922 Joseph Franklin Rutherford, Präsident der amerikanischen Muttergesellschaft, in Köln auftritt, ist die Veranstaltung bis auf den letzten Platz ausgebucht. 1500 Menschen sind gekommen, um dem Mann aus Morgan County, Missouri, zuzuhören. Anfang der 1930er-Jahre stagniert die Zahl der Mitglieder im unteren dreistelligen Bereich. 1933 gehören etwa 130 Männer und Frauen vorwiegend aus der Arbeiterschicht der Kölner Gemeinde an. Mehr als 50 von ihnen werden in den nächsten zwölf Jahren inhaftiert werden, zehn auf dem Schafott oder in der Haft sterben.

Wann und wo Klara Stoffels das erste Mal mit den Lehren der Bibelforscher in Kontakt kommt, lässt sich heute nicht mehr sagen. Mag sein, dass ihr durch Zufall eines der etwa zehn Millionen Traktate und Bücher in die Hände fällt, die die Wachturm-Gesellschaft zwischen 1918 und 1926 in ganz Deutschland verteilen lässt. Fest steht, dass sie allen familiären Widerständen zum Trotz an ihrem Glauben festhält. Vermutlich im Sommer oder Herbst 1923 verlässt sie ihr Elternhaus und geht als Missionsgehilfin nach Magdeburg.

Dort ist am 20. Juni 1923 die neue Zentrale der Wachtturm-Gesellschaft bezogen worden, nachdem die Zweigstelle in Wuppertal zu klein geworden war. Jede helfende Hand ist willkommen. Das Bibelhaus an der Leipziger Straße/ Ecke Am Fuchsberg, das in den nächsten Jahren Klara Stoffels geistige Heimat werden soll, beherbergt neben zahlreichen Arbeits- und Wohnräumen eine Druckerei mit hochmodernen Rotationsmaschinen. Bis der Betrieb 1933 von den Nationalsozialisten geschlossen wird, verlassen Monat für Monat Zigtausende Werbebroschüren, spezielle Neue-Welt-Übersetzungen der Bibel und Zeitschriften wie „Der Wachtturm“ und „Das goldene Zeitalter“ die Versandräume des Bibelhauses.

Die Zentrale schickt die junge Missionsgehilfin nach Mecklenburg, Niederschlesien und Brandenburg, wo sie die Botschaft vom Königreich Gottes verbreiten soll. Die Missionierung gehört neben dem Studium der Bibel zu den Kernaufgaben der Getreuen des rechten Glaubens, wie sie sich selber nennen. Zu Hunderten ziehen sie in Deutschland, Österreich und der Schweiz von Haus zu Haus, um mit den Menschen über Jehova und Jesus Christus zu sprechen. Sie predigen an zugigen Straßenecken, auf Marktplätzen und Volksfesten. Die Strategie der direkten Ansprache geht auf: 1925 ist die deutsche Gemeinde auf mehr als 22 500 Mitglieder angewachsen, und Deutschland gilt als eines der Zentren der internationalen Bibelforscherbewegung.

Spätestens 1927 kehrt Klara Stoffels ins Rheinland zurück und zieht zunächst nach Rheydt bei Mönchengladbach. Vor ihr liegen noch 17 Jahre auf einem oft steinigen, von wirtschaftlicher Not geprägten

Das Bibelhaus der Zeugen Jehovas in Magdeburg in den 1920er Jahren
Wikimedia Commons/gemeinfrei; Urheber: Rudolf Hatzold (1884–1950)

Lebensweg, der am 11. August 1944 im Hinrichtungsraum des Strafgefängnisses Berlin-Plötzensee mit ihrem Tod enden wird.

Längst hat die wachsende Popularität der Bibelforscher die Aufmerksamkeit antisemitischer und völkisch-nationaler Kreise sowie der beiden großen Kirchen geweckt. Je nach politisch-weltanschaulicher Ausrichtung ihrer Kritiker werden sie als Unruhestifter, potenzielle Weltvernichter, Bolschewisten-Club oder geistige Wegbereiter der jüdischen Weltherrschaft beschimpft. Vor allem die evangelische Kirche hetzt gegen die „Sekte" aus den USA, die angeblich für mannigfache Verwirrung im deutschen Kirchenvolk sorgt. Auch in der Bevölkerung stoßen die offensiven Werbemethoden und das Sendungsbewusstsein der stets adrett gekleideten Missionarinnen und Missionare zunehmend auf Ablehnung. Fast scheine es, als sei in den Nachkriegsjahren die Zahl der Gegner noch weit stärker angeschwollen als die der Gläubigen, schreibt der Historiker Detlef Garbe 1993 in seinem Standardwerk „Zwischen Widerstand und Martyrium. Die Zeugen Jehovas im ‚Dritten Reich'".

Auch Klara Stoffels bekommt nach ihrer Rückkehr aus Magdeburg die wachsenden Vorbehalte der „Nicht-Gläubigen" gegen die Glaubens-

Klara und Fritz Stoffels
NS-DOK Köln, N 3283 / Privatbesitz Helmut Bieger

gemeinschaft zu spüren. Am 24. September 1927 steht die 23-Jährige wegen der Verteilung von einschlägigem Informationsmaterial vor dem Jülicher Amtsgericht. Sie und ihre beiden Mitangeklagten, der Weberei-Arbeiter Heinrich Pungs und die (1944 ebenfalls hingerichtete) Luise Pakull aus Rheydt, sollen in Boslar, einem Dorf bei Linnich, „an einem Sonntage Druckschriften feilgeboten haben, ohne ein vom Bezirksausschuss genehmigtes Druckschriftenverzeichnis bei sich zu führen und ohne im Besitz eines Wandergewerbescheins zu sein". Die Angeklagten seien daher „wegen Übertretung des §§ 55, 55a, 56, 149 der Gewerbeordnung und der §§ 1, 18, 20 des Gesetzes vom 3. Juli 1876 betreffend die Besteuerung des Gewerbebetriebes im Umherziehen" zu bestrafen. Die im Gesetz angedrohte Geldstrafe beläuft sich auf bis zu 10 000 Reichsmark. Doch das Trio kommt mit einem blauen Auge davon. Am 27. Februar 1928 hebt der 3. Strafsenat des Kammergerichts in Berlin das Urteil wegen „unrichtiger Anwendung des Strafgesetzes" auf.

Auch privat wendet sich Klaras Leben zum Guten. Bei einer Versammlung der Bibelforscher lernt sie 1928 oder 1929 Friedrich Stoffels kennen, dem sie bis zu ihrem Tod verbunden bleiben wird. Am 19. April 1930 heiratet das Paar auf dem Standesamt von Rheydt. Einer der Trauzeugen ist Klaras früherer Mitangeklagter Heinrich Pungs.

Fritz Stoffels, am 7. August 1898 in Hamborn bei Duisburg geboren, kommt aus einfachen Verhältnissen. Sein Vater Matthias ist Fabrikarbeiter, über seine Mutter Katharina Elisabeth ist nichts bekannt. Das wenige, was man darüber hinaus über ihn weiß, stammt aus den Akten der Oberstaatsanwaltschaft Köln und des Volksgerichtshofs in Berlin, wo Klara und er am 2. Juni 1944 zum Tode verurteilt werden. Eine Lehre als Maurer hält Fritz Stoffels, so die Schilderung in der Gerichtsakte, „aus wirtschaftlichen Gründen" nicht durch und „betätigt sich in verschiedenen Berufen". 1917 – der Erste Weltkrieg geht in sein vorletztes Jahr – wird er eingezogen und später für seinen Einsatz an der Westfront mit dem Eisernen Kreuz II. Klasse ausgezeichnet. Eine Ehrung, die ihm, wie sein weiterer Lebensweg zeigen wird, wenig bedeutet. Die Verleihung des Frontkämpfer-Ehrenkreuzes, 1934 von Reichspräsident Paul von Hindenburg für die Teilnehmer des Ersten Weltkriegs und deren Hinterbliebene gestiftet, habe Fritz Stoffels aus religiösen Gründen nicht beantragt, heißt es in den Akten der Oberstaatsanwaltschaft Köln aus dem Jahr 1939.

Als Fritz Stoffels im November 1918 in ein Leben ohne Krieg entlassen wird, ist er 20 Jahre alt und einer von Hunderttausenden jungen Männern, die Halt und Orientierung suchen in einer in Unordnung geratenen Welt. Sein Kompass im Leben werden die Lehren der Bibelforscher. 1919 tritt er aus der evangelischen Kirche aus, drei Jahre später schließt er sich der Glaubensgemeinschaft an. 1923 dann die Taufe als demonstratives Bekenntnis zu Jehova. 1924 wohnt er ein paar Wochen in Köln bei seinem Glaubensbruder Richard Blume, dem späteren Dienstleiter und Kopf der Kölner Gemeinde. Noch im selben Jahr beginnt er zu missionieren. Ein Verhörprotokoll der Kölner Gestapo gibt als Einsatzort Österreich und speziell das Burgenland an.

In der Familie Wiechert weiß man wenig über den Mann an Klaras Seite. Fritz Stoffels sei ebenso wie Tante Klärchen sehr überzeugt von seinem Glauben gewesen, erinnert sich Helmut Bieger an entsprechende Äußerungen der Verwandten. Klaras inzwischen verstorbene Schwester Margarete Wiechert erzählt 2013 in einem Gespräch mit dem Bürgerverein Köln-Müngersdorf, der Schwager habe gelegentlich von religiösen Eingebungen gesprochen. „Kinder, versündigt euch

Klara Wiechert (lnks) mit ihren Geschwistern Fritz und Wilhelmine
NS-DOK Köln, N 3283 / Privatbesitz Helmut Bieger

nicht", habe die Mutter die Familie ermahnt, wenn die sich kichernd über den seltsamen Besucher lustig gemacht habe. „Das ist ein frommer Mann."

Klara und Fritz Stoffels ziehen 1934 nach Köln-Ehrenfeld in die Simrockstraße 38. Das Paar ist häufig zu Gast „im Loch" und wird jedes Mal üppig bewirtet. Ein Foto aus jener Zeit zeigt eine fröhlich lächelnde Klara mit den beiden jüngsten Geschwistern Wilhelmine und Fritz. Das lange Haar der jungen Frau ist zu zwei Schnecken zusammengesteckt, die wie fedrige kleine Kopfhörer auf ihren Ohren sitzen. Die weiße Bluse ist hochgeschlossen. Auf einer anderen Fotografie ist Fritz Stoffels im Kreis der angeheirateten Verwandten zu sehen. Schüchtern blickt er in die Kamera und hält etwas unbeholfen ein Schaf an einem Strick.

Ein Jahr später mieten sich Fritz und Klara Stoffels in der Belvederestraße 147 in Müngersdorf ein. Es soll ihre letzte Adresse in Köln werden. Das schmucke, hell verputzte Haus aus dem Jahr 1839 – ehemals das Empfangsgebäude des Bahnhofs Müngersdorf und heute unter Denkmalschutz stehend – gehört der Stadt Köln und steht an

Familie Wiechert mit Verwandten im Garten des Hauses in der Widdersdorfer Straße. Rechts ist Fritz Stoffels abgebildet
NS-DOK Köln, N 3283 / Privatbesitz Helmut Bieger

der Eisenbahnstrecke Köln-Aachen. Das Ehepaar wohnt in einer Zweizimmerwohnung im Erdgeschoss. Helmut Bieger erinnert sich noch an einen „wunderschönen Garten, der das Haus umgab", an „Kaninchen, Schafe und ein kleines Schweinchen". Und an die ominösen Heftchen, die überall in der Wohnung herumlagen.

Die finanzielle Situation im Hause Stoffels ist angespannt. Fritz arbeitet als Hilfsarbeiter bei einer Kölner Baufirma, sein Wochenverdienst beträgt 30 bis 34 Reichsmark – etwa ein Drittel des durchschnittlichen Wochenlohns in den 1930er-Jahren. Klara habe Broschüren der Bibelforscher verkauft und dafür sieben Mark pro Woche erhalten, erzählt Margarete Wiechert dem Müngersdorfer Bürgerverein.

Klara und Fritz Stoffels gehen mit der Fortsetzung ihrer Missionstätigkeit ein hohes Risiko ein. Die Gemeinschaft der Zeugen Jehovas, die sich beharrlich dem Diktat der Nationalsozialisten verweigern, ist – als erste Glaubensgemeinschaft überhaupt – seit 1933 in den meisten Ländern des Deutschen Reichs verboten. Die Verbreitung entsprechender Schriften ist untersagt.

Die Watchtower Bible and Tract Society hatte zunächst versucht, sich mit den neuen Machthabern zu arrangieren. Seit 1934 geht sie jedoch zunehmend auf Konfrontationskurs zu der NS-Regierung. Am 9. Februar schickt Präsident Joseph Franklin Rutherford ein Schreiben an den „sehr geehrten Herrn Reichskanzler". Darin fordert er Adolf Hitler auf, allen Behörden und Beamten seiner Regierung zu befehlen, „dass Zeugen Jehovas sich in Deutschland friedlich versammeln und ungehindert Gott anbeten und seinen Geboten gehorchen dürfen". Anderenfalls werde Gottes Volk in anderen Ländern mit der Veröffentlichung der Tatsachen über Deutschlands ungerechte Behandlung von Christen beginnen. Auf einem internationalen Kongress in Basel, der unter dem Motto „Fürchtet Euch nicht" steht, wird außerdem beschlossen, den Missionsdienst in Deutschland am 7. Oktober 1934 wieder aufzunehmen. [

In der zweiten Oktoberwoche bekommt die Reichsregierung in Berlin erneut Post von den Zeugen Jehovas. Hunderte Telegramme aus allen Teilen der Welt treffen innerhalb weniger Tage in der Reichskanzlei ein. Der Inhalt ist stets der gleiche: „Ihre schlechte Behandlung der Zeugen Jehovas empört alle guten Menschen und entehrt Gottes Namen. Hören Sie auf, Jehovas Zeugen weiterhin zu verfolgen, sonst wird Gott Sie und Ihre nationale Partei vernichten." Eine Drohung, auf die Hitler angeblich mit der häufig kolportierten Bemerkung reagiert: „Diese Brut wird in Deutschland ausgerottet."

In der Tat reagiert das NS-Regime zügig mit verstärkten Restriktionen auf die Protestaktionen der aufmüpfigen Christengemeinschaft. Am 1. April 1935 erfolgt ein allgemeines Reichsverbot der Zeugen Jehovas, ihr Vermögen wird beschlagnahmt. Ende August kommt es zu einer ersten großen Verhaftungswelle, und im Frühjahr 1936 wird der Organisation auch der Verkauf von Bibeln verboten.

In Köln treffen sich die Mitglieder der Glaubensgemeinschaft nur noch in kleinen Gruppen im privaten Umfeld – angeblich zu einem gemütlichen Kaffeekränzchen oder zum gemeinsamen Musizieren. Dabei wandern Exemplare von „Der Wachtturm" und andere Druckschriften, die inzwischen vorrangig in der Schweiz produziert werden, von Hand zu Hand. Oder man verabredet sich zu gemeinsamen Spaziergängen, um unauffällig miteinander zu beten und über die Bibel zu sprechen. Und statt wie früher im Rhein werden Neuzugänge jetzt heimlich in der Badewanne eines Mitglieds getauft.

Blick auf das Haus Belvederestraße 147, 1951
Rheinisches Bildarchiv, RBA L 3314 / 2591

Blick von der Hofseite, 1951
Rheinisches Bildarchiv, RBA L 3314 / 2592

Auch die Missionierung von Haus zu Haus wird vorsichtig wieder aufgenommen. Das Werbematerial stammt aus Verstecken in privaten Kellern, Hinterzimmern und Garagen, wo die Gemeinde Tausende Bücher, Bibeln und Broschüren gesichert hat. Die heimlich verteilten Schriften finden sich im ganzen Kölner Stadtgebiet: in Briefkästen und Hausfluren, in Straßenbahnen, im Schwimmbad und angelehnt an Baumstämme. Sogar in einem Zigarettenautomaten am Neumarkt, dem zentralen Platz der Stadt, klemmt an einem Dienstag im Juni 1936 eine Broschüre mit dem Wort Jehovas. Fritz Stoffels wiederum legt im Kölner Stadtwald auf Parkbänken Bücher und Kopien von Artikel aus dem „Wachtturm" ab.

Die Aktivitäten der Kölner Gemeinde bleiben nicht lange unbemerkt. Als einer der ersten gerät im Oktober 1934 der Dienstleiter Richard Blume, bei dem Fritz Stoffels in den 1920er-Jahren gewohnt hat, ins Visier der Gestapo. Ihm wird vorgeworfen, er habe Schriften der Bibelforscher weitergegeben, obwohl das verboten sei – ein Vergehen, das mit einer Geldstrafe von 150 Reichsmark oder ersatzweise 50 Tagen Gefängnis geahndet wird. Im September 1935 steht der Kaufmann erneut vor Gericht. Bei einer Hausdurchsuchung in seiner Wohnung in der Spichernstraße war weiteres belastendes Material beschlagnahmt worden. Dennoch wird das Verfahren gegen ihn wegen Mangel an Beweisen eingestellt. Zwei Jahre später kommt der Wiederholungstäter, wie Richard Blume in den Akten genannt wird, nicht mehr so glimpflich davon: Am 17. März 1937 wird er zu drei Jahren Gefängnis verurteilt. Er hatte im September 1936 an einem Kongress der Zeugen Jehovas in Luzern teilgenommen und eine dort verabschiedete, regimekritische Resolution unter anderem an den Kölner Polizeipräsidenten und die örtliche Gestapo geschickt.

Nur wenige Monate später trifft es Richard Blumes Nachfolgerin Elly Fey. Die 38-Jährige, angestellt beim Rheinischen Draht- und Kabelwerk Köln, wird zu einer zweijährigen Gefängnisstrafe verurteilt und anschließend in das Konzentrationslager Ravensbrück deportiert, wo sie bis zu dessen Befreiung im April 1945 festgehalten wird.

Klara und Fritz Stoffels haben Glück. Ihre Aktivitäten bleiben zunächst unbemerkt. Erst am 8. Februar 1939 wird auch ihre Wohnung in der Belvederestraße durchsucht, zwei Tage später wird Haftbefehl gegen Fritz und drei seiner Glaubensbrüder erlassen. Bei seiner Vernehmung durch die Kölner Gestapo macht der 41-Jährige keinen Hehl aus seiner Einstellung dem Regime gegenüber. Er halte sich treu an die Schrift. Den „deutschen Gruß", also den sogenannten Hitlergruß, könne er aus religiösen Gründen nicht anwenden, und falls er im Kriegsfall Militärdienst leisten müsse, käme er mit dem Gesetz Gottes in Konflikt.

Auch Klara Stoffels wird an diesem Tag verhört. Anders als ihr Ehemann, der sich zu einem Teilgeständnis durchringt, bestreitet sie, seit dem Verbot der Gemeinschaft für die Zeugen Jehovas tätig gewesen zu sein oder Kontakt zu anderen Glaubensmitgliedern gehabt zu haben. Den deutschen Gruß allerdings wende auch sie nur an, wenn es unbedingt sein müsse, denn „Heil kann nur von Jehova kommen".

Im Mai 1939 steht Fritz Stoffels gemeinsam mit fünf weiteren Glaubensbrüdern vor dem Kölner Sondergericht. Die Vorwürfe gegen ihn sind gravierend. Der Angeklagte habe sich in nicht unerheblichem Maße als Bibelforscher betätigt, Verbindungen zu leitenden Mitgliedern der Kölner Gruppe gehabt, sich an mehreren Funktionärsbesprechungen beteiligt und bis in den Sommer 1938 hinein größere Mengen Schriften und Bücher der Internationale Bibelforscher-Vereinigung vertrieben.

Dennoch fällt das Urteil vergleichsweise milde aus: Am 2. Juni 1939 wird Fritz Stoffels zu einer einjährigen Gefängnisstrafe verurteilt, die er in Wittlich und Dietz an der Lahn absitzt. Zu seinen Gunsten spreche, „dass er als Soldat im Weltkrieg seine Pflicht getan hat und mit dem Eisernen Kreuz II. Klasse ausgezeichnet" worden sei. Zudem habe er keine Vorstrafen. Das Verfahren gegen Klara Stoffels wird aus Mangel an Beweisen eingestellt. Es gebe keinen Nachweis dafür, dass sie an der Tätigkeit ihres Ehemannes beteiligt gewesen sei.

Reichsweit verschärft sich die Gangart gegenüber den Zeugen Jehovas weiter. Mittlerweile werden Hunderte ihrer Anhängerinnen und Anhänger in Gefängnissen oder Konzentrationslagern festgehalten, wo sie eine eigene Häftlingskategorie bilden. Das ihnen zugewiesene Erkennungsmerkmal: der sogenannte lila Winkel, aufgenäht auf der linken Seite ihrer Häftlingskleidung.

Am 15. September 1939 erreicht die Verfolgung der Glaubensgemeinschaft mit der Ermordung von August Dickmann eine neue Dimension. Der 29-Jährige wird im KZ Sachsenhausen vor den Augen von rund 8500 Lagerinsassen, darunter viele Zeugen Jehovas, hingerichtet. Der Grund: Er hatte sich geweigert, seinen Wehrpass zu unterschreiben, sprich Kriegsdienst zu leisten, da er sich nicht als Deutscher, sondern, wie er sagt, als Bürger des Neuen Königreichs fühle.

Fritz Stoffels wird am 9. Februar 1940 aus der Haft entlassen. Vermutlich in diesem oder im nächsten Jahr zieht das Ehepaar nach Oberhausen, wo eine kleine, aktive Zelle der Zeugen Jehovas im Untergrund wirkt. Plötzlich seien die Besuche bei Tante Klärchen abgebrochen, erzählt Helmut Bieger. „Ich vermutete, dass sie gar nicht mehr dort wohnte." Später habe man ihm gesagt, dass sie im Gefängnis sitze. Bis schließlich eine noch viel schlimmere Nachricht gekommen sei.

Margarete Wiechert erinnert sich noch an einige Details des plötzlichen Ortswechsels. Eine Einlassung Klaras, dass man niemanden töten dürfe, sei den Falschen zu Ohren gekommen und habe die Kölner Gestapo auf den Plan gerufen, berichtet sie gegenüber dem Bürgerverein Müngersdorf. Kurz darauf seien Schwester und Schwager Hals über Kopf nach Oberhausen gezogen, wo Fritz Arbeit in einer Zeche gefunden habe. Was durch eine weitere Quelle bestätigt wird. Die Möbel, so Margarete Wiechert, habe der Sohn eines Nachbarn später mit dem Pferdewagen nach Oberhausen transportiert.

1943 wird das Ehepaar erneut aktenkundig. In Oberhausen ist am 3. April ihr Glaubensbruder Julius Engelhard verhaftet worden. Kurz zuvor war bereits im nahen Essen eine Zelle der Bibelforscher aufgeflogen. Der Dachdecker aus Karlsruhe steht schon lange auf der Fahndungsliste der NS-Behörden, konnte bislang aber nicht gefasst werden. Seit zwei Jahren betreibt er in einer Privatwohnung in Oberhausen-Sterkrade eine Untergrunddruckerei und veröffentlicht in kleiner Auflage unter anderem Ausgaben des „Wachtturms" und Mitteilungsblätter der „Deutschen Verbreitungsstelle der Internationalen Bibelforscher-Vereinigung". Das verbotene Material wird über ein Kuriernetz in ganz Deutschland verteilt.

In den nächsten Tagen kommen noch weitere Mitglieder der Oberhausener Zelle in Haft, darunter Julius Engelhards Mitarbeiterin Auguste Hetkamp, eine Bekannte des Ehepaares Stoffels. Fritz hatte, wie er später im Verhör zugibt, mehrmals Ausgaben des „Wachtturms" von ihr erhalten und einige davon auch weitergegeben. Klara wiederum hatte auf Bitten einer Hetkamp-Tochter bei Kontaktpersonen in Wuppertal mehrere Pakete mit Papier zur Vervielfältigung von Bibelforscherschriften abgeholt und nach Oberhausen gebracht.

Schließlich, am 17. April, werden auch Klara und Fritz Stoffels festgenommen. Sie sollen zum engen Kreis der örtlichen Zelle gehören. Ihr weiteres Schicksal ist damit besiegelt. Zwei Wochen später werden sie in die Strafgefängnisse Bochum beziehungsweise Essen überführt. Über ihre Zeit dort ist nach jetzigem Forschungsstand nichts bekannt. Im Mai 1944, knapp vier Wochen vor der Verhandlung gegen sie und sechs weitere angebliche Rädelsführer aus Oberhausen, Mülheim und Essen vor dem Volksgerichtshof in Berlin, werden sie in getrennten Transporten in das Strafgefängnis Plötzensee gebracht. Die Organisation der Zeugen Jehovas im Rheinland ist inzwischen zerschlagen, weitere 83 Mitglieder werden im September 1944 vor dem Oberlandesgericht Hamm zu teilweise hohen Gefängnisstrafen verurteilt.

Sowohl Klara als auch Fritz Stoffels stehen allen Repressalien zum Trotz fest zu ihrer Überzeugung. Der Angeschuldigte habe zugegeben, Bibelforscherschriften gelesen und ihren staatsfeindlichen Inhalt erkannt zu haben, heißt es in der Anklageschrift des Oberreichsanwalts am Volksgerichtshof. „Er hat sich zu seinem Glauben bekannt und erklärt, dass er einer Einberufung zum Wehrdienst keine Folge leisten werde."

Auch Klara Stoffels weicht kein Jota von ihrem Glauben ab. Noch in ihrem Abschiedsbrief an die Familie dankt sie dem großen allmächtigen Gott und seinem Sohn für ein Leben, das zwar Mühe, Kampf und Arbeit gewesen sei, aber doch schön und wert, gelebt zu werden. „Ich weiß, wofür ich mein Leben gebe. Denn ein Samenkorn bringt keine Frucht, es sei denn, dass es vorher sterbe." Fritz schickt sie als letzten Gruß eine Strophe aus einem der Zionlieder: „Harre, Seele, auf den Herrn, Flieh zu Seiner Liebe Macht. Sein' Verheißung sei Dein Stern: Wie der Tag, so deine Kraft. In Liebe stets mit Dir verbunden Deine Klara."

Am 2. Juni 1944 sehen sich Klara und Fritz Stoffels ein letztes Mal. An diesem Tag findet im Saal 44 des Potsdamer Landgerichts vor dem 6. Senat des Volksgerichtshofs die Hauptverhandlung gegen „den Dachdecker Julius Engelhard, die Ehefrau Auguste Hetkamp, den Hilfsarbeiter Wilhelm Bischoff, die Plätterin Elise Geldmacher, den Mineur Paul Weseler, den Elektro-Radio-Monteur Johann Hörstgen, den Bergmann Friedrich Stoffels und die Ehefrau Klara Stoffels" statt. Das Urteil gegen die acht Männer und Frauen fällt noch am selben Tag. Sie werden „wegen Wehrkraftzersetzung und Feindbegünstigung ein jeder zum Tode und lebenslangen Ehrverlust verurteilt. Die Angeklagten tragen die Kosten des Verfahrens".

Bei den Verwandten in Köln ist das Entsetzen über den Ausgang der Gerichtsverhandlung groß. Helmut Bieger erinnert sich noch, dass sein Vater, sein Bruder und zwei Brüder Klaras in der Küche „im Loch" zusammensaßen und tuschelten. „Ich merkte, dass da etwas Ungeheuerliches passiert war, aber mein Vater schickte mich aus dem Zimmer und sagte: Das ist nichts für dich." Das habe seine Neugierde geweckt, und schließlich habe der Vater ihm erzählt, dass man Tante Klärchen hingerichtet habe. „Das war für mich natürlich der Hammer, obwohl ich nicht wusste, was das Wort hingerichtet bedeutet."

Zum Kummer über das Schicksal der Tochter, Schwester, Nichte und Kusine gesellen sich weitere Sorgen. Fritz, der jüngste Sohn der Familie Wiechert, ist mit einer Jüdin namens Rosel Becker liiert. Um der drohenden Deportation zu entgehen, taucht die junge Frau 1944 gemeinsam Fritz Wiechert in der Trümmerlandschaft von Köln-Ehrenfeld ab.

Helmut Biegers Onkel Balthasar bangt in diesen Monaten um seine jüdische Ehefrau. Als Rosa Bieger – vermutlich Ende August, Anfang September 1944 – die Aufforderung bekommt, sich im Sammellager in Köln-Müngersdorf einzufinden, flieht das Ehepaar bei Nacht über den Rhein nach Hitdorf und versteckt sich dort in einer verlassenen Brauerei. Helmut Bieger erinnert sich noch lebhaft an die Flucht der beiden „heimlich durch den Gartenausgang", bei der der Vater behilflich gewesen sei.

Das Berliner Frauengefängnis in der Barnimstraße, Oktober 1931 (Foto: Georg Pahl)
Bundesarchiv, Bild 102-12435

Zuchthaus Brandenburg-Görden, Blick über den Innenhof, 1937
Bundesarchiv, Bild 183-W0910-325

Adi Bieger wiederum versteckt sich seit Monaten in einer Hütte im Königsforst, um seiner Einberufung zu entgehen. Einen ersten „Gestellungsbefehl", einen Einberufungsbescheid also, habe der Vater zuvor verbrannt, um Zeit zu gewinnen. „Die Invasion der Amerikaner war bereits in vollem Gange."

Klara Stoffels bleiben nach der Gerichtsverhandlung nur noch wenige Wochen bis zu ihrem Tod. Ein Gnadengesuch der Familie an die Reichsanwaltschaft in Potsdam wird abgelehnt. Auch die Spenden von Klaras Bruder Karl an die NSDAP, an die sich Margarete Wiechert erinnert, haben nichts bewirkt. Allein ein letzter Wunsch wird der Todeskandidatin gewährt: Klara Stoffels darf ihre Eltern und Geschwister noch einmal sehen.

Anfang oder Mitte Juli reist die gesamte Familie Wiechert nach Berlin, wo die Tochter und Schwester inzwischen im Frauengefängnis Barnimstraße einsitzt. Die Besuchsregeln sind streng, Körperkontakte verboten. Klara habe, wie sie sich zu erinnern meint, hinter einer Trennscheibe mit einer kleinen Öffnung in der Mitte gesessen, erzählt die damals 16-jährige Margarete Wiechert. Gefasst habe die Schwester gewirkt, doch eine Gesichtshälfte und ihre beiden Handgelenke seien auffällig weiß gepudert gewesen. Vielleicht, um die Spuren von Misshandlungen zu überdecken? „Bist du groß geworden", habe Klara zu ihr gesagt. „Ich als die Älteste bin viel kleiner als du."

Am 11. August 1944 um 13.02 Uhr wird Klara Stoffels von zwei Gefängnisbeamten in den Hinrichtungsraum des Strafgefängnis-

Hinrichtungsraum in Plötzensee mit Fallbeil, Mai 1945, Todesort von Klara Stoffels *Gedenkstätte Deutscher Widerstand*

ses Berlin-Plötzensee geführt. Scharfrichter Wilhelm Röttger steht mit drei Gehilfen bereit. „Die Verurteilte, die ruhig und gefasst war, ließ sich ohne Widerstreben auf das Fallbeilgerüst legen, worauf der Scharfrichter die Enthauptung mit dem Fallbeil ausführte und sodann meldete, dass das Urteil vollstreckt sei. Die Vollstreckung dauerte von der Vorführung bis zur Vollzugsmeldung sieben Sekunden." Fritz Stoffels wird am 14. August 1944, eine Woche nach seinem 46. Geburtstag, in der Justizvollzugsanstalt Brandenburg-Görden hingerichtet.

Klara Stoffels hinterlässt zwei Taschentücher, eine Toilettentasche, Nähzeug, Briefpapier, zwei kleine Beutel, einen Geldbetrag von 99,30 Reichsmark und eine Armbanduhr am Lederband. So steht es in einem Schreiben des Frauengefängnisses vom 19. September 1944 an den „Herrn Oberreichsanwalt beim Volksgericht". Geblieben von ihr sind außerdem die Erinnerungen eines kleinen Jungen, der Tante Klärchen und ihre merkwürdigen Hefte auch nach mehr als 80 Jahren nicht vergessen hat.

Verfolgung der Zeugen Jehovas

Die Zeugen Jehovas oder die Ernsten Bibelforscher, wie sich die christliche Glaubensgemeinschaft bis zum Jahr 1931 nennt, gerät bereits 1933 in den Fokus der Nationalsozialisten. Ihre Anhängerinnen und Anhänger stehen

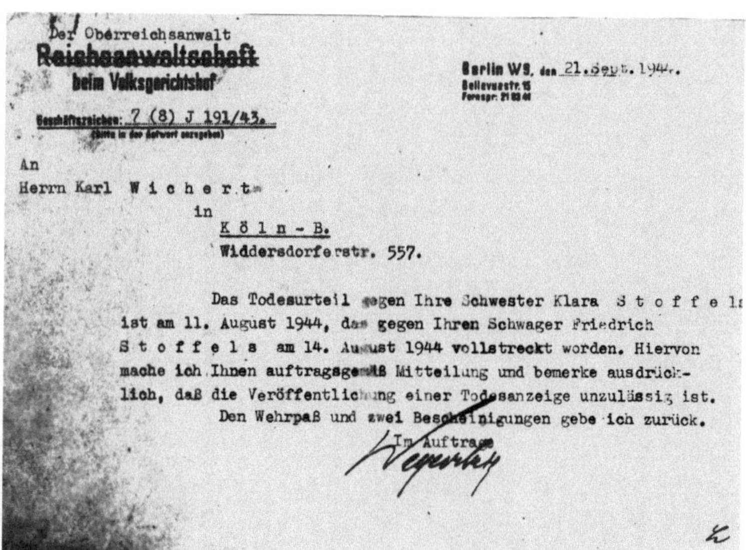
Der Oberreichsanwalt
Reichsanwaltschaft
beim Volksgerichtshof
Geschäftszeichen: 7 (8) J 191/43.
(Bitte in der Antwort angeben)

Berlin W9, den 21. Sept. 1944.
Bellevuestr. 15
Fernspr. 21 83 41

An
Herrn Karl Wichert
in
Köln - B.
Widdersdorferstr. 557.

Das Todesurteil gegen Ihre Schwester Klara Stoffels ist am 11. August 1944, das gegen Ihren Schwager Friedrich Stoffels am 14. August 1944 vollstreckt worden. Hiervon mache ich Ihnen auftragsgemäß Mitteilung und bemerke ausdrücklich, daß die Veröffentlichung einer Todesanzeige unzulässig ist.
Den Wehrpaß und zwei Bescheinigungen gebe ich zurück.

Im Auftrage

Nachricht an den Bruder von Klara Stoffels über die Vollstreckung der Todesurteile. Es wird ausdrücklich vermerkt „daß die Veröffentlichung einer Todesanzeige unzulässig ist"
NS-DOK Köln, N 3283 / Privatbesitz Helmut Bieger

dem NS-Staat ablehnend gegenüber und weigern sich unter anderem, den sogenannten Hitler-Gruß zu zeigen, ihre Häuser und Geschäfte zu beflaggen und in die NS-Massenorganisationen einzutreten. Besonders schwer wiegt in den Augen der Machthaber, dass sie auch den Kriegsdienst verweigern. Für sie, argumentieren die Anhängerinnen und Anhänger Jehovas, gelte allein eine Treuepflicht zu Gott und den biblischen Geboten.

Im Laufe des Jahres 1933 werden die Zeugen Jehovas nach und nach in fast allen Ländern des Reiches verboten, darunter auch in Preußen. 1935 erfolgt ein allgemeines Reichsverbot. Die Mitglieder der Gemeinschaft sind massiven Repressalien durch die NS-Behörden ausgesetzt. Zu den staatlichen Zwangsmaßnahmen gehören unter anderem Entlassungen aus dem Post- und Bahndienst, der Entzug des Ruhegeldes und Kindesentzug. Von den rund 25 000 Zeugen Jehovas, die 1933 in Deutschland leben, werden bis 1945 etwa 11 300 in Gefängnissen und Konzentrationslagern festgehalten, knapp 2000 werden ermordet oder sterben aufgrund der schlechten Haftbedingungen. Etwa 250 werden zwischen 1939 und 1945 hingerichtet.

Stolperstein Jakob Stock, Klosterstraße 43 (Foto: Karin Richert)

Karin Richert

„Bauern, lasst den Juden vom Hof“

Jakob Stock, 1869 geboren in Lommersum.
Verfolgt als Jude.
1942 ermordet im Vernichtungslager Treblinka.

Klosterstraße 43

Das Wohnhaus der Familie Stock in Lommersum steht noch an alter Stelle – ein verwitterter Bau aus rotbraunem Backstein. Zwei Etagen hoch, die Fenster schmal. Bald 200 Jahre alt. Dahinter ein Hof mit einem kleinen Garten, abgeschirmt vor fremden Blicken durch eine hohe Mauer. Der Name der Straße allerdings ist inzwischen ein anderer. Aus der früheren Rathausgasse ist die Walramstraße geworden.

In diesem Haus also, in der ehemaligen Rathausgasse 16, wohnte einst Jakob Stock, Vater von acht Kindern, Pferdehändler von Beruf. Geboren in Lommersum am 20. Juni 1869, umgezogen nach Köln im Juni 1917. Ermordet im Vernichtungslager Treblinka im September 1942.

Die Familie Stock ist seit Generationen in den Dörfern und Kleinstädten des Rheinlands zu Hause: Landjuden, die als Metzger, Viehhändler und sogenannte Handelsmänner in Orten wie Frimmersdorf, Glesch, Niederempt und eben in Lommersum bei Euskirchen ihr Geld verdienen. Die örtliche jüdische Gemeinde ist klein, so wie die meisten im Rheinland. Drei Mitglieder verzeichnet sie um das Jahr 1815. Immerhin: Rund 65 Jahre später ist sie auf 31 Personen angewachsen. Und im Jahr 1904 finanziert Hermann Kain, Besitzer eines Textilgeschäfts an der Hauptstraße von Lommersum, seinen Glaubensbrüdern und -schwestern sogar eine eigene kleine Synagoge. Die freilich kaum 20 Jahre später wieder verkauft und in eine Schusterwerkstatt umgebaut wird: Es leben nicht mehr genügend erwachsene Juden im Ort, um einen Gottesdienst abzuhalten.

Weit außerhalb des Dorfkerns, eingebettet in ein kleines Waldstück, liegt der jüdische Friedhof von Lommersum, dessen Ursprünge auf das Jahr 1661 zurückgehen. Dort sind Jakob Stocks Großeltern und später auch die Eltern, ein Onkel und ein Bruder begraben.

Ansicht von Lommersum, undatiert
Rheinisches Bildarchiv, RBA 2226

Jakob Stock ist das jüngste von neun Kindern des Viehhändlers Seligmann Stock und seiner Frau Helena. Drei Brüder sind bereits vor seiner Geburt gestorben. Allein drei Schwestern und der 1860 geborene Michael erreichen mit ihm das Erwachsenenalter. Vermutlich besucht er einige Jahre die Dorfschule an der heutigen Walramstraße – ein kleiner Fachwerkbau, in dem 1737 ein Schulraum eingerichtet wurde und Pfarrer Johannes Vincken den Dorfkindern das Lesen und Schreiben beibrachte. Und Jakob Stock muss wohl – wie der Bruder auch – nach Schulschluss mithelfen, wenn der Vater Unterstützung braucht bei seinen Handelsgeschäften.

Lommersum mit seinen rund 1700 Einwohnern, inmitten der Jülich-Zülpicher Börde gelegen, ist ein gutes Ort für Männer wie Seligmann Stock. Dort lebt man seit der Römerzeit von Ackerbau und Viehzucht. Bis zum Horizont erstrecken sich die Felder mit dem fruchtbaren, oft mehrere Meter tiefen Lössboden, auf dem Getreide, Kartoffeln und Zuckerrüben gedeihen. Mehrstöckige Fachwerkhäuser und wehrhaft aussehende Hofanlagen aus dicken Steinmauern domi-

Heute treffen frische belgische
Arbeitspferde
bei mir ein.
Jakob Stock,
Pferdehandlung,
Lommersum bei Euskirchen.
Fernsprecher Nr. 174.

Anzeige von Jakob Stock in der Euskirchener Volkszeitung vom 8. Dezember 1904
Stadtarchiv Euskirchen

nieren bis heute das Ortsbild von Lommersum. Unterhalb der katholischen Pfarrkirche St. Pankratius werden Auf dem Driesch, einem Platz in der Ortsmitte, bis ins 20. Jahrhundert hinein Ochsen und Pferde beschlagen. Allein das Spanische Rathaus an der Walramstraße, ein würfelförmiger, barocker Bau mit rot-umfassten Fenstern, erinnert daran, dass die Region bis Anfang des 18. Jahrhunderts eine Provinz der Spanischen Niederlande war. Klein-Spanien, so nennt man Lommersum im Scherz, auch wenn die Spanier seit Jahrhunderten Geschichte sind.

Wann Jakob Stock sich selbständig macht, lässt sich nur vermuten. 1896 heiratet er in Bürvenich Rosalia Schwarz, eine Tochter des Pferdehändlers Philipp Schwarz aus Embken. Drei Jahre später stirbt sein Vater, ein aufrechter und guter Mann, wie es auf Seligmann Stocks Grabstein heißt. Spätestens jetzt dürfte der junge Pferdehändler auf eigenen Füßen gestanden haben.

Jakob Stock entwickelt sich in den folgenden Jahren zu einem erfolgreichen Geschäftsmann, dessen Kontakte weit über die Grenzen Lommersums hinausreichen. „Heute treffen frische belgische Arbeitspferde bei mir ein“, inseriert er am 8. Dezember 1904 in der Euskirchener Volkszeitung. „Anfragen unter Fernsprechnummer 174.“ Mitte 30 ist er inzwischen und Vater von zwei Kindern. Zwei Söhne, 1896 und

1898 geboren, sind noch im Kleinkindalter verstorben. Nur fünf von acht Kindern werden Rosalia und ihm bleiben: die Söhne Salli, Fritz und Felix sowie die Töchter Henriette und Martha.

Auch Jakobs Bruder Michael und die Cousins bleiben der Branche ihrer Väter treu. Vetter Abraham Stock und dessen Sohn Hermann betreiben unweit der Synagoge in der Zunftgasse 49, der heutigen Nummer 13, einen ertragreichen Viehhandel. Die jüdische Großfamilie ist gut integriert in die Dorfgemeinschaft. 1879 wird Abraham Stock Schützenkönig der mehr als 200 Jahre alten St.-Hubertus-Schützenbruderschaft Lommersum – als erster und einziger Jude überhaupt in der Geschichte des Ortes.

Schräg gegenüber in der Zunftgasse 42, heute Nummer 18, befindet sich der Viehhandel von Jakob Stocks Cousin Moses. Nach dessen Tod 1915 übernehmen die Söhne Simon, Siegfried und Ernst das Geschäft des Vaters und machen aus dem Familienbetrieb innerhalb weniger Jahre eines der erfolgreichsten Unternehmen der Region. Jährlich setzen sie bis zu 800 Milchkühe und Zuchtvieh um, dazu Reit- und Arbeitspferde sowie mehr als 2000 Stück Schlachtvieh. Die Brüder pflegen Handelsbeziehungen bis nach Ost- und Westpreußen. Zu ihrem Kundenstamm zählen Politiker wie Reichspräsident Paul von Hindenburg und dessen Freund, der einflussreiche Reichstagsabgeordnete Elard von Oldenburg-Janischau, die im Osten des Deutschen Reiches riesige Ländereien besitzen.

Aus Lommersum ist Anfang des 20. Jahrhunderts ein umtriebiges Großdorf mit knapp 2000 Einwohnern geworden. Auf dem Kaiser-Wilhelm-Platz erinnert ein Denkmal an einen Truppenbesuch von Kaiser Wilhelm dem Siegreichen im Jahr 1884. An der Hauptstraße, dem heutigen Schweinemarkt, baut Wilhelm Kain die Textilhandlung seines 1918 verstorbenen Vaters Hermann Kain zu einem florierenden Konfektionshaus aus, das weit über die Grenzen von Lommersum bekannt ist.

Auch Jakob Stock hat große Pläne. In Köln steht die Pferdehandlung des Droschkenbesitzers Heinrich Hüsch zum Verkauf. Hüsch will den Betrieb an der Dürener Straße nach nur zwei Jahren aufgeben und sich zur Ruhe setzen. Eine willkommene Gelegenheit für Jakob Stock, sich mit knapp 50 Jahren noch einmal zu verändern. Am 3. Juli 1917 verkauft er das Haus in der Rathausgasse 16 an seinen Bruder Michael und zieht mit der Familie nach Köln.

Wilhelm „Willy" Kain vor seinem Geschäft in Lommersum, links daneben seine Frau Josefine und eine Mitarbeiterin *Helene Kürten*

Die Pferdehandlung von Heinrich Hüsch, die Jakob Stock im Sommer 1917 übernimmt, liegt in Köln-Lindenthal, einem ruhigen Wohnviertel mit vielen Grünflächen und breiten, frisch gepflasterten Straßen. Das Haus in der Dürener Straße 137 hat acht Zimmer, die Verkehrsanbindung an die Innenstadt ist hervorragend. Noch ein Jahrhundert zuvor bestand das Gebiet westlich von Köln aus Wiesen und Feldern. Erst Ende der 1840er-Jahre entstand entlang der Landstraße nach Düren eine rasch wachsende Wohnsiedlung, die die Bauernhöfe und Jahrhunderte alten Hofanlagen mehr und mehr verdrängte. 1888 wurde das Viertel schließlich ein Stadtteil von Köln. 20 Jahre später hatte es bereits 18 000 Einwohner und war eine der begehrtesten Wohngegenden Kölns.

Als Jakob Stock und seine Familie sich in Lindenthal niederlassen, leben in den mehrgeschossigen Mietshäusern und Villen hauptsächlich Selbstständige, städtische Beamte, wohlsituierte Witwen – und der Kölner Oberbürgermeister Konrad Adenauer. Der Politiker hat sich 1911 mit seiner Familie in einer eleganten Villa in der Max-Bruch-Straße eingerichtet, in der er viele Jahre wohnen wird.

Das Wohnhaus der Familie Stock in Lommersum (Foto: Martin Oehlen)
Martin Oehlen

An der baumbestandenen Dürener Straße haben sich Lebensmittelgeschäfte, Kurzwarenhandlungen und kleine Handwerksbetriebe angesiedelt. In der Brauerei Apostelnbräu in Nummer 112 werden „feinste helle und dunkle Tafelbiere" gebraut. Der bekannte Fotograf August Sander hat in Haus 201 sein Atelier, und in Haus 165b bietet das 1898 gegründete Café Pascher – das noch bis zum Jahr 2019 fortbestehen wird – Torten und feinste Backwaren an. Kurz vor der Kanalstraße, der heutigen Universitätsstraße, sind seit 1899 die Schwestern vom Karmel zum Prager Jesulein zu Hause. Die zum Katholizismus konvertierte Jüdin Edith Stein wird dort von 1933 bis 1938 als Schwester Teresia Benedicta vom Kreuz leben.

Der Erste Weltkrieg wütet bei Jakob Stocks Umzug in die Stadt bereits drei Jahre – die Zeiten für den Start in ein neues Leben stehen denkbar schlecht. Längst ist die anfängliche Kriegsbegeisterung der Deutschen in Sorge und Bitterkeit umgeschlagen. Auch in Köln leiden die Menschen unter den Entbehrungen einer Kriegswirtschaft, die ihnen täglich neue Opfer abverlangt. Rund 100 000 Kölner kämpfen inzwischen an der Front. Mit kostenlosem Schulfrühstück und der

Die Dürener Straße, ca. 1909
NS-DOK Köln, N 1601,6

Einrichtung von mehr als 100 Kinderkrippen versucht die Stadt, die Not der Familien zu lindern, denen plötzlich der Ernährer fehlt.

Nach einer katastrophalen Kartoffelernte im Herbst 1916 kommt es im ganzen Reich zu Versorgungsengpässen. Seit Anfang 1917 werden den Deutschen nur noch drei Pfund Kartoffeln pro Person und Woche zugeteilt. In Köln gibt es als Zugabe zur wöchentlichen „Äädäppel"-Ration acht Pfund Steckrüben, Viehfutter also. Oberbürgermeister Konrad Adenauer empfiehlt außerdem, jedes Fleckchen Erde – Hinterhöfe, Gärten, Balkone – zum Anbau von Obst und Gemüse zu nutzen. Selbst auf den Friedhöfen gedeihen in den Zeiten der Not Bohnen, Erbsen und Kartoffeln, und in den Backstuben der Stadt produziert man nach einem Rezept des Stadtoberhaupts ein Notbrot aus Maismehl, Salz und Wasser: das sogenannte Adenauer-Brot.

Jakob und Rosalia Stock scheinen sich allen widrigen Umständen zum Trotz gut einzuleben in der Stadt. Fritz, der Zweitjüngste, im August 1908 geboren, besucht seit 1920 das Städtische Realgymnasium in Köln-Deutz. Er ist der erste in der Familie, der eine weiterführende Schule besucht. Doch Fritz ist ein mäßiger Schüler. „Deutsch: genügend. Lateinisch: nicht genügend. Französisch: genügend. Rech-

Das mäßige Abgangszeugnis von Fritz Stock am Realgymnasium Deutz, 28. Juli 1923
Schularchiv Deutzer Gymnasium Schaurtestraße

nen: genügend.“ Schon drei Jahre später verlässt er das Gymnasium wieder. Fritz Stock wolle einen praktischen Beruf ergreifen, heißt es in seinem Abschlusszeugnis vom 28. Juli 1923.

Vermutlich steigt er wie schon der 1901 geborene Salli in den väterlichen Betrieb ein.

Im Jahr 1925 – die Inflation ist überstanden, wirtschaftlich geht es aufwärts in Deutschland – gehört der Familie Stock auch das Nachbarhaus Nummer 135 in der Dürener Straße, ein mehrgeschossiges Mietshaus vermutlich aus den 1890er-Jahren. Im Erdgeschoss betreibt das Ehepaar Josef Bläser eine Schmiede und eine Obsthandlung. Die Wohnungen in den beiden darüber liegenden Etagen sind vermietet.

Auch der Pferdehandel floriert. Der Vater habe jährlich zwischen 20 000 und 25 000 Mark verdient, die Familie etliches an Schmuck und Silber besessen, so die Aussage von Tochter Henriette Heidt in den Rückerstattungsakten der Oberfinanzdirektion Köln. Der Bedarf an Arbeitspferden ist nach wie vor groß in Köln. Noch sind nur wenige tausend Autos für den Privatverkehr zugelassen, und in den Fabriken, Brauereien, in den Handwerksbetrieben und im nahen Braunkohletagebau setzt man unverdrossen auf natürliche Pferdestärken.

Knapp 60 vorwiegend jüdische Pferdehändler bieten 1925 ihre Dienste an, darunter Jakob Stocks Schwager Jakob Schwarz. Der ist 1919 aus Bedburg an den Rhein gezogen und betreibt am Salierring einen Pferdehandel. Einige Verwandte aus Lommersum finden in den nächsten Jahren ebenfalls ihren Weg in die Großstadt. Jakobs Cousin Siegfried zieht sich aus dem Familienbetrieb in der Zunftgasse zurück und lässt sich Ende der 1920er-Jahre als Kaufmann in Köln nieder. 1936 wandert er aus nach Südafrika. Leopold Stock, ein unehelicher Sohn von Kusine Gertrud, macht sich 1929 in Köln-Ehrenfeld als „Pferdemakler“ selbstständig.

Jakob Stock arbeitet laut Tochter Henriette Heidt eng mit einer Familie Leffmann zusammen, sogar von einer gemeinsamen Firma ist die Rede. Vermutlich handelt es sich dabei um Adolf und Fritz Leffmann aus Köln-Mülheim, denen in den 1920er-Jahren eine Pferdehandlung in der Klosterstraße 43 in Lindenthal gehört – in genau jenem Haus, das 1938 zur letzten freiwillig gewählten Adresse der Familie Stock werden soll.

Am 30. Januar 1933 ernennt Reichspräsident Paul von Hindenburg Adolf Hitler zum deutschen Reichskanzler. Auch in Köln werden die Nationalsozialisten innerhalb weniger Wochen zur bestimmenden Kraft. Bereits am 11. März – ein Tag vor den Kommunalwahlen, bei denen die NSDAP mit knapp 40 Prozent als stärkste Partei hervorgeht – kommt es in der Stadt zu ersten Aktionen der SA gegen jüdische Geschäftsleute. Auf dem städtischen Schlacht- und Viehhof in der Liebigstraße in Ehrenfeld werden jüdische Metzger und Viehhändler von den „Braunhemden“ drangsaliert und rüde aufgefordert, für die Sammelbüchsen der SS und SA zu spenden. Ein eilig ins Leben gerufener „Aktionsausschuss zur Bereinigung der Judenfrage am Kölner Schlachthof“ sanktioniert weitere Übergriffe dieser Art.

Fünf Jahre später, am 31. Oktober 1938, wird der Vorsitzende des Viehwirtschaftsverbands Rheinland in Bonn seine Mitglieder davon in Kenntnis setzen, dass „in Ihrem Kreisgebiet Juden zum Handel mit Vieh nicht mehr zugelassen sind". Er bitte, ihm „bei der Strafverfolgung von Juden, die unerlaubt Handelsgeschäfte tätigen", behilflich zu sein.

In Lommersum kommt es ebenfalls zu ersten antisemitischen Übergriffen. „Bauern, lasst den Juden vom Hof!", schreibt der „Westdeutsche Beobachter", das Kampfblatt der Nationalsozialisten, und wettert wiederholt gegen jüdische Metzger, Vieh- und Pferdehändler. „Das Geld, das ihr ihnen zum Verdienen gebt, wird zum Schluss dazu benutzt, um gegen euch zu kämpfen und euch zu schaden." Parteitreue Landwirte weigern sich, Geschäfte mit jüdischen Händlern zu machen, und an manchem Scheunentor hängt ein Schild mit der Warnung: „Juden betreten diesen Hof auf eigene Gefahr."

Inzwischen leben nur noch vier jüdische Familien in Lommersum, darunter der Kaufhausbesitzer Wilhelm Kain, Jakob Stocks Cousin Hermann und die erwachsenen Kinder seines verstorbenen Bruders Michael. Nach dessen Tod im April 1930 haben die Söhne Walter und Richard die Viehhandlung des Vaters übernommen, das Haus in der Rathausgasse 16 ist auf die Töchter Emmi und Martha überschrieben worden. Doch die Geschäfte gehen schlecht, auf dem Anwesen lastet eine Hypothek, und Ende 1938 verkaufen die Geschwister – vermutlich nicht freiwillig – Haus und Hof an eine „arische" Familie.

Auch Jakob Stocks übrige Verwandtschaft bekommt die Folgen der antisemitischen Propaganda zu spüren. Hermann Stock wird von einem parteikonformen Kunden verprügelt, als er trotz eines entsprechenden Warnschildes dessen Hof betritt. „Der Jude Hermann Stock erhält für Hausfriedensbruch eine gerechte Strafe", frohlockt der „Westdeutsche Beobachter". Man hoffe, dass dieser Vorfall allen Viehjuden der Region eine Warnung sei, Bauern, die keinen Wert auf ihre Dienste legten, mit ihren Besuchen zu verschonen. Im Oktober 1938 wird Hermann Stocks Betrieb von den Nazis geschlossen, das Haus zwei Jahre später zwangsverkauft.

Hermann Stocks Neffe Otto, der im Haushalt der Familie lebt, gerät wegen seiner Liaison mit einer Nichtjüdin ins Visier des „Westdeutschen Beobachters". „Rassenschande", titelt das NS-Kampfblatt am 8. Juni 1934. „Es schämt sich eine gewisse ‚Dame' aus Kirspenich nicht, dauernd mit dem Juden Otto Stock aus Lommersum zu verkehren." Spätabends sehe man das Paar in enger Umarmung hinter den Chausseebäumen der Niederbergerstraße stehen.

Das Konfektionshaus von Wilhelm Kain an der Lommersumer Hauptstraße wird jahrelang boykottiert, eine nichtjüdische Angestellte von den örtlichen Parteibonzen unter Druck gesetzt, weil sie „mit Juden an einem Tisch sitzt". Ihrem Verlobten legt man – vergebens – nahe, sich von der jungen Frau zu trennen und sich ein „anständiges deutsches Mädchen" zu suchen.

In der Pogromnacht im November 1938 schließlich plündert ein aufgepeitschter Mob das Warenhaus. Wilhelm Kain verbringt die Nacht zu seiner eigenen Sicherheit, wie es offiziell heißt, im Rathaus von Weilerswist. „Ein jeder, der in unserem Kreise stand, nahm einen Gegenstand, der auf der Straße vor dem Geschäft lag, und verschwand damit", gibt ein Beteiligter bei seiner Vernehmung durch die Polizei ein paar Tage später zu Protokoll. „Alles fiel über die Sachen her", berichtet ein anderer. „Es wurde mitgenommen, was der einzelne bekommen konnte." Auch die Häuser von Jakob Stocks Verwandten in der Zunftgasse werden in dieser Nacht geplündert. Möbel, Geschirr und Kleidung fliegen unter dem Gejohle einer gaffenden Menge auf die Straße.

Weder Wilhelm Kain noch Hermann und Otto Stock und ihre Familien überleben den Holocaust. Sie alle werden am 20. Juli 1942 vom Bahnhof Köln-Deutz in die Vernichtungsstätte Maly Trostenez bei Minsk deportiert und dort ermordet. Stolpersteine vor ihren ehemaligen Häusern am Schweinemarkt 7 und in der Zunftgasse 13 erinnern an das Schicksal der drei Familien.

Anderen gelingt die Flucht. Ernst Stock und sein Bruder Simon, die noch vor wenigen Jahren mit Paul von Hindenburg Geschäfte machten, emigrieren im Dezember 1938 nach Rhodesien, dem heutigen Simbabwe. Jakob Stocks Nichte Martha und ihr Bruder Richard fliehen über Shanghai in die USA, Schwager Jakob Schwarz verlässt Köln 1937 Richtung Palästina. Und auch die Töchter und Sohn Fritz kehren Deutschland den Rücken. Martha geht mit Ehemann Benno Simon und den beiden gemeinsamen Söhnen nach Rhodesien. Fritz und seine Frau Etti finden in Südafrika, Henriette und ihr Mann Max Heidt in Kanada eine neue Heimat.

Wie es Rosalia und Jakob Stock in diesen Jahren ergeht, lässt sich nur erahnen. Als am 1. September 1939 der Zweite Weltkrieg beginnt, steht der inzwischen 70-Jährige vor den Trümmern seiner Existenz. Die beiden Häuser in der Dürener Straße sind abgerissen, die Familie ist in alle Winde zerstreut. Er selber, Rosalia und die beiden in Deutschland verbliebenen Söhne Salli und Felix wohnen seit 1937 auf engem Raum in der Klosterstraße 43. Das Haus gehört inzwischen Friedrich Delcour, dem Besitzer des ältesten Karussell-Unternehmens von Köln, „gegründet vor 1842", wie die Familie Delcour in ihren Anzeigen stolz betont. Man kennt sich seit Jahren, das lässt sich zumindest vermuten. Der „Belustigungsunternehmer", der mit einem Raupenkarussell und anderen Fahrgeschäften über die Jahrmärkte der Region tingelt, wohnt schräg gegenüber von Jakob Stocks ehemaliger Adresse in der Dürener Straße.

Der Familie bleiben in ihrem Domizil in der Klosterstraße drei gemeinsame Jahre. Zumindest die Söhne trotzen einem Leben in Agonie, Angst und Verzweiflung: Salli Stock heiratet am 8. Juni 1939 seine Freundin Klara Schwarz, und Felix Stock gibt am 19. Dezember Irma Löwenbach, einer Metzgertochter aus Mayen in der Eifel, das Jawort. Die 21-Jährige ist allein in Deutschland zurückgeblieben, nachdem die drei älteren Geschwister und – im Juni 1939 – auch ihre Eltern in die USA ausgewandert sind.

1940 müssen Jakob Stock und die Seinen die Erdgeschosswohnung in der Klosterstraße räumen. Inzwischen hat der Krieg Köln und das Rheinland erreicht. Im Mai 1940 gehen die ersten Bomben auf die Stadt nieder. Am 12. Juni trifft es auch Lindenthal. Ein Einschlag hinter dem Haus Aachener Straße 114 lässt in den Gebäuden ringsum die Fensterscheiben bersten, eine Person wird verletzt. Im April 1942 explodiert in der Robert-Koch-Straße ein abgeschossenes Flugzeug, die Trümmer beschädigen 90 Häuser. Bei Kriegsende ist der Stadtteil zu 85 Prozent zerstört, und es wird bald zwei Jahrzehnte dauern, um ihn wiederaufzubauen.

Die Familie Stock wird nach ihrem Auszug aus der Klosterstraße auseinandergerissen. Salli und Klara kommen zunächst im „Jüdde-Spidohl", im Israelitischen Asyl für Kranke und Altersschwache in der Ottostraße 85 in Ehrenfeld unter. Nach der Räumung des Asyls am 1. Juni 1942 werden sie in das Arbeitslager Niederbardenberg bei Herzogenrath zwangsverlegt und am 20. Juli – gemeinsam mit Wilhelm Kain und Hermann und Otto Stock – in das Vernichtungslager Maly Trostenez bei Minsk deportiert. Dort werden sie vier Tage später ermordet.

Schäden in Köln-Lindenthal durch einen Bombenangriff in der Nacht zum 11. März 1941
NS DOK Köln, N 65-1941 S.66 Nr. 4

Felix und Irma Stock verbringen die letzten Monate vor ihrer Deportation in Ghettohäusern in der Moltkestraße 35 und in der Maastrichter Straße 41. Eine Einzahlungskarte von Irmas Schwägerin Jenny an das Büro jüdischer Auswanderung in New York erzählt von den verzweifelten Bemühungen der Familie Schwarz, das junge Paar nachzuholen in die USA. Doch alle Anstrengungen sind vergeblich. Am 30. Oktober 1941 werden Felix und Irma Stock in das Ghetto Litzmannstadt deportiert und am 20. Mai 1942 weiterverschleppt in die Vernichtungsstätte Kulmhof, wo sie getötet werden.

Jakob und Rosalia Stock wohnen bis zu ihrer Deportation am 15. Juni 1942 in das Ghetto Theresienstadt in einem Ghettohaus in der Cäcilienstraße 18–22. Am 19. September 1942 werden sie aus Theresienstadt in das Vernichtungslager Treblinka verschleppt. Dort werden sie vermutlich kurz nach der Ankunft ermordet.

Seit dem 6. Oktober 2020 erinnern sechs Stolpersteine an das Schicksal von Jakob Stock und seine Familie, eingelassen in den Bür-

Jakob und Rosalia Stock, geb. Schwarz
NS-DOK Köln, N 3297 / Familienbesitz

ÚSTŘEDNÍ KARTOTÉKA — TRANSPORTY.

Osoby došlé do Terezína z různých území

Stock Jakob

rodná data 20. 6. 1869

adresa před deportací

Deportace na východ: Číslo Bo-1457

dne 19. IX. 1942

(původní transportní číslo: 511 – III/1 –)

III.

Karte für Jakob Stock aus der Kartei des Ghettos Theresienstadt. Am 19. September 1942 wurde er in das Vernichtungslager Treblinka transportiert und direkt bei der Ankunft ermordet
1.1.42.2 / 5100311 / ITS Digital Archive, Arolsen Archives

gersteig vor Haus 43 in der Klosterstraße. Das frühere Gebäude ist einem schmucklosen Nachkriegsbau gewichen, in dessen Garten schief und krumm ein Birnbaum wächst. Auf der Höhe der ehemaligen Pferdehandlung in der Dürener Straße befindet sich ein Döner-Imbiss, vor dem die Schülerinnen und Schüler der Erzbischöflichen Liebfrauenschule Köln und des Apostelgymnasiums nach Schulschluss Schlange stehen.

Allein das Haus in der ehemaligen Rathausgasse in Lommersum steht noch an alter Stelle. Ein verwitterter Bau aus rotbraunem Backstein. Zwei Etagen hoch, die Fenster schmal. Bald zwei Jahrhunderte alt. An eine Familie Jakob Stock erinnert sich darin allerdings niemand mehr.

Landjuden

Seit ihrer Vertreibung aus den großen Städten im ausgehenden Mittelalter lebt die Mehrheit der jüdischen Bevölkerung des Rheinlands auf dem Land. Viele der kleinen jüdischen Gemeinden haben weniger als 50 Mitglieder. Bis ins 19. Jahrhundert ist der Handel mit Vieh, Haushaltswaren und Geld für die Landjuden in der Regel die einzige Erwerbsmöglichkeit. Jahrhundertelang durften sie weder Ackerland besitzen noch ein Handwerk ausüben. Zwar verbessert sich ihre Situation im Laufe des 19. Jahrhunderts, doch die Verbote von einst wirken lange nach. Noch 1917 werden in Deutschland rund 25 000 der 40 000 Viehgeschäfte von jüdischen Inhabern geführt.

Als Ende des 19. Jahrhunderts viele Landbewohner dem traditionellen Leben ihrer Väter und Vorväter den Rücken kehren, beginnt sich das Stadt-Land-Verhältnis zu verkehren. In der Weimarer Republik leben bereits zwei Drittel der jüdischen Bevölkerung in einer Großstadt. Das Gros der Zugezogenen drängt in den Einzelhandel, die Quote der Selbständigen ist vergleichsweise hoch. In Köln beträgt sie Mitte der 1920er-Jahre knapp 45 Prozent. Und liegt damit noch ein ganzes Stück unter dem reichsweiten Durchschnitt von 50,5 Prozent.

Stolperstein Johanna Lenz, Karolingerring 11–15
(früher 13, Foto: Karin Richert)

Karin Richert

„Da kommen unsere Mörder“

Johanna Lenz, 1900 geboren in Köln. Opfer der NS-Krankenmorde. 1942 ermordet in der Tötungsanstalt Hadamar.

Karolingerring 13, heute 11–15

Wann genau die Psyche von Johanna Lenz so aus den Fugen geriet, dass die junge Frau in ihre eigene Welt abdriftete, ist schwer zu sagen. Seit Monaten schon habe die Tochter sich verfolgt gefühlt, bedrängt von Männern, die ihr angeblich nachstellten, erzählt ihre Mutter den Ärzten nach der Einweisung der 29-Jährigen in die Psychiatrische Klinik der Universität Köln am 12. Juni 1929. Misstrauisch sei die Tochter geworden. Anfangs habe die Familie ihren Erzählungen noch geglaubt, doch in den letzten vier Tagen sei es immer schlimmer geworden. Johanna habe am Fenster gestanden und unflätig geschimpft. „Niemand konnte mehr unbeschadet ins Haus gelangen, und die gesamte Nachbarschaft hat sich aufgeregt.“

Auch in der Klinik findet die junge Frau offensichtlich nicht zurück in die Realität. Die Patientin habe von ihrer angeblich hohen Abkunft und ihren heiligen Augen erzählt, lautet ein Vermerk in ihrer Krankenakte. „Kämmte vier Stunden ihr Haar. Bei der Untersuchung war sie übertrieben graziös in der Haltung, übertrieben in der Mimik, erzählte sehr lebhaft mit geziert feierlicher Sprache, stand häufig auf, demonstrierte besondere Szenen, erzählte sehr sprunghaft von ihrer hohen Abkunft und allerlei Beeinträchtigungen.“

Am nächsten Tag wird Johanna Lenz mit der Diagnose „geisteskrank“ zunächst in die „Rheinische Provinzial-Heil- und Pflegeanstalt Bonn“ überwiesen – und 13 Jahre später in der NS-Tötungsanstalt Hadamar ermordet. Mit ihr werden zwischen 200 000 und 250 000 Frauen, Männer und Kinder Opfer eines Systems, das sich anmaßt, über sogenanntes wertes und unwertes Leben zu urteilen. Und all jene in den „Gnadentod“ schickt, die es zuvor ausgegrenzt, stigmatisiert und als finanzielle Belastung aussortiert hat: geistig und körperlich Beeinträchtigte, psychisch Versehrte, Alte und langfristig Arbeitsunfähige. Allein in der Rheinprovinz werden zwischen 1940 und 1945 rund 8000 Psychiatriepatientinnen und -patienten vergast, mit Medikamenten ermordet oder durch Unterernährung und Vernachlässigung zu Tode gebracht.

Es existiert kein Foto, kein Schriftstück von Johanna Lenz. Briefe an die Familie zu schreiben, weigert sie sich beharrlich. „Hat bei entsprechenden Versuchen das Karten- oder Schreibpapier zerrissen", teilt einer ihrer Ärzte den besorgten Eltern mit, die auf ein Lebenszeichen der Kranken hoffen. So spiegelt sich das Schicksal der Johanna Lenz allein in ihrer Krankenakte und in den wenigen überlieferten Erinnerungen der Familie, die schon bald nur noch hinter vorgehaltener Hand über die psychisch auffällige Tochter spricht. Bereits in der nächsten Generation scheint sie weitgehend vergessen. Erst mehr als 70 Jahre nach ihrem Tod gehen ihr Neffe Karl Heinz Lenz und ihre Großnichte Brigitte Eimermacher den Spuren der lange Totgeschwiegenen nach. Seit dem 27. September 2021 erinnert am Karolingerring 11–15 in der Kölner Südstadt ein Stolperstein an ihr Schicksal.

Geboren wird Johanna Lenz am 13. Mai 1900 in Köln. „Hannchen" ist das dritte von acht Kindern von Wilhelm und Johanna Lenz, geborene Held. Über die Mutter und ihre Familie ist nichts bekannt. Wilhelm Lenz stammt aus Arnoldshöhe, einer in den 1830er-Jahren gegründeten Siedlung im heutigen Stadtteil Bayenthal zwischen Brühler Straße und Militärring. Sein Vater Hubert betreibt an der Bonner Straße eine Kohlen- und Lebensmittelhandlung.

1895, mit nur 18 Jahren, wird Wilhelm zum ersten Mal Vater. Im April 1900, kurz vor der Geburt ihres dritten Kindes, heiraten Johanna Held und er in Köln. Der Großvater habe im Hafen als Lastenträger angefangen und sich durch harte Arbeit hochgearbeitet, erzählt Karl Heinz Lenz. Vage erinnert er sich an einen greisenhaften alten Mann „mit dem mächtigen Schädel der Lenze". Ein Patriarch, so sagt man, sei der Senior gewesen. Nur sein Wort habe in der Familie gegolten. „Die Söhne mussten sich hinten anstellen."

Im Jahr 1902 gründet Wilhelm Lenz in Köln einen Fuhrbetrieb. Zehn Pferdefuhrwerke habe der Jungunternehmer besessen, heißt es in der Firmenchronik der Familie. 1914 wird das Geschäft kriegsbedingt geschlossen und erst 1919 wiedereröffnet. Wilhelm Lenz, ein Pferdenarr von Jugend an, hatte sich freiwillig zur Kavallerie gemeldet und erlebt mit Anfang 40 in Frankreich die Schrecken eines zer-

Köln-Arnoldshöhe, Zeichnung von Heinz von den Hoff 1940
Rheinisches Bildarchiv, RBA 95939 / Kölnisches Stadtmuseum

mürbenden Stellungskrieges. Der Großvater habe ihm oft von seinen Kriegserlebnissen erzählt, erinnert sich Jürgen Lenz im Gespräch, der Halbbruder von Karl Heinz Lenz. „Er war ein begeisterter Soldat und kannte noch sämtliche Märsche aus dem Ersten Weltkrieg." Während der Angriffe auf Köln im Zweiten Weltkrieg habe er oft mit dem Großvater auf dem Dachboden des Hauses am Karolingerring gesessen und die „Christbäume", die Leuchtbomben der angreifenden Alliierten, beobachtet, bis es Zeit gewesen sei, hinunter in den Keller zu gehen.

Die Spedition, inzwischen umgerüstet auf moderne Lastkraftwagen, erholt sich nach dem Kriegsende 1918 schnell von ihrer mehrjährigen Zwangspause. In den 1920er-Jahren zieht das Unternehmen um an den Karolingerring 13, heute Karolingerring 11–15. Die Familie – vier unverheiratete Töchter und der jüngste Sohn Heinrich – wohnt über den Geschäftsräumen. Im vierten Stock hat Sohn Hubert, der im väterlichen Betrieb mitarbeitet, seine Wohnung. „Das war ein Arbeitshaushalt, alle mussten mit anpacken", erzählt Jürgen Lenz. „Die Großmutter stand ständig am Herd. Mittags kamen die Angestellten und

Karolingerring um 1915
NS-DOK Köln, N 998,3

bekamen etwas zu essen. Und wir Kinder mittendrin. Es war eine Riesenwohnung mit mehreren Zimmern und einem eigenen Bad. Im Flur hing sogar eine Schaukel."

Auch Johanna Lenz lebt bis zum Ausbruch ihrer Krankheit im elterlichen Haushalt. Sie ist inzwischen 29 Jahre alt, eine Hübsche, wie ihre Schwester Margarethe noch viele Jahre später erzählt. „Tante Etta war immer voll des Lobes für sie", erzählt Jürgen Lenz. Johanna, so die Erinnerung von Margarethe Lenz, sei eine begabte Koloratursängerin gewesen und habe sogar eine Gesangsausbildung gehabt. Warum sie in eine psychiatrische Klinik gekommen sei – darüber freilich habe auch Tante Etta geschwiegen. „Es hieß immer nur, sie sei in einer Pflegeanstalt und müsse sich erholen." Auch die Mutter weiß nur Gutes über Johanna zu berichten. Haushälterisch sei die Tochter sehr tüchtig gewesen, erzählt sie den Ärzten der Kölner Uniklinik. Sie habe gern Klavier gespielt und Texte rezitiert. „Sie war vielleicht etwas eigen, aber sehr vernünftig."

Sieben Monate verbringt Johanna Lenz in der „Rheinischen Provinzial-Heil- und Pflegeanstalt Bonn", in die sie am 13. Juni 1929 eingeliefert wird, betäubt von 0,5 Milliliter Veronal und einem weiteren

Ansicht des Haupthauses der Provinzial-Heil- und Pflegeanstalt Bonn, undatiert
Archiv Psychiatriemuseum Verrückte Zeiten Bonn (PB Orth)

Sedativum. Das Krankenblatt der Anstalt listet als körperliche Auffälligkeit mehrere Narben an der Brust und am rechten Brustkorb der Patientin auf.

Die Behandlung der Kranken in diesen sieben Monaten beschränkt sich auf die einmalige Gabe eines Beruhigungsmittels und auf ein mehrstündiges Zwangsbad in körperwarmem Wasser, das ihre Unruhe dämpfen soll. Dabei werden Leinentücher straff über die Wanne gespannt, sodass nur noch der Kopf der Patientin herausguckt, der komplette Körper aber unter Wasser bleibt. „In den letzten Tagen oft erregt, ist läppisch heiterer Stimmung, faserig und bettflüchtig", lautet ein Eintrag in ihrer Krankenakte, der die Behandlung rechtfertigen soll.

Phasen katatonischer Starre, in denen sie nicht ansprechbar ist, wechseln sich ab mit Tagen großer Lebhaftigkeit. „Sie verlässt immer wieder das Bett, posiert und redet in zerfahrener Weise in pathetischem Ton. Was sie vorbringt, ist voll von Größenideen und häufig mit erotischen Anklängen", lautet am 4. November 1929 eine Notiz in ihrer Krankenakte. „Redet fast ununterbrochen, kommt mit keinem

Kloster Hoven, zeitgenössische Postkarte
NS-DOK Köln, N 3353

Gedanken zu Ende", notiert der behandelnde Arzt am 4. Januar 1930. Ob ihren psychischen Auffälligkeiten womöglich ein traumatisches Erlebnis zugrunde liegt, ob sie auf sexualisierte Gewalt oder andere Gewalterfahrungen zurückzuführen sind, hinterfragt offensichtlich niemand.

Am 22. Januar 1930 wird Johanna Lenz in die „Privat-Irren-Pflegeanstalt der Ordensgenossenschaft nach der Regel des Augustinus zu Kloster Hoven" bei Zülpich überführt, eine private Einrichtung für psychisch unheilbar kranke Frauen. Geführt wird die 1888 gegründete Anstalt, auch bekannt als Kloster Marienborn, von Schwestern der Ordensgemeinschaft der Cellitinnen. Heute ist in den Gebäuden die Marienborn Fachklinik für Psychiatrie und Psychotherapie untergebracht. Johanna Lenz, heißt es auf dem Übergabeschein der Bonner Psychiatrie an die Kollegen in der Eifel, sei voraussichtlich unheilbar geisteskrank und bedürfe der weiteren Pflege in einer Heil- und Pflegeanstalt.

Spätestens jetzt gerät die knapp 30-Jährige in eine Maschinerie, aus der es für sie kein Entkommen gibt. Drei Jahre nach ihrer Einweisung in die Anstalt Kloster Hoven beginnt mit der Machtübernahme

Adolf Hitlers eine gnadenlose Hatz auf all jene, die in den Augen der Nationalsozialisten eine Gefahr für den „gesunden Volkskörper" darstellen und folglich daraus zu entfernen sind.

Die Unterscheidung zwischen wertem und unwertem Leben ist nicht neu im Europa der 1920er, 1930er-Jahre. Seit Ende des 19. Jahrhunderts erhitzt die Diskussion über den Wert und die Wirtschaftlichkeit unheilbar Kranker die Gemüter, doch allein die Nazis entwickeln aus den Gedankenspielen radikaler Eugeniker und Sozialdarwinisten ein hocheffizientes und beispielloses Tötungsprogramm. So fordert der Mediziner Ernst Haeckel, einer der Wegbereiter der Eugenik und Rassenhygiene in Deutschland, bereits 1904 die straffreie Tötung von neugeborenen „verkrüppelten" Kindern. Dies sei als eine zweckmäßige, sowohl für die Beteiligten wie für die Gesellschaft nützliche Maßregel zu billigen.

Im selben Jahr gründet der Arzt und Rasseforscher Alfred Ploetz in Berlin die „Gesellschaft für Rassenhygiene". Ploetz ist ein überzeugter Vertreter des Sozialdarwinismus und setzt auf die gezielte „Erzeugung guter Kinder", um die Bevölkerungsentwicklung anhand positiv bewerteter Erbanlagen zu steuern. „Gefühlsduseleien" wie die Pflege Kranker, Blinder und Taubstummer, wie Gehörlose damals genannt werden, hinderten oder verzögerten nur die Wirksamkeit der natürlichen Zuchtwahl, schreibt er in seinem Buch „Die Tüchtigkeit unserer Rasse und der Schutz der Schwachen". Im April 1933 wird Ploetz eine Glückwunschadresse an Adolf Hitler schicken und in „herzlicher Ergebenheit" dem Mann gratulieren, der „die deutsche Rassenhygiene aus dem Gestrüpp ihres bisherigen Weges durch seine Willenskraft in das weite Feld freier Betätigung führt".

Einen weiteren Schritt in Richtung „Euthanasie", der gezielten Tötung schwerkranker und unheilbar kranker Menschen also, gehen schließlich der Psychiater Alfred Hoche und der Jurist Karl Binding. In ihrem 1920 erschienenen Gemeinschaftswerk „Die Freigabe der Vernichtung lebensunwerten Lebens" fordern sie Straffreiheit für die „Erlösung" von „unheilbar Blödsinnigen, die das furchtbare Gegenbild echter Menschen bilden und fast in jedem Entsetzen erwecken, der ihnen begegnet".

Johanna Lenz kommt nach ihrer Einweisung in die Pflegeanstalt Kloster Hoven zunächst für einige Tage auf die Station Agatha, die Abteilung für unruhige Patientinnen. Die Familie, vermutlich ihre

Mutter, erkundigt sich regelmäßig nach dem Befinden der Kranken. „Meine Tochter liebt sehr die Natur", heißt es etwa in einem Brief vom 16. Mai 1930 an Chefarzt Ludwig Peters. „Ich möchte Sie bitten, mir mitzuteilen, ob sie bei dem schönen Wetter auch in den Garten geht." Regelmäßig treffen Päckchen aus Köln bei der Patientin ein. Wenn sie gut aufgelegt ist, verteilt Johanna Lenz deren Inhalt großzügig an die Schwestern und versucht, ihnen gewaltsam kleine Leckereien in den Mund zu schieben: „Liebchen, beiß mal mit."

Nach wie vor leidet sie – das jedenfalls legt ihre Krankenakte nahe – unter Wahnvorstellungen und heftigen Stimmungsschwankungen. Mal tanze sie läppisch vergnügt umher, singe und lache, dann wieder schlage sie gereizt und böse um sich und werde auch Mitpatientinnen gegenüber aggressiv, heißt es darin. Vor allem die wöchentlichen Besuche der Familie scheinen sie anfangs nachhaltig zu verstören. „Zum Schluss der Besuche mehrfach sehr laut, schreit erregt in zerfahrener Weise allerlei hinaus. Auch im Tagesraum sehr aufgeregt. Reizt andere Kranke durch gemeine Schimpfworte", lautet am 19. Februar 1930 ein Vermerk. Schließlich bittet der Arzt die Eltern, die Tochter nur noch gelegentlich zu besuchen beziehungsweise die Besuche „nicht so lange auszudehnen".

Auch in Kloster Hoven beschränkt sich die Behandlung der Patientinnen – der Praxis der damaligen Zeit entsprechend – weitgehend auf deren Verwahrung und Ruhigstellung. In dem ehemaligen Zisterzienserinnenkloster, einem mehrfach erweiterten Gebäudekomplex aus dem zwölften Jahrhundert, kümmern sich rund 100 Schwestern, eine Ärztin und zwei Ärzte um bis zu 700 Patientinnen. Die Einrichtung verfügt über eine Wäscherei, eine Weberei, ein Stick- und ein Nähzimmer sowie einen kleinen landwirtschaftlichen Betrieb, in dem Hühner und Gänse gehalten werden. Wer von den Patientinnen kräftig genug ist zum Arbeiten, ist gehalten mit anzupacken. „Bett- und Tischwäsche, Gardinen und Kleider, Schürzen und Kittel – alles wurde bei uns angefertigt. Da der Pflegesatz nur 1,50 Mark betrug, musste sehr sparsam gearbeitet werden", schildert Schwester M. Ruthrudis, die in den 1930er-Jahren zum Pflegepersonal gehörte, in einer Chronik der Stadt Zülpich das Leben im Kloster. Der Anstaltsgeistliche Wilhelm Cremers habe sich um die Unterhaltung der kranken Frauen gekümmert und regelmäßig Tanzabende, Ballspiele, Filmvorführungen und Aufführungen der anstaltseigenen Theatergruppen organisiert.

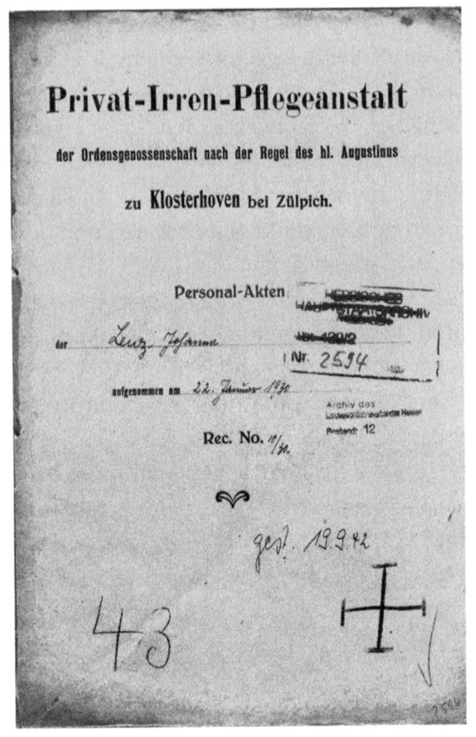

Privat-Irren-Pflegeanstalt

der Ordensgenossenschaft nach der Regel des hl. Augustinus

zu Klosterhoven bei Zülpich.

Personal-Akten

der Lenz, Johanna

Nr. 2594

aufgenommen am 22. Januar 1930

Rec. No. 11/30.

Archiv des Landeswohlfahrtsverbandes Hessen
Bestand: 12

gest. 19.9.42

43

Deckblatt der Krankenakte Johanna Lenz
Archiv des Landeswohlfahrtsverbands Hessen, Best. 12, K 2594 (Johanna Lenz)

„Medizinische, das heißt medikamentöse Behandlung gab es nur minimal“, erinnert sich Schwester Maria Valeria, die 1936 in das Kloster versetzt wurde. „Bis dahin kannte man den Begriff Psychiatrie nicht. Es war eine Irrenpflegeanstalt.“ Statt auf Therapie und Medikamente setzt man auch hier auf Wasserbäder und sogenannte Packungen. Dabei werden extrem unruhige Patientinnen in nasse Tücher eingenäht, bis sie sich beruhigt haben – eine Prozedur, die das Personal wie die Kranken gleichermaßen belastet. „Dem tobenden Kranken musste ein nasses Tuch, darüber ein Wolltuch um den Körper gewickelt werden, einschließlich der Arme und Beine. Nur der Kopf blieb frei. Diese Tücher wurden vernäht, sodass es schwer war, sich daraus zu befreien“, schildert Schwester Maria Valeria die Tortur.

Johanna Lenz verbringt mehr als zwölf Jahre in Kloster Hoven. Ihre Mutter besucht sie, wann immer der Zustand der Patientin ein Treffen erlaubt. „War beim letzten Besuch der Mutter freudig erregt, schwätzte, wenn auch zerfahren, viel auf sie ein, streichelte sie und überschüttete sie mit Liebkosungen", hält die Krankenakte am 24. Mai 1939 einen ihrer guten Tage fest. Johanna sei kaum von ihrer Besucherin zu trennen gewesen und habe gebeten: „Lass mich doch mit der Mutter was erzählen." Ihren ältesten Bruder Wilhelm hingegen – der am 31. Mai 1942 bei Aufräumarbeiten nach dem 1000-Bomber-Angriff auf Köln zu Tode kommen wird – erkennt sie nicht mehr, und „die Schwestern sieht sie für Männer an". Trotz allem: Die Patientin „sieht blühend aus".

Die Ausgrenzung und Stigmatisierung psychisch Kranker und vermeintlich erblich belasteter Menschen nimmt währenddessen Fahrt auf. Am 14. Juli 1933 wird das „Gesetz zur Verhütung erbkranken Nachwuchses" erlassen, das die zwangsweise Sterilisierung von Menschen mit „angeborenem Schwachsinn, Schizophrenie, manisch-depressivem Irresein, erblicher Fallsucht, erblichem Veitstanz, erblicher Blind- und Taubheit sowie schwerer körperlicher Missbildung" legitimiert. Am 1. Januar 1934 tritt es in Kraft. Ein Runderlass der Ministerien des Innern bestimmt, welche Krankenanstalten in den einzelnen Ländern den chirurgischen Eingriff vornehmen dürfen. Ausgewählten Röntgenärzten ist es außerdem erlaubt, zur „Durchführung der Unfruchtbarmachungen" eine Strahlentherapie anzuwenden. Bis zu 400 000 Menschen werden in den folgenden elf Jahren Opfer des Sterilisationsgesetzes, rund zwei Drittel davon sind Frauen. Etwa 6000 der Operierten sterben an den Folgen des Eingriffs.

Auch die Kranken in Kloster Hoven bleiben nicht von den Zwangsmaßnahmen der braunen Machthaber verschont: 58 Langzeitpatientinnen, die meisten mit der Diagnose Schizophrenie, Epilepsie oder manische Depression, werden in den nächsten Jahren sterilisiert. Eine von ihnen, angeblich von Geburt an geistig behindert und Kind einer Familie von Alkoholikern, ist bei dem Eingriff im Juni 1941 erst 19 Jahre alt.

Und der Druck auf die psychiatrischen Einrichtungen wächst weiter. Die Pflegesätze werden mehr und mehr zusammengestrichen, die NS-Propaganda hetzt mit Fotos von geistig Behinderten gegen die „Paläste für Idioten" und verspricht: „Zielbewusste Erbgesundheitspflege wird solches Elend für die Zukunft unmöglich machen." Die Leistungsfähigkeit eines Menschen wird zum Wertmaßstab für dessen Existenzberechtigung. So rechnet Robert Gaupp, Direktor einer

Tübinger Nervenklinik, Vertretern des Roten Kreuzes vor, welche Anstaltskosten seine Klientel täglich verursacht: „Ein Taubstummer bzw. ein Krüppel sechs Reichsmark, ein Geisteskranker 4,50 Reichsmark." Einem Angestelltenehepaar hingegen stünden täglich zusammen nur sieben, einem Arbeiterehepaar lediglich fünf Reichsmark zur Verfügung. Gaupps Schlussfolgerung: „Diese von Jahrzehnt zu Jahrzehnt wachsende Zahl der geistig Kranken und Minderwertigen stellt auch wirtschaftlich, nicht bloß menschlich und rassenhygienisch eine große Belastung dar."

Reichsärzteführer Gerhard Wagner nimmt ebenfalls kein Blatt vor den Mund. Die eine Milliarde Mark, die man jährlich für die Pflege der Geisteskranken opfern müsse, sei gegenüber dem gesunden Volks-

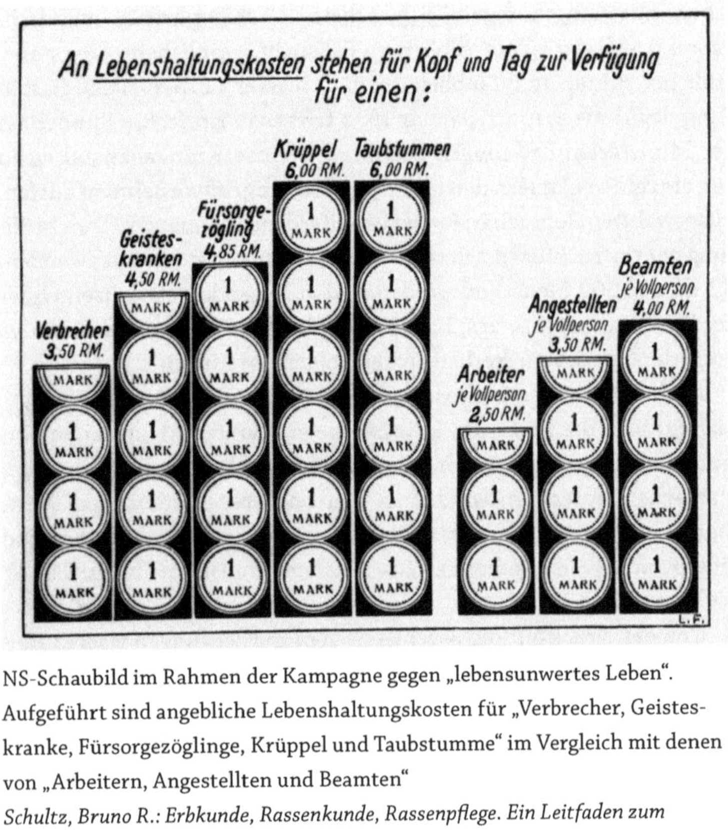

NS-Schaubild im Rahmen der Kampagne gegen „lebensunwertes Leben". Aufgeführt sind angebliche Lebenshaltungskosten für „Verbrecher, Geisteskranke, Fürsorgezöglinge, Krüppel und Taubstumme" im Vergleich mit denen von „Arbeitern, Angestellten und Beamten"
Schultz, Bruno R.: Erbkunde, Rassenkunde, Rassenpflege. Ein Leitfaden zum Selbststudium und für den Unterricht, München 1934, S. 95

teil eine nicht zu rechtfertigende Verschwendung, schreibt er 1936 in „Weg und Ziel", dem Organ des Nationalsozialistischen Deutschen Ärztebundes.

Anfang 1939 beginnt mit der gezielten Tötung eines mehrfach behinderten Säuglings, die Adolf Hitler zuvor gebilligt hatte, die sogenannte Kindereuthanasie, der innerhalb von sechs Jahren zwischen 5000 und 8000 Kinder und Jugendliche zum Opfer fallen. Hebammen, Ärzte und Entbindungskliniken werden verpflichtet, Neugeborene mit körperlichen Fehlbildungen zu melden. Anschließend entscheidet der „Reichsausschuss zur wissenschaftlichen Erfassung erb- und anlagebedingter schwerer Leiden" über Leben und Tod der Kinder. In sogenannten Kinderfachabteilungen ausgewählter Heil- und Pflegeanstalten werden sie schließlich durch eine Überdosis des Schlafmittels Luminal oder durch Morphium-Injektionen ermordet.

Kloster Hoven gerät im Oktober 1933 anlässlich eines Besuchs von SS-Mitgliedern – Allgemeinmediziner, Zahnärzte und Apotheker – in den Fokus des „Westdeutschen Beobachters": „Hinter diesen Fenstern vegetieren Menschen, lebt der Wahnsinn. Hinter diesen Fenstern wohnen Menschen, deren Geist tot ist, deren Augenleuchtkraft erloschen ist", heißt es in einem Bericht des NS-Kampfblattes über den Besuch der Gruppe. „Des Blickes irre Stiere klagt dem Besucher: Hier wohnt die Finsternis und ihr Eigentum."

Dennoch bleibt das Haus zunächst verschont von den Repressalien der Nationalsozialisten. Schwester Maria Valeria berichtet lediglich von gelegentlichen staatlichen Kontrollen, über die das Personal meist vorher informiert worden sei. Beanstandungen habe es keine gegeben. Doch spätestens im Sommer 1938 verdüsterte sich auch in Kloster Hoven die Stimmung. Im Juni verfügt das Reichsinnenministerium in Berlin die Trennung von jüdischen und nichtjüdischen Patientinnen und Patienten in Pflegeanstalten. Wenig später werden Jüdinnen und Juden aus dem gesetzlichen Kranken- und Sozialversicherungssystem ausgeschlossen. Noch im selben Jahr seien die ersten jüdischen Bewohnerinnen aus der Anstalt abgeholt worden, berichtet Schwester M. Ruthrudis. „Verlegt, wie man uns sagte." Von diesem Zeitpunkt an habe man in Angst vor „unbekannten Maßnahmen" gelebt.

Die diffusen Ängste der Schwestern sind berechtigt. Schon seit längerem wird in Berlin darüber nachgedacht, das Tötungsprogramm für Kinder auf chronisch kranke Erwachsene auszudehnen. Im Oktober

1939 beauftragt Adolf Hitler mit einem formlosen Schreiben auf privatem Briefpapier seinen Leibarzt Karl Brand und den NSDAP-Reichsleiter Philipp Bouhler, „die Befugnisse namentlich zu bestimmender Ärzte so zu erweitern, dass nach menschlichem Ermessen unheilbar Kranken bei kritischer Beurteilung ihres Krankheitszustandes der Gnadentod gewährt werden kann“. Der sogenannte Ermächtigungserlass ist nachdatiert auf den 1. September 1939, den Beginn des Zweiten Weltkriegs, und bleibt bis 1945 die einzige pseudo-rechtliche Grundlage für den Massenmord an Hunderttausenden geistig, seelisch und körperlich eingeschränkten Menschen.

Für die Umsetzung des Erlasses werden vier Tarnorganisationen gegründet: die „Reichsarbeitsgemeinschaft Heil- und Pflegeanstalten“, die „Gemeinnützige Krankentransportgesellschaft“, die „Gemeinnützige Stiftung für Anstaltspflege“ und die „Zentralverrechnungsstelle Heil- und Pflegeanstalten“. Sie haben ihren Sitz in der Tiergartenstraße 4 in Berlin. Diese Adresse ist es auch, die dem Vernichtungsfeldzug seinen Namen gibt: „Aktion T4“. Auf Meldebögen werden die biografischen Daten und die Krankengeschichte der Betroffenen erfasst. Anschließend entscheiden Gutachter der T4-Zentrale darüber, wer von ihnen weiterleben darf und wer nicht. Bis zum 24. August 1941, dem offiziellen Ende der Aktion, werden in den Gaskammern von sechs Tötungsanstalten mehr als 70 000 vermeintlich oder tatsächlich kranke Menschen ermordet, davon knapp 2000 aus der Rheinprovinz.

In Kloster Hoven fürchtet man aus zwei Gründen um das Leben der Patientinnen. Der Krieg rückt näher. In der Nacht vom 14. auf den 15. Mai 1940 gehen die ersten Brandbomben auf das Klostergelände nieder. Menschen kommen dabei nicht zu Schaden, doch mit weiteren Luftangriffen ist zu rechnen. Außerdem sind die staatlichen Kontrollen von Heil- und Pflegeanstalten verschärft worden und obliegen jetzt der Gestapo. „Wir erhielten keine Vorinformationen mehr, und es entwickelte sich bei diesen Besichtigungen ein beengendes Klima“, erinnert sich Schwester Maria Valeria an die Rundgänge der Kontrolleure.

Sie berichtet von schrecklichen Szenen, die sich während solcher Visiten auf den Stationen abspielen. Längst habe sich auch unter den Patientinnen das Gerücht herumgesprochen, dass geistig kranke und alte Menschen in sogenannte kriegsfreie Zonen, also in Vernichtungslager verlegt werden sollten. „Lähmender Schrecken befiel uns, als

Ansicht des Geländes der Tötungsanstalt Hadamar kurz nach der Befreiung, 7. April 1945 (Foto: US Militärfotograf Troy A. Peters)
United States Holocaust Memorial Museum, Photograph Number 05456

bei einem Kontrollgang der Gestapo Kranke in Panik ausbrachen und die Kommission anschrien: Da kommen unsere Mörder. Wir sind die nächsten, die vergast werden."

Im Februar 1941 erfüllen sich die Befürchtungen der Patientinnen. Die ersten Frauen werden abtransportiert nach Hadamar, in eine der sechs Tötungsanstalten der „Aktion T4". Wohl niemand vom Personal macht sich Illusionen über das weitere Schicksal der Kranken. „Die Leute, die der Gesellschaft nicht mehr nutzten, waren natürlich am meisten gefährdet", schreibt Anstaltspfarrer Wilhelm Cremers in seinen Erinnerungen. Eilig versuchen er und Assistenzärztin Lucie Hamacher, in Absprache mit den Familien möglichst viele Patientinnen nach Hause zu entlassen, und retten ihnen damit vermutlich das Leben.

Am 2. September 1941 erfolgt der bislang größte Abtransport aus dem Kloster. Knapp 80 Patientinnen werden in die Provinzialanstalt Andernach gebracht. „Wir Schwestern erhielten den Auftrag, sie zu einer vorgegebenen Zeit zu baden, ihre Sachen zu packen und der jeweiligen Person ein Pflaster mit ihrem Namen auf den Nacken zu kleben", erinnert sich Schwester Maria Valeria. „Das verschlug uns den Atem. Wir hatten bisher nur Toten den Namen angeheftet, damit es keine Verwechslungen geben konnte. Aber lebenden Menschen? Das brachte niemand von uns fertig, und so taten wir das auch nicht."

Im Küchenhof seien am fraglichen Tag Busse vorgefahren, und es habe grausame Szenen gegeben. „Die hilflosen Kranken krallten sich an uns Schwestern fest und schrien: Halt mich hier, die machen uns doch tot", bis das Begleitpersonal der Gestapo eingeschritten sei. „Es injizierte den Schreienden Betäubungsmittel durch die Kleidung hindurch."

Johanna Lenz reagiert auf ihre Weise auf die Ereignisse: Sie zieht sich mehr und mehr in ihre eigene Welt zurück. „Muss immer wieder aus hockender Stellung aufgerufen werden. Ist allem, was um sie her vor sich geht, entfremdet", heißt es in ihrem Krankenblatt vom 24. März 1941. Ihre übermütigen Tänze und Sprünge hat sie eingestellt, „der Bewegungsdrang der Kranken ist im Ganzen geringer". 1942 scheint sich ihr Zustand weiter verschlechtert zu haben. „Leidet manchmal sichtlich unter beängstigenden Vorstellungen", so ein entsprechender Vermerk in ihrer Krankenakte vom 24. Januar 1942. „Fühlt sich anscheinend berührt und belästigt, schreit dann laut, macht ausfahrende Bewegungen, weint auch wohl." Einer der letzten Einträge wenige Monate vor ihrem Tod stammt vom 20. Mai 1942: „Spricht außer in der Erregung nicht. Manchmal ängstlich, weinerlich, will sich der imaginären Belästigungen erwehren."

Am 24. August 1941 wird die „Aktion T4" offiziell beendet, doch das Töten geht weiter. In den nächsten vier Jahren sterben in den deutschen Heilanstalten mehr als 120 000 alte, kranke und versehrte Menschen, darunter Tausende Zwangsarbeiter, psychisch auffällige KZ-Insassen und Häftlinge aus Strafanstalten, Altenheimbewohner und kriegstraumatisierte Zivilistinnen und Zivilisten. 5700 bis 6000 Opfer stammen aus der Rheinprovinz. Und auch Johanna Lenz wird ein Opfer der dezentralen Euthanasie: Am 18. August 1942 wird die inzwischen 42-Jährige aus Kloster Hoven in die Landesheilanstalt Hadamar verlegt.

Noch im Spätsommer 1941 hatte man in der berüchtigten Klinik auf dem Mönchberg die Verbrennung der zehntausendsten Leiche

Landes-Heilanstalt Hadamar den 12. 9. 1942.
Gesch.-Nr. ....
Bei Erteilung einer Antwort wird um Angabe vorstehender Gesch.-Nr. gebeten.

Die Johanna Lenz,
aus Köln
geboren am 13.5.00 1 zu Köln
wird seit dem 18.8.d.J. 19
wegen Geisteskrankheit hier verpflegt.
Zur Vervollständigung der Aufnahmeverhandlungen ist eine Geburtsurkunde erforderlich, um deren baldige Uebersendung gebeten wird.
Die Verpflegung des Genannten erfolgt auf öffentliche Kosten, weshalb die Urkunde kostenfrei auszufertigen ist. Die Angabe der Religion ist erforderlich.

~~Der Direktor:~~

Form. 51. 3000. 6. 39. L.

Schreiben der Landes-Heilanstalt Hadamar vom 12. September 1942, in dem die Geburtsurkunde für die „wegen Geisteskrankheit“ verpflegte Johanna Lenz angefordert wird
Archiv des Landeswohlfahrtsverbands Hessen, Best. 12, K 2594 (Johanna Lenz)

gefeiert – es handelte sich dabei um eine Frau mit einem sogenannten Wasserkopf. Ein Pfleger war als Priester aufgetreten, die Teilnehmerinnen und Teilnehmer hatten zur Feier des Tages eine Flasche Bier erhalten.

Inzwischen hat man die Gaskammer zurückgebaut. Die Krematorien sind abgebrochen, die Patientenakten weitergeleitet worden nach Berlin. Doch nach wie vor schickt die Gemeinnützige Krankentransportgesellschaft ihre grauen Busse durch Deutschland, um all jene abzuholen, die man zuvor als „Ausschussware“ weggesperrt hat. Und nach wie vor ist Hadamar eine der Anlaufstellen. Von den knapp 5000 Männern und Frauen, die zwischen dem 13. August 1942 und dem 24. März 1945 in der Landesheilanstalt aufgenommen werden, sterben mehr als 4400 durch Medikamente, Hunger, Kälte und mangelnde Fürsorge.

„Das Essen bestand morgens aus zwei dünnen Schnitten, mittags aus einer dünnen Suppe, ohne Fett und Mehl mit schwimmenden Kar-

Blick auf den Friedhof der Anstalt Hadamar, 15. April 1945. Die Massengräber sollten den Anschein von Einzelgräbern erwecken, um die große Anzahl der Ermordeten zu verschleiern (Foto: US Militärfotograf Troy A. Peters)
United States Holocaust Memorial Museum, Photograph Number 73719

toffelschalen", schildert eine überlebende Patientin nach dem Krieg die Lebensumstände in der Heilanstalt. „Wenn Transporte ankamen, reichten die Betten nicht aus, es mussten Strohsäcke heruntergeholt werden", die verseucht und uringetränkt gewesen seien. Anders als während der „Aktion T4" werden die Kranken nicht mehr vergast, sondern mit Tabletten getötet, die die Schwestern und Pfleger ihnen nachts verabreichen. Sterben sie nicht sofort, wird ihnen am nächsten Morgen ein tödliches Medikament injiziert.

Insgesamt werden an jenem 18. August 368 Frauen von Kloster Hoven nach Hadamar verschleppt. In den freigewordenen Räumlichkeiten werden anschließend Bewohnerinnen und Bewohner der Riehler Heimstätten, Kölns größtem Altenheim, untergebracht, die wiederum Platz machen mussten für Kranke und Verwundete. „Am Tag der Verlegung kamen am Morgen früh Busse", schildert Schwester M. Ruthrudis den Abtransport der Frauen. „Mit diesen wurden sie nach Zülpich zum Bahnhof gebracht." Nachmittags um 17 Uhr habe der Zug noch immer dort gestanden, und „wir Schwestern brachten den Kranken Essen und Trinken". Einen Tag später schickt Oberin Onuphria zwei Schwestern mit einem Stapel Briefe nach Köln, um die Angehörigen über die Verlegung der Patientinnen nach Hadamar zu informieren. Vermutlich haben auch Wilhelm und Johanna Lenz ein entsprechendes Schreiben erhalten.

In Kloster Hoven wiegt man sich zunächst in Sicherheit, was die Zukunft der ehemaligen Bewohnerinnen betrifft. Berlin habe ihnen mitgeteilt, dass Hadamar wieder als Anstalt für Kranke dienen und neu belegt werden solle, erinnert sich Pastor Wilhelm Cremers. Und im Erzbischöflichen Generalvikariat Köln habe man ihm auf Nachfrage versichert: „Die Regierung gibt da ein Ehrenwort, und dem müssen wir glauben."

Doch Wilhelm Cremers bleibt misstrauisch. Einen Tag nach dem Abtransport der Frauen aus Kloster Hoven fährt er ein erstes Mal nach Hadamar und erkundigt sich bei dem dortigen Dekan nach deren Wohlergehen. Der Geistliche habe ihm jedoch lediglich sagen können, dass die Anstalt seines Wissens wieder eine Landesanstalt für Kranke und die SS abgezogen, das Krematorium abgebrochen sei. Ein weiterer Besuch in Hadamar am 7. und 8. Oktober indes bestätigt die Befürchtungen des Pfarrers: 93 der 368 Frauen leben nicht mehr.

Eine von ihnen ist Johanna Lenz. Sie stirbt nach offiziellen Angaben am 19. September 1942 und wird auf dem anstaltseigenen Friedhof in einem Massengrab beerdigt. Angebliche Todesursache: Schizophrenie und Marasmus – schwerer Protein- und Energiemangel infolge chronischer Unterernährung. Angezeigt wird ihr Tod von dem Pfleger Paul Reuter, einem ehemaligen Gärtner.

Im Jahr 1947 wird Paul Reuter von der 4. Strafkammer des Landgerichts in Frankfurt am Main wegen Beihilfe zum Mord in einer unbestimmten Anzahl von Fällen zu einer Gesamtstrafe von vier Jahren und sechs Monaten Zuchthaus verurteilt. Außerdem werden ihm für drei Jahre die bürgerlichen Ehrenrechte aberkannt. Das vergleichsweise milde Urteil begründen die Richter damit, dass der Angeklagte geistig von besonderer Einfachheit sei. Außerdem habe Paul Reuter seine kirchlichen Pflichten stets erfüllt und trotz Schwierigkeiten treu zu seiner Religion gestanden.

Krankenmorde

Bis zu 250000 Menschen – Alte, Kranke, psychisch Auffällige und körperlich Versehrte – werden zwischen 1940 und 1945 vergast, mit Medikamenten ermordet oder sterben an Hunger, Durst und Vernachlässigung. Die Krankenmorde an erwachsenen Anstaltspatientinnen und -patienten in den Gaskammern von sechs Tötungsanstalten beginnen im Januar 1940 mit der „Aktion T4". Diese fordert rund 70000 Opfer und wird am 24. August 1941 offiziell beendet. Dennoch gehen die Tötungsaktionen bis 1945 mit anderen Mitteln weiter.

Zu den Opfern der NS-Krankenmorde zählen auch schätzungsweise 1200 Kölnerinnen und Kölner. An sie erinnern mehr als ein Dutzend Stolpersteine, die über das gesamte Stadtgebiet verteilt sind, sowie eine Gedenktafel und 116 Gedenksteine auf dem Kölner Westfriedhof. An dieser Stelle seien exemplarisch drei Fälle genannt: Herbert Wendland geriet mit elf Jahren in die Mühlen mehrerer Heil- und Pflegeanstalten und starb im April 1945 in Hadamar. Josephine Klein litt unter Epilepsie und lebte seit 1930 in verschiedenen Pflegeanstalten. Sie wurde im Oktober 1942 in Hadamar ermordet. Emil Karl Überberg wurde vermutlich seine kritische Einstellung dem NS-Regime gegenüber zum Verhängnis. Der zweifache Vater wurde 1937 wegen Verstoßes gegen das sogenannte Heimtückegesetz verhaftet und wegen angeblicher endogener Schizophrenie in eine Heil- und Pflegeanstalt eingewiesen. Im April wurde er in die Landes-Pflegeanstalt Brandenburg verlegt und am selben Tag ermordet.

Stolperstein Dr. Max Ichenhäuser, Aachener Straße 412 (Foto: Karin Richert)

Karin Richert

„Frühjahr 1933 brachte einschneidende politische Veränderungen“

Max Ichenhäuser, 1892 geboren in Köln.
Verfolgt als Jude.
1938 emigriert nach England, 1939 in die USA,
1941 gestorben Cincinnati, Ohio.

Aachener Straße 412

Den Nachnamen lässt Max Ichenhäuser im Land seiner Geburt zurück. „Max Houser“, so nennt sich der Kölner Mediziner nach seiner Emigration in die USA im Dezember 1939. Ein verblichenes Schwarz-Weiß-Foto zeigt den knapp 50-Jährigen wenige Monate nach seiner Ankunft in Deer Park, Ohio. Entspannt lächelnd ruht er in einem Liegestuhl, flankiert von Ehefrau Trude und den gemeinsamen Töchtern Erika und Renate.

„We found a suitable house for practice and residence at 4247 Amity Road“, notiert er im Sommer 1940 in sein Tagebuch. „Wir haben ein passendes Haus für die Praxis und zum Wohnen gefunden“: acht Zimmer, Terrasse, Garten. Die Töchter besuchen die nahe Deer Park School, auch der Hausrat aus Köln ist inzwischen in der neuen Heimat eingetroffen. „We feel very comfortable in our house“ – wir fühlen uns sehr wohl in unserem Haus. Längst spricht und schreibt Max Ichenhäuser fast fehlerfrei Englisch, das Ergebnis eines intensiven Selbstunterrichts in den Monaten vor der Emigration in die USA.

Hinter dem Kölner Allgemeinmediziner und seiner Ehefrau liegen zu diesem Zeitpunkt Jahre voller Unsicherheit und wachsender wirtschaftlicher Bedrängnis. Die Angst um Freunde und Verwandte, die sie in Deutschland zurückgelassen haben, lastet vor allem Trude Ichenhäuser auf der Seele. Ihre betagten Eltern Sigmund und Martha Moses, Schwager Ernst und Schwiegervater David sind in Köln zurückgeblieben. Das Haus in der Aachener Straße 412, in dem sie und die Eltern sieben Jahre gewohnt haben, gehört ihnen nicht mehr. Die Arztpraxis im Erdgeschoss ist seit Oktober 1938 geschlossen.

Familie Ichenhäuser nach der Auswanderung auf der Veranda ihres Hauses in Cincinnati, 1940
NS-DOK Köln, Bp 30498

Max Ichenhäuser gehört zu jenen, die lange nicht wahrhaben wollen, dass auch sie Opfer der nationalsozialistischen Rassenpolitik werden könnten. Lediglich mit zwei knappen Sätzen kommentiert der erfolgreiche Arzt 1933 die Ernennung Adolf Hitlers zum Reichskanzler und deren unmittelbare Folgen. „Frühjahr 1933 brachte einschneidende politische Veränderungen. Als Frontkämpfer blieb ich jedoch zur Kassenpraxis zugelassen." Bis zum Inkrafttreten der Nürnberger Gesetze zwei Jahre später werden Max Ichenhäuser und die Seinen weitgehend verschont von den Repressalien der neuen Machthaber und führen in Köln-Braunsfeld das Leben einer wohlsituierten deutschen Mittelstandsfamilie. Danach bekommen auch sie den Schrecken der nationalsozialistischen Herrschaft mehr und mehr zu spüren.

Geboren wird Max Ichenhäuser am 4. Dezember 1892 in Köln, ein blondes Kind mit hellen Augen, das wir auf einem Foto fröhlich auf dem Arm der Mutter sitzen sehen.

Er hat zwei ältere Brüder, Heinrich und Ernst. Sein Vater David stammt aus einer kinderreichen bayerischen Familie, der in Fürth die Spielwarenfirma Elias Schwelheimer gehört. Das Geschäft ist spezialisiert auf einen weltweit bekannten Verkaufsschlager aus der Nachbarstadt: den Nürnberger Tand – bunt bemaltes, industriell gefertigtes Blechspielzeug. Das Unternehmen ist seit mehr als 100 Jahren in

Emma Ichenhäuser geb. Dülken mit Sohn Max, 1893
NS-DOK Köln, N 3282,4 / Familienbesitz

Familienbesitz, und auch David Ichenhäuser, der Älteste von sechs Brüdern und fünf Schwestern, steigt nach der Schule ein in den Traditionsbetrieb. „Hiermit beehre ich mich, Ihnen anzuzeigen, dass ich meinen Sohn David als Teilhaber in mein Geschäft aufgenommen habe“, teilt Jacob Ichenhäuser am 1. Januar 1882 seinen Kunden und Geschäftspartnern mit.

Die Zusammenarbeit zwischen Vater und Sohn endet bereits nach wenigen Jahren. David Ichenhäuser, seit 1881 mit der Kaufmannstochter Emma Dülken aus Deutz verheiratet, verlässt Fürth und zieht nach Berlin, wo einer seiner Brüder lebt. Seine rheinische Ehefrau habe sich nicht wohl gefühlt in der bayerischen Kleinstadt, munkelt man im Familienkreis. In Berlin wird 1887 Heinrich, der erste Sohn des Paares, geboren. Doch schon ein Jahr später folgt der nächste Umzug. Die Familie lässt sich – vermutlich auf Wunsch von Emma Ichenhäuser – in Köln nieder.

Emma, geboren am 19. Dezember 1860 im rechtsrheinischen Deutz, ist das Nesthäkchen der Familie Dülken, einer wohlhabenden jüdischen Kaufmannssippe. Die Mutter habe eine Ausbildung in Gesang und Klavier genossen, schreibt Max Ichenhäuser in einer

Familie Dülken aus Deutz, sitzend (jeweils von links): Jeanette, Emma und Anselm Heinrich Dülken, stehend: Joseph und Isidor Dülken und Julia Meyer geb. Dülken, ca. 1869
NS-DOK Köln, N 3282,5 / Familienbesitz

Familienchronik, die sich ebenso wie das Tagebuch in seinem Nachlass fand. Ein Foto aus dem Jahr 1868 zeigt sie als Achtjährige mit trotzig-verschlossener Miene im Kreis ihrer Familie. Ihre Haare sind streng zurückgebunden, die Füße in den wadenhohen Knopfstiefelchen lässig übereinandergeschlagen.

Ihr Vater Anselm Heinrich Dülken, schon über 50 Jahre alt bei der Geburt seiner jüngsten Tochter, gehört zum Vorstand der örtlichen jüdischen Gemeinde und hat sein Geld mit Holz und Guano gemacht, einem südamerikanischen Düngemittel aus Vogelkot. In der Gemeinde wird der Kaufmann gleichermaßen wegen seiner strengen Gläubigkeit und seines geschäftlichen Erfolgs geschätzt. Der Großvater habe mit eiserner Hand regiert, erinnert sich einer seiner Enkel, der spätere Firmenleiter Ernst Dülken, in seinen Memoiren. Auch wirtschaftlich sei der alte Herr bald erfolgreicher gewesen als jedes andere jüdische Gemeindemitglied in Deutz.

Max Ichenhäuser wird den Großvater nicht mehr kennenlernen. Anselm Heinrich Dülken stirbt 1887, fünf Jahre vor der Geburt seines jüngsten Enkels. Nach dem Tod des Seniorchefs übernehmen dessen Söhne Joseph und Isidor das Unternehmen A. H. Dülken & Cie. und verlegen den Firmensitz in die Kölner Südstadt. Der Rheinhafen und ein Bahnhof sind nicht weit entfernt – das Geschäft läuft besser denn je. Isidor Dülken, nach dem Tod des Bruders Alleininhaber der Firma, sorgt für den Zusammenhalt der Familie. Jeden Samstag nach dem Gottesdienst in der Synagoge der orthodoxen Gemeinde Adass Jeschurun in der St. Apern-Straße besucht er seine Schwestern Emma und Gudula. Geduldig wartet er vor der Haustür, bis sie ihn hineinbitten, denn als strenggläubigem Juden ist es ihm verboten, am Sabbat auch nur eine Türklingel zu betätigen.

Auch David Ichenhäuser, der Spielwarenhändler aus Fürth, profitiert von dem Zusammenhalt und dem Geschäftssinn der Kölner Verwandtschaft: Schwager Isidor Dülken unterstützt ihn beim Aufbau einer eigenen Holzhandlung in Köln-Ehrenfeld, der Firma Lentzen, Meyer & Co. David Ichenhäuser führt das Unternehmen zunächst gemeinsam mit Carl Lentzen, einem ehemaligen Mitarbeiter von A.H. Dülken. In den 1920er-Jahren steigt sein zweitältester Sohn Ernst in das Unternehmen ein.

Max Ichenhäuser hat andere Pläne. Medizin will er studieren, als erster in einer Familie von Bäckern, Metzgern, Kaufleuten und Handwerkern – auch wenn er die Oberrealschule Humboldtstraße wenige Monate vor dem Abitur verlassen musste und seinen Abschluss nur mit Hilfe von Privatlehrern geschafft hat. Sein Traum erfüllt sich am 29. April 1911. „Unter dem Schutze Seiner Majestät des Deutschen Kaisers und Königs von Preußen Wilhelm II." wird er feierlich „als Student der medizinischen Fakultät unter die akademischen Bürger" der Rheinischen Friedrich-Wilhelm-Universität in Bonn aufgenommen. Eine entsprechende Urkunde befindet sich in seinem Nachlass. Zwei Jahre später legt er die medizinische Vorprüfung ab. Mit einem „Sehr gut", wie er stolz betont. Es folgen zwei Studiensemester in Berlin, München und Freiburg, wo sein ältester Bruder Heinrich Jura studiert.

Der 21-Jährige genießt das Studentenleben weit weg von der Familie. In Freiburg tritt er in eine jüdische Studentenverbindung ein und nutzt die Zeit für zahlreiche Reisen ins Umland. Die einzelnen Sta-

Max Ichenhäuser als Student, fotografiert im Atelier Samson & Co., Freiburg
NS-DOK Köln, N 3282,1 / Familienbesitz

tionen hält er akribisch in seinem Tagebuch fest: Luzern, Vierwaldstätter See, Rigi, Interlaken, Lauterbrunnen, Davos, Arosa, St. Moritz, Pontresina. „Pfingsten 1914 reiste ich in Tirol, von Kufstein übers Stilfserjoch im Kaisergebirge, Zell am See, Mooserboden in der Glöcknergruppe. Zillertal, über schneebedeckte Pässe zum Brenner. Am 27. und 28. Juni bestieg ich die Zugspitze, Deutschlands höchste Spitze, 3000 Meter hoch."

Die siebentägige Studienfahrt wird seine vorerst letzte Reise bleiben. Am 28. Juli 1914 erklärt Österreich-Ungarn Serbien den Krieg, Russland macht teilmobil. Eine Woche später erhält Max Ichenhäuser einen sogenannten Gestellungs-, einen Einberufungsbefehl als Unterarzt. Der Erste Weltkrieg hat begonnen. Max Ichenhäuser gehört zu den fast 100 000 jüdischen Soldaten, die in den nächsten vier Jahren auf deutscher Seite kämpfen werden. Viele von ihnen melden sich freiwillig und hoffen, durch ihren Einsatz für Volk und Vaterland endlich als gleichberechtigte Bürger akzeptiert zu werden. Ein verhängnisvoller Irrtum, wie sich spätestens 1933 herausstellen wird.

Organisationen wie der „Centralverein deutscher Staatsbürger jüdischen Glaubens", der auf ein Miteinander von Juden und Nicht-Juden in Deutschland setzt, heizen die Kriegsbegeisterung ihrer Glaubensbrüder noch an. „An die deutschen Juden“, heißt es in einem Aufruf des Vereins vom 1. August 1914: „In schicksalsernster Stunde ruft das Vaterland seine Söhne an die Fahnen! Dass jeder deutsche Jude zu den Opfern an Gut und Blut bereit ist, die die Pflicht erheischt, ist selbstverständlich. Glaubensgenossen! Wir rufen Euch auf, über das Maß der Pflicht hinaus Eure Kräfte dem Vaterland zu widmen! Eilet freiwillig zu den Fahnen!“ Etwa 12 000 jüdische Soldaten bezahlen ihren Einsatz mit dem Leben, darunter auch Max Ichenhäusers Bruder Heinrich. Der 31-jährige Jurist kommt am 5. Oktober 1918, sechs Wochen vor Ende des Ersten Weltkriegs, zu Tode.

Max Ichenhäuser wird zunächst im Festungslazarett XI. in Köln-Deutz stationiert. Ein Foto aus dem Jahr 1915 zeigt ihn in einem weißen Arztkittel inmitten von Patienten und Krankenschwestern. Die Krankenstation scheint sich in einer Schule zu befinden. Im Hintergrund des Bildes ist eine große Wandtafel zu sehen. Überall in der Stadt sind in den vergangenen Monaten Hilfslazarette eingerichtet worden, um die vielen Verwundeten aufzunehmen, die täglich auf dem Bahnhof Köln-Deutz eintreffen. Köln, größte Festungs- und bedeutendste Garnisonsstadt im Westen des Deutschen Reiches, ist Anlaufpunkt und Hoffnungsort für Tausende Opfer eines erbarmungslosen Stellungskrieges, der in den kommenden vier Jahren Millionen Soldaten das Leben kosten wird. Im September 1914 müssen bereits 8000 Verwundete in den Krankenhäusern der Stadt versorgt werden.

Rund ein Jahr arbeitet Max Ichenhäuser als Feldunterarzt im Festungslazarett XI. Schließlich, am 19. September 1915, wird auch er „ins Feld berufen“, wie er schreibt. Sein Einsatzort ist die Stadt Kobryn im heutigen Weißrussland, rund 1300 Kilometer von Köln entfernt. Dort toben seit Ende August 1915 heftige Kämpfe zwischen der deutschen und der russischen Armee. Doch der Einsatz gerät schnell zu einem Desaster. „Zunächst erfuhren wir, dass der Armeearzt, bei dem wir uns melden sollten, nie hier existiert hat“, schildert er in einem Brief an die Eltern seine ersten Fronterfahrungen. „Nun sollten wir weiter nach Grudopol, weiß der Teufel, wo das liegt. Bahnverbindungen gibt es keine, wir müssen sehen, wie wir hinkommen.“

Schon wenige Wochen später ist der junge Feldarzt auf dem Weg zurück in den Westen. In den nächsten drei Jahren erlebt Max Ichenhäuser hautnah die Gräuel eines Krieges, wie ihn die Welt noch nicht

Max Ichenhäuser im „Festungslazarett XI“, Köln ca. 1915.
An der Tafel: „Rauchen nur von 2–5 Uhr erlaubt“
NS-DOK Köln, N 3282,6 / Familienbesitz

gesehen hat. „Tatsache ist, dass die Kämpfe bei Verdun die furchtbarsten sind, die bisher geliefert sind“, schreibt er in einem Brief vom 9. Mai 1916. „Wer das nicht miterlebt hat, kann sich keine Vorstellung davon machen. Das Gelände ist auf beiden Seiten förmlich gespickt mit Artillerie bis zu den größten Kalibern. Und das Artilleriefeuer dauert ohne Unterbrechung Tag und Nacht wochenlang an. Was nicht tot, verletzt oder krank ist, ist körperlich und geistig so herunter, so erschöpft und nervös, dass wir unsere Ruhe jetzt mehr als verdient haben.“

„Ein Granattrichter neben dem anderen“, beschreibt er am 22. Mai die Situation an der Westfront. „Kein Stück Land, das nicht umgemäht wäre. Manchmal ist das Feuer so heftig, dass die Höhen ganz durch Rauch verdeckt sind, als ob dicker Nebel davor läge. Einsetzender Regen verwandelte die Gräben teilweise in Morast. Stellenweise über knietief. Darin mussten die Leute Tag und Nacht stehen, denn es gab keine Unterstände.“ In seinem Tagebuch verliert Max Ichenhäuser dagegen nur wenige Worte über seinen Einsatz im Feld: „Ich blieb dort als Truppenarzt bis zum Kriegsende. Am 4. August 1916 erhielt ich das Eiserne Kreuz. Am 20. November 1918 wurde ich aus dem Heerdienst nach Hause entlassen.“

Der Kriegsheimkehrer kommt zurück in eine veränderte Welt. 15 000 Kölner sind an der Front gefallen. Zu Tausenden strömen die Überlebenden zwischen dem 11. November und 3. Dezember 1918 zurück in ihre Heimatstadt, wo die „im Felde unbesiegten Helden" mit Jubel empfangen werden. Die Hohe Straße ist festlich geschmückt, an den Häuserfronten am Neumarkt hängen schwarz-weiß-rote Reichsflaggen und großformatige Plakate: „Der deutsche Strom / Der Kölner Dom grüßen die Heldenschar. / Ihr wart uns Schutz / Dem Feind zum Trutz! Dank sei euch immerdar."

Spätestens am 6. Dezember vergeht den Kölnerinnen und Kölnern das Feiern. An diesem Tag marschieren die ersten britischen Verbände über die Aachener Straße in die Stadt ein. Die linksrheinischen Gebiete sind nach den Bestimmungen des Waffenstillstandsabkommens von Compiègne von den Alliierten besetzt. Mehr als sieben Jahre werden die Briten in Köln das Sagen haben. Auf der Hohenzollernbrücke weht der Union Jack, die Nationalfahne des Vereinigten Königreichs. Schottische Soldaten marschieren in knielangen Kilts durch die Straßen. Sogar die Uhren werden eine Stunde zurückgestellt. Fortan gilt in „Klein-Britannien" die Londoner Zeit.

Max Ichenhäuser setzt nach seiner Heimkehr sein Medizinstudium fort. Inzwischen ist er 26 Jahre alt. Ihm stecken drei Jahre Fronterfahrung in den Knochen und die Erkenntnis, dass das Leben sehr kurz sein kann. Innerhalb weniger Monate bringt er das Studium an der Rheinischen Friedrich-Wilhelm-Universität in Bonn zu Ende. Bereits am 5. Dezember 1919 wird er promoviert. Das Thema seiner Doktorarbeit: „Über Spontanruptur der Kaiserschnittnarbe nach querem Fundalschnitt und dadurch entstandene sekundäre Bauchhöhlenschwangerschaft". Die mündliche Prüfung über „Titel, Rechte und Würde eines Doktors der Medizin, Chirurgie und Geburtshülfe" besteht er mit der Note gut. Es folgen drei Jahre als Assistenzarzt. Dann endlich, im Juli 1922, eröffnet er in der Wohnung der Eltern in der Beethovenstraße 8 seine erste eigene Praxis: „Dr. med. Max Ichenhäuser. Arzt und Geburtshelfer. Elektrophysikalische Therapie". Ein Traum ist wahr geworden. Im Oktober desselben Jahres erhält er seine Zulassung als Kassenarzt.

Der junge Arzt genießt seine finanzielle Unabhängigkeit. Endlich kann er wieder reisen. Auf Norderney, wo einige Jahre später der Kölner Karnevalist Hans David Tobar die Karnevalsgesellschaft „Zop-

Max (rechts) und Ernst Ichenhäuser 1925 in Meran
NS-DOK Köln, N 3282,3 / Familienbesitz

pejröns" (Suppengrün) gründen und die Badegäste auf kölsche Art bespaßen wird (siehe Kapitel Julie Tobar), verbringt er einen launigen Sommerurlaub. Er besucht Berchtesgaden und Fürth, die Heimatstadt des Vaters. Im Mai 1925 leisten sein Bruder Ernst und er sich einen mehrwöchigen Urlaub in Meran. Sie quartieren sich im Grand Hotel „Frau Emma" ein, einer ehemaligen Luxusherberge in der Nähe des Hauptbahnhofs. Zur Jahrhundertwende gehörte die Stadt, in der es eine große jüdische Gemeinde gibt, zu den touristischen Topzielen in Europa. Inzwischen sind die alten Hotels mit ihren verspiegelten Sälen und säulenverzierten Fassaden in die Jahre gekommen, doch die Brüder genießen die Auszeit. „Ausflüge auf die Mendel und Penegal, zum Karerpass, aufs Vigiljoch und Hafflingerjoch mit der Schwebebahn."

Max Ichenhäusers Geschichte in den folgenden Jahren ist die eines scheinbar unaufhaltsamen wirtschaftlichen und gesellschaftlichen Aufstiegs. Der ehemalige Frontarzt engagiert sich im Reichsbund jüdischer Frontsoldaten und in der Rheinlandloge der B'Nai B'Rith (Söhne des Bundes), einer weltweit tätigen jüdischen Organisation, die sich der Wohltätigkeit, Toleranz und Humanität verschrieben hat. Sein Onkel Isidor Dülken war 1888 einer der Mitbegründer der rheinischen Dependance.

Schon jetzt zeigen sich die Vorboten einer neuen Zeit. Auch Max Ichenhäuser entgeht das nicht. Am 9. Januar 1924 hält er im Logenhaus in der Cäcilienstraße 18–22 einen Vortrag über „das wissenschaftlich-antisemitische Buch von Hans Günther ‚Rassenkunde des deutschen und jüdischen Volkes'". Das Werk des Philologen und späteren NS-Rassentheoretikers Hans Friedrich Karl Günther handele von der kulturellen Überlegenheit der nordischen Rasse und der Abträglichkeit der Rassenmischung, verweist die Einladung auf das hochaktuelle Thema.

Das Judentum, schwadroniert Hans F. K. Günther in seinem Werk, sei gekennzeichnet durch eine rassenkundlich sehr wichtiges Gut: durch sein Blutbewusstsein. Das Bewusstsein also, anderen Blutes zu sein als jedes andere Volk. Sein Fazit: „Der Jude ist seelisch dem Deutschen fremd." Wenige Jahre später wird Hans F. K. Günthers krudes Gedankengut in der deutschen Mehrheitsgesellschaft angekommen sein. Max Ichenhäuser und seine Familie wird es zahlreiche Freunde, Verwandte, ihre Heimat und ihre Existenz kosten.

1925 lernt der mittlerweile 33-Jährige im Kölner Klub „Himmel und Erde" die neun Jahre jüngere Gertrud Moses kennen. Er schätze, schreibt Max Ichenhäuser, die geselligen Zusammenkünfte in den Räumlichkeiten des Clublokals. Finanziell geht es ihm gut. Im März 1924 hat er die Praxisräume aus der elterlichen Wohnung nach Köln-Braunsfeld verlegt und ist daheim ausgezogen – in ein möbliertes Zimmer bei Familie Weiß. Die Inflation sei überstanden, die Mark wieder stabilisiert, notiert er in diesen Monaten erleichtert in sein Tagebuch. „In kurzer Zeit hatte ich eine gut gehende Praxis." Zeit, sich über eine Familiengründung Gedanken zu machen.

Gertrud Moses, eine zupackende und lebenslustige junge Frau, wird am 7. Juli 1901 in Köln geboren. Sie ist die Tochter von Sigmund und Martha Moses. Ihr Vater, Sohn eines Viehhändlers aus Stommeln, führt allen wirtschaftlichen Widrigkeiten zum Trotz seit mehr als drei Jahrzehnten in der Glockengasse 20 unweit der Synagoge das Herrenmaßgeschäft E. Oberländer & Cie. Für sein einziges Kind wünscht er sich nur das Beste. Trude studiert in Bonn Kunstgeschichte und ist eine enge Freundin der Kölner Journalistin Hilde Wolff. Vermutlich kennen sich die beiden Frauen aus ihrer gemeinsamen Schulzeit an der Studienanstalt für Mädchen, damals Kölns einziges Mädchengymnasium (siehe Kapitel Hilde und Carl Spier).

Hochzeit von Trude Moses und Max Ichenhäuser, 1926
NS-DOK Köln, N 3282,2 / Familienbesitz

Max Ichenhäuser umwirbt die junge Frau mit Blumen und Komplimenten. „Sehr geehrter Herr Doktor", schreibt Gertrud Moses am 24. Juni 1925 an ihren Verehrer. „Zu meiner großen Überraschung fand ich Donnerstag Ihren Rosengruß hier vor, der mich sehr erfreute und wofür ich Ihnen herzlich danke." Bereits am 30. September desselben Jahres verlobt sich das Paar. „Verlobungsempfang war am 25. Oktober 1925", notiert Max Ichenhäusr in gewohnter Kürze. Die standesamtliche Hochzeit am 10. Dezember bezeugen allein die Heiratsurkunde und das Studiofoto eines unbekannten Fotografen.

Am 26. Januar 1926 schließlich findet im Kreis von Verwandten und engen Freunden, darunter auch Hilde Wolff und ihr Freund Carl Spier, die jüdische Hochzeitszeremonie statt. Gut zwei Jahre später, am 7. März 1928, kommt Renate, das erste Kind des Paares zur Welt. Am 25. November 1929 folgt Tochter Erika.

Und es geht weiter vorwärts. Am 1. April 1932 wird in der Aachener Straße 412 der erste Spatenstich „für unser neues und eigenes Haus getan. Ein Eckhaus mit flachem Dach, Dachgarten und 14 Räumen", beschreibt Max den repräsentativen Bau. Viereinhalb Monate später ist das drei Etagen hohe Gebäude im Bauhausstil bezugsfertig. „Am

1. 9. 32 zogen wir ein, Großeltern Moses zogen zu uns, nachdem Opa sein Geschäft drangegeben hat."

Max Ichenhäuser und seine Familie werden nur sechs Jahre, vier Monate und zwei Wochen in der Aachener Straße 412 wohnen. Am 13. März 1933 wehen am Kölner Rathausturm die Hakenkreuzfahnen der Nationalsozialisten. Und der „Nationalsozialistische Deutsche Ärztebund", eine Kampforganisation der NSDAP, veröffentlicht ein Pamphlet, in dem er die „Verjudung" des Arztberufs in Deutschland beklagt. „Jüdische Dozenten beherrschen die Lehrstühle der Medizin, entseelen die Heilkunst und haben Generation um Generation der jungen Ärzte mit mechanischem Geist durchtränkt", heißt es darin. „Deshalb rufen wir heute die gesamte deutsche Ärzteschaft auf: Macht unseren Stand in Leitung und Geist wieder deutsch."

Auch der Deutsche Ärzte- und der Hartmannbund nutzen die Gelegenheit, ihre „nicht-arischen" Kollegen ins Abseits zu drängen: Im März 1933 rufen sie sämtliche Ärzteorganisationen dazu auf, ihre jüdischen Vorstandsmitglieder zu entlassen. Am 1. April werden in ganz Deutschland die Praxen jüdischer Ärzte boykottiert. Drei Wochen später erklärt das Reichsarbeitsministerium die „Tätigkeit von Kassenärzten nicht arischer Abstammung sowie von Kassenärzten, die sich im kommunistischen Sinne betätigt haben", für beendet. „Neuzulassungen solcher Ärzte zur Tätigkeit bei den Kassen" werden verboten. Auch in Köln müssen viele der rund 150 jüdischen Ärzte ihre Praxen schließen, 1937 gibt es in der Stadt nur noch 92 jüdische Mediziner und Medizinerinnen.

Max Ichenhäuser hat zunächst Glück: Als ehemaliger Frontkämpfer behält er seine Zulassung als Kassenarzt, die Praxis läuft weiterhin gut. Lediglich die übliche Sommerreise der Familie sei 1933 ausgefallen, hält er in seinen Tagebuchnotizen fest. „Dafür machten wir Autoausflüge u. a. nach Attendorn (Tropfsteinhöhle), Altenahr, Nürburgring, Herchen a. d. Sieg, Hohe Acht, Eifelhöhenweg, Rech, Steinerberg." Am 13. Juli 1934 wird ihm vom Kölner Polizeipräsidenten Walther Lingens das Ehrenkreuz für Frontkämpfer verliehen. Im Namen des Führers und zur Erinnerung an den Weltkrieg 1914/1918. Max Ichenhäuser wähnt sich auf der sicheren Seite.

Spätestens 1935 kann auch er die Augen nicht mehr verschließen vor den Auswirkungen der nationalsozialistischen Rassenpolitik. „Sein Glaube, dass das Naziregime niemandem schaden würde, der

Das Haus Aachener Straße 412 im Jahr 1937
NS-DOK Köln, N 2534 / Familienbesitz

in der kaiserlichen Armee gedient hat, wurde durch die Nürnberger Gesetze und andere Erlasse des Deutschen Reichstags schwer erschüttert", schreibt sein Enkel Steven Wasserman 2021 in der Familienchronik „Grasping at Straws – Letters from the Holocaust". Bis dahin habe der Großvater geglaubt, der Sturm werde vorübergehen und das Naziregime irgendwann gestürzt werden. Ein Irrtum, wie sich Max Ichenhäuser drei Jahre nach Hitlers Machtübernahme eingestehen muss. Dennoch zögert er, die nötigen Konsequenzen zu ziehen. „Großvater konnte sich nicht vorstellen, dass sich das Regime gegen die Juden wenden würde, zumal so viele von ihnen ihrem Land im Krieg gedient hatten", so Steven Wasserman. „Er dachte, der Nationalsozialismus sei nur eine Phase." Die Großmutter sei in diesem Punkt weitaus vorausschauender gewesen.

Max Ichenhäuser selbst enthält sich in seinen Notizen jedweden Kommentars zu den Ereignissen des Jahres 1935. Es gebe neue Beschränkungen privat und wirtschaftlich, hält er lediglich fest. Doch er beginnt, Devisen in die Niederlande zu schmuggeln – auch wenn er sich laut Steven Wasserman nach wie vor nicht vorstellen kann, „ein Land zu verlassen, in dem seine Familie seit vielen Generationen zu

Renate (links) und Erika Ichenhäuser vor dem Hauseingang, um 1932
NS-DOK Köln, N 2534 / Familienbesitz

Hause ist". Im Sommer 1935 wird zudem ein englisches Kindermädchen engagiert, das den Töchtern seine Muttersprache beibringen soll.

Währenddessen verschlechtert sich die Lage der jüdischen Bevölkerung zunehmend. An der Kölner Universität verlieren Lehrbeauftragte wie der angesehene Kardiologe Bruno Kisch ihre Lehrerlaubnis. Die ersten Kollegen, Freunde und Verwandten verlassen Deutschland, darunter auch Max Ichenhäusers Vetter Ernst Dülken. Der Geschäftsmann emigriert im Frühjahr 1937 über die Niederlande in die USA, nachdem die Firma A. H. Dülken von den Nazis geschlossen wurde. Auch die Holzhandlung Lentzen, Meyer & Co von David und Ernst Ichenhäuser muss aufgeben.

1938 wird zum Schicksalsjahr für Max Ichenhäuser. Im Februar stirbt seine Mutter Emma an den Folgen eines Schlaganfalls. Im September kommt auch für ihn, den ehemaligen Frontkämpfer, das berufliche Aus. Den wenigen noch praktizierenden jüdischen Ärztinnen und Ärzten in Deutschland wird durch die 4. Verordnung zum Reichsbürgergesetz die Approbation entzogen. „Der 30. September 1938 war der letzte Tag meiner Praxis", notiert Max Ichenhäuser in sein Tagebuch und verzichtet auch dieses Mal auf einen Kommentar. Möglicherweise geschieht das aus Vorsicht für den Fall, dass das Tagebuch einmal in falsche Hände geraten sollte.

Am 10. November, am Tag nach der Pogromnacht, wird er festgenommen und in die Arbeitsanstalt Brauweiler, ein Sammellager der Kölner Gestapo, gebracht. Fünf Tage später deportiert man ihn und weitere 300 Kölner Juden in das Konzentrationslager Dachau. Erst am 26. November kommt er auf Intervention des US-Generalkonsuls Alfred W. Klieforth, der ein Patient von ihm ist, wieder frei.

Spätestens jetzt steht Max und Trude Ichenhäusers Entschluss fest: Sie werden Deutschland verlassen. Am 15. Januar 1939 führt ihr Weg sie zunächst nach London, wo bereits etliche Bekannte und Verwandte aus Köln ungeduldig auf die Weiterreise nach Amerika warten. Noch fehlen die Einreisevisa für die USA. Die Wartezeit, hatte man ihnen im US-Konsulat in Stuttgart bedeutet, könne mehr als ein Jahr dauern. Eine Schiffspassage ab Rotterdam, gebucht für den 8. Dezember 1938 nach New York, ist bereits verfallen.

Die Töchter Renate und Erika kommen vorübergehend bei der Familie Goff unter, deren Tochter Katherine ihnen 1935 Sprachunterricht gegeben hat. Die Eltern finden Aufnahme bei Hans und Leni Rothschild, entfernten Verwandten von Trude Ichenhäuser. Hans Rothschild war mit Trudes verstorbener Kusine Luise verheiratet. Leni ist seine zweite Frau, doch er fühlt sich den Mitgliedern der Familie Moses nach wie vor eng verbunden. Auch ihre ehemaligen Nachbarn, das Ehepaar Trude und Ludwig Katzenstein, und Max Ichenhäusers Vetter Emil Teitz treffen sie in London wieder. Sie alle warten ungeduldig darauf, Europa endlich den Rücken kehren zu können. Der Beginn des Zweiten, des „neuen“ Weltkriegs, wie Max Ichenhäuser ihn nennt, verschärft die Situation weiter. Er bringt „registration, trial und restrictions for aliens“.

Am 15. Dezember 1939 ist es endlich soweit. „Wir erhielten unser Visum für die USA. Nach viel Lauferei waren wir in der Lage, am 19. Dezember mit der Volendam von Southampton abzureisen“, schreibt Max Ichenhäuser. „Erfreulicherweise waren unsere in Deutschland bezahlten Passagen noch gültig.“ Die Familie reist Erster Klasse, am 30. Dezember läuft ihr Schiff in New York ein. „Der Seegang war stürmisch, die Verpflegung ausgezeichnet“, schildert Max Ichehäuser die Tage an Bord. Noch während der Überfahrt, erzählt Enkel Steven Wasserman bei einem Deutschlandbesuch im Jahr 2022, habe die Familie beschlossen, nie mehr ein Wort Deutsch zu sprechen oder zu schreiben.

In New York werden Max Ichenhäuser und die Seinen bereits von zahlreichen Freunden und Verwandten erwartet. Drei Wochen vor ihnen sind Rudolf und Henny Waller auf Ellis Island angekommen, alte Bekannte aus Köln, mit denen Max Ichenhäuser entfernt verwandt ist. Auch Jaques Kroner, ein Sohn seiner Tante Sophie und Arzt wie er selber, heißt die Neuankömmlinge willkommen. Seine Familie und er sind bereits 1934 in die Staaten emigriert und bestens vertraut mit den Gepflogenheiten vor Ort. Vor allem Trude Ichenhäuser fühlt sich wohl in der amerikanischen Metropole, die Freiheit und Aufbruch verheißt. „She met many friends and had a good time" – sie traf viele Freunde und hatte eine gute Zeit, vermerkt Max Ichenhäuser in seinen Aufzeichnungen.

Er hat inzwischen durch die Vermittlung seines Vetters und Kollegen Leo Teitz, der seit Mai 1938 in den USA lebt, die Zulassung zum medizinischen Examen an der Columbus University in Ohio bekommen. Besteht er die Prüfung, darf er in den USA als Arzt praktizieren. Am 4. Juni 1940 sitzt Max Houser, wie er sich inzwischen nennt, zusammen mit anderen Emigranten aus Europa in einem Prüfungssaal der Universität. Drei Tage dauert das Examen, vier Wochen später kommt der erlösende Bescheid. Bestanden! Max Ichenhäuser zögert nicht lange. Am 6. September 1940 eröffnet er in der 424 Amity Road in Deer Park, Ohio, eine Praxis. Die Voraussetzungen scheinen günstig: „A population of about 3000 inhabitants and no doctor" – 3000 Einwohner und kein Arzt.

„Wir freuen uns, dass es Euch gut geht und dass es so schön vorangeht", gratuliert ihm sein Bruder Ernst im Februar 1941 zum gelungenen Start in der neuen Heimat. „Diese Patientenzahl lässt sich schon hören. Hoffentlich sind es inzwischen noch mehr geworden." Ernst Ichenhäuser selber hat weniger gute Nachrichten. Seine Bemühungen, ebenfalls ein Visum für die USA zu bekommen, sind bislang gescheitert, und er muss Zwangsarbeit in einer Möbelfabrik leisten. „Nun möchte ich Dich bitten, lieber Max, mir ein Affidavit – eine Bürgschaft also – von Dir zu senden", schreibt er. „Gib darin bitte an, wie Du für mich sorgen willst, dass ich bei Dir wohnen und essen kann und dass Du mir ein Taschengeld von fünf oder zehn Dollar wöchentlich gibst oder wie viel für die dortigen Verhältnisse notwendig ist."

Großeltern und Enkelinnen (von links): Emma und David Ichenhäuser, Siegmund und Martha Moses, davor Renate und Erika
NS-DOK Köln, N 2971 / Familienbesitz

In den nächsten Monaten verschlechtert sich die Lage der Kölner Verwandten kontinuierlich. Ernst und David Ichenhäuser müssen ihre gemeinsame Wohnung in der Aachener Straße 409 räumen und in eine Pension in Köln-Ehrenfeld umziehen. Heute erinnern zwei Stolpersteine in der Aachener Straße an das Schicksal von Vater und Sohn. Dennoch: „Wir sind dort zufrieden", schreibt David Ichenhäuser in einem undatierten Brief in die USA. Anders als Ernst Ichenhäuser macht sich der bald 90-Jährige wenig Hoffnungen, seinen jüngsten Sohn und dessen Familie noch einmal wiederzusehen. „Mit einer Ausreise sieht es sehr schlecht aus."

Auch Martha und Sigmund Moses flehen die Verwandten in Ohio an, ihnen zu helfen. „Tut, was Ihr könnt, damit wir wieder zusammenkommen können", schreibt Martha Moses am 6. Juli 1941 an ihre Tochter. Sigmund und sie wohnen mit sechs jüdischen Familien in einem Ghettohaus in der Rolandstraße 63. Von ihrem Besitz ist ihnen wenig geblieben. „Unser komplettes Schlafzimmer (außer Kommode), Wäscheschrank, kleine Tischchen, elektrische Heizplatte, Dein altes Gestell aus Deinem früheren Schlafzimmer, blaues Sofa aus dem Wohnzimmer. Wir stellen uns vor, wir sind im Hotel, wo man ja auch wochenlang in einem Zimmer wohnt." Neun Monate später stirbt Sigmund Moses im Jüdischen Krankenhaus in der Ottostraße, und Martha Moses muss erneut umziehen. Ihre neue Adresse ist ein Ghettohaus am Horst-Wessel-Platz 14, dem heutigen Rathenauplatz, wo sie sich ein Zimmer mit mehreren Bewohnern teilt. Ihren restlichen Besitz musste sie zuvor in der halb zerstörten Synagoge an der Roonstraße abliefern. Dort hat die NS-Verwaltung jetzt ein Depot eingerichtet.

Die Hoffnung von Martha Moses, ihre Tochter und deren Familie wiederzusehen, soll sich nicht erfüllen. Alle Bemühungen von Max Ichenhäuser, die nötigen Papiere für die in Köln verbliebenen Verwandten zu beschaffen, scheitern. Am 18. September 1942 wird die 62-Jährige in das Ghetto Theresienstadt deportiert und am 15. Mai 1944 weiterverschleppt in das Vernichtungslager Auschwitz-Birkenau. Dort wird sie noch am selben Tag ermordet. David Ichenhäuser stirbt am 9. August 1942 im Ghetto Theresienstadt, wohin er mit rund 1100 weiteren Menschen am 27. Juli 1942 deportiert worden war. Ernst Ichenhäuser überlebt das KZ Auschwitz und kehrt zurück nach Köln.

Max Houser erlebt all das nicht mehr. Er stirbt am 17. September 1941 in einem Krankenhaus in Cincinnati an akuter Leukämie, ein Jahr und neun Monate nach seiner Ankunft in den USA. Trude Houser überlebt ihren Mann um mehr als 40 Jahre.

Auswanderung

Bereits kurz nach der Ernennung Adolf Hitlers zum Reichskanzler am 30. Januar 1933 beginnt der Exodus der jüdischen Bevölkerung. Während 1933 noch etwa 500 000 Jüdinnen und Juden in Deutschland leben, sind es 1939 nur noch rund 210 000. Viele Menschen zögern anfangs, ihre Heimat zu verlassen, und hoffen, dass sich ihre Lage bald wieder verbessert. Bevorzugte Auswanderungsziele sind neben Palästina europäische Länder wie Großbritannien, Belgien und die Niederlande. Letztere allerdings bieten nur eine Sicherheit auf Zeit, die mit dem Beginn des Westfeldzugs im Mai 1940 ihr Ende findet. Eine Ausreise in die USA wird durch hohe bürokratische Hürden erschwert. Außer einem gültigen Visum ist ein Affidavit nötig, die Zusicherung eines US-Bürgers also, finanziell für die Immigranten aufzukommen.

In Köln bereiten jüdische Organisationen und die örtliche jüdische Gemeinde Kinder und Jugendliche schon früh auf eine mögliche Auswanderung vor. Die Jawne, das jüdische Realgymnasium in der St. Apern-Straße, integriert Englisch-Intensivkurse und das Fach Palästinakunde in ihr Unterrichtsangebot. Im Israelitischen Lehrlingsheim in der Utrechter Straße bietet die zionistische Jugendorganisation Hechaluz Ausbildungslehrgänge zum Maschinenschlosser, Tischler und zur Hauswirtschafterin an. Auch in Köln sprechen die Zahlen für sich. 1933 leben knapp 15 000 Jüdinnen und Juden in der Stadt, was etwa zwei Prozent der Einwohnerschaft entspricht. 1939 sind es nur noch 8000, zu Beginn der Deportationen im Herbst 1941 wenig mehr als 6000 Personen.

Stolperstein Nina Sawina, Immermannstraße 53 (Foto: Karin Richert)

Karin Richert

„Russische Bürgerin, Name unbekannt“

Nina Sawina, 1923 geboren in Stalino, heute Donezk. Zwangsarbeiterin. 1945 ermordet in Brauweiler.

Immermannstraße 53

Das Erschießungskommando ist pünktlich. 20 Uhr vor dem Gestapo-Gefängnis Brauweiler, so hatte der Befehl von Kriminalkommissar Ferdinand Küpper gelautet. Die Gefangene wird von zwei Männern aus ihrer Zelle geführt und in ein wartendes Auto geschoben. Neben ihr zwängen sich Kriminalsekretär Walter Hirschfeld und Kriminaloberassistent Horst Gegusch auf die Rückbank. Nach kurzer Fahrt stoppt der Wagen an der Ziegelei Brauweiler.

„Wir gingen mit dem Mädchen ungefähr 100 Meter von dem Wagen fort“, schildert Hirschfeld im Mai 1947 bei einer Vernehmung durch US-Soldaten die folgenden Minuten. „Da zog ich meine Pistole, zielte auf das Herz des Mädchens von rückwärts und feuerte zwei Schüsse ab. Das Mädchen fiel sofort hin. Sie war aber noch nicht ganz tot und sagte einige unverständliche Worte. Darauf gab ihr Gegusch einen Gnadenschuss.“ Totengräber Gottlieb Busch lädt die Leiche der jungen Frau auf einen Handkarren und begräbt sie noch in derselben Nacht auf dem Brauweiler Friedhof.

„Russische Bürgerin, Name unbekannt“, steht in kyrillischen Buchstaben auf dem unscheinbaren Grabstein in Reihe 18. Erst seit einigen Jahren verweist eine kleine Metalltafel mit ihrem Namen und ihren Lebensdaten auf das Schicksal der Ermordeten.

Nina Sawina, geboren am 21. September 1923, erschossen am 14. Februar 1945, war eine ukrainische Zwangsarbeiterin – eine von mehr als zwölf Millionen Männern, Frauen und Kindern, die während des Zweiten Weltkriegs aus Russland und der Ukraine, aus Polen, Belgien, Frankreich und Italien nach Deutschland verschleppt und als Arbeitskräfte missbraucht, misshandelt und schlimmstenfalls ermordet wurden.

„Russische Bürgerin, Name unbekannt“: Das vermutliche Grab von Nina Sawina auf dem Friedhof Brauweiler (Foto: Martin Oehlen)
Martin Oehlen

Nina Sawina stammt aus Stalino, dem heutigen Donezk im Südosten der Ukraine. Über ihre Familie ist nur wenig bekannt. „Mein Vater Pawel Sawin ist bereits seit sieben Jahren von der NKWD verhaftet“, gibt sie im September 1944 bei einer Vernehmung durch die Kölner Gestapo an. „Ich lebte in Stalino mit meiner Mutter Tatiana Sawina zusammen. Wir waren zu vier Geschwistern. Das Deutsch-Sprechen habe ich dort auf der Schule erlernt.“ Warum ihr Vater in die Fänge des sowjetischen Geheimdienstes geriet, ob sie einen Beruf erlernt hat und was aus ihrer Familie in der Ukraine wurde – all das muss wie so manch andere Frage in dieser Geschichte offenbleiben.

Am 30. März 1942 wird Nina Sawina zusammen mit ihrer Schwester Lisa aus der Ukraine nach Deutschland verschleppt. Die beiden jungen Frauen verlassen eine Stadt, die den Einwohnern zur Hölle geworden ist. Im Juni 1941 hat der Zweite Weltkrieg die Sowjetunion erreicht, doch der als Blitzkrieg geplante Ostfeldzug ist ins Stocken geraten, die Eroberung Moskaus unter großen Verlusten gescheitert. Stalino,

Einzug deutscher Truppen in Stalino, Oktober 1941. Eine Infanteriekolonne in der Vorstadt, im Hintergrund Schornsteine von Rüstungsbetrieben
Narodowe Archiwum Cyfrowe, Sygn. 2-943

eine damals knapp 500 000 Einwohner große Industriestadt am Ufer des Kalmius, steht seit Oktober 1941 unter deutscher Besatzung. Ein Großteil der Bevölkerung ist vor dem Einmarsch der Deutschen Richtung Osten geflohen, nachdem die Menschen von den Gräueltaten der Sicherheitspolizei und des SS-Sicherheitsdienstes in anderen eroberten Gebieten gehört hatten. Jetzt leben nur noch knapp 290 000 Einwohner in den Trümmern der kriegszerstörten Stadt.

Auch in Stalino wütet die SS. Es kommt zu Massenerschießungen, die Leichen Zigtausender Opfer, darunter 12 000 bis 15 000 jüdische Männer, Frauen und Kinder, werden in die viele hundert Meter tiefen Schächte eines nahen Bergwerks geworfen.

Die Reise der Schwestern Sawina dauert mehrere Tage. Wo sie enden wird, wissen die jungen Frauen nicht. Drei Jahre nach Beginn des Zweiten Weltkriegs gibt es in Deutschland wohl kaum einen größeren Betrieb, der keine Zwangsarbeiterinnen und Zwangsarbeiter beschäftigt: ausländische KZ-Häftlinge, Kriegsgefangene – und Millionen von zivilen Arbeitskräften wie Nina und Lisa Sawina. Der Bedarf an Arbeitssklaven steigt mit jedem Monat, den der Krieg andauert. Allein aus der Sowjetunion werden bis 1943 rund 2,1 Millionen Män-

Ankunft der ersten polnischen Kriegsgefangenen auf dem Messegelände in Köln-Deutz, Oktober 1939.
NS-DOK Köln, Bp 21093

ner, Frauen und Kinder nach Deutschland verschleppt, die als sogenannte Ostarbeiter in Industrie- und Landwirtschaftsbetrieben, in Krankenhäusern und sogar in Privathaushalten die fehlenden deutschen Arbeitskräfte ersetzen sollen.

In Köln hat man sich längst an den Anblick der ausländischen Arbeiterinnen und Arbeiter in den klappernden Holzpantinen gewöhnt. Manchmal laufen Kinder johlend hinter ihnen her, um sie mit Dreck und Steinen zu bewerfen. Bereits am 8. September 1939 ist auf dem Köln-Deutzer Messegelände mit dem Bau eines Lagers für ausländische Kriegsgefangene begonnen worden. Anfang Oktober 1939 beziehen die ersten polnischen Gefangenen die Barackensiedlung auf der rechten Rheinseite. Die 1000 Männer werden vorwiegend auf Bauernhöfen im Umland eingesetzt, wo seit Beginn des Krieges händeringend Aushilfskräfte gesucht werden.

Als der stagnierende Russlandfeldzug zu einem langen Abnutzungskrieg zu geraten droht, drängt vor allem die deutsche Rüstungsindustrie auf den Einsatz sowjetischer Kriegsgefangener. Die Produktion dürfe nicht gefährdet, mögliche Lieferengpässe müssten vermieden werden, so ihre Argumentation. Die Dörfer und Städte in

Werbung für das Stahl-Jauchefass der Firma Schaumann Landmaschinen, 1936
Klaus Dreyer, http://www.landtechnik-historisch.de/

den besetzten Gebieten werden daher verpflichtet, eine bestimmte Zahl an arbeitsfähigen Männern und Frauen für den Einsatz im Reich zur Verfügung zu stellen. Wird das Kontingent nicht erreicht, greifen die Besatzer nicht selten zu drastischen Maßnahmen. Razzien und Menschenjagden sind an der Tagesordnung. „Prügelstrafen, das Niederbrennen von Höfen und ganzen Dörfern wurden angewendet als Vergeltung für die Nichtbefolgung der an die Gemeinden ergangenen Anordnungen zur Bereitstellung von Arbeitskräften", schreibt Christine Glaunig in ihrer Studie „‚Ostarbeiter' im Deutschen Reich".

Bei ihrer Ankunft in Deutschland werden die zwangsrekrutierten Arbeiterinnen und Arbeiter nicht selten wie Vieh behandelt. „Man brachte uns zu einer Arbeitsbörse, wo wir regelrecht verkauft wurden", erzählt Anna Kyriliwna Jarosch, die Ende 1942 aus der Ukraine nach Köln verschleppt wurde. „Wir waren nicht lange auf der Börse. Wir kamen morgens dorthin, und abends waren alle weg." Ob auch Nina und Lisa Sawina auf einer solchen Arbeitsbörse angeboten werden, ist nicht bekannt. Auszuschließen ist das nicht.

In Köln trennen sich die Lebenswege der Schwestern. Lisa Sawina wird dem Elisabeth-Krankenhaus in Köln-Hohenlind zugeteilt, Nina der Landmaschinenfabrik Heinrich Schaumann & Co. im oberbergi-

Das Hotel Kölner Hof um 1900 *Rheinisches Bildarchiv, RBA 77418*

schen Morsbach. Die Firma beschäftigt etwa 25 französische Kriegsgefangene und rund 50 russische und ukrainische Ostarbeiterinnen. Untergebracht sind die Frauen in einem firmeneigenen Ausländer-Arbeitslager, die Männer leben in einem Kriegsgefangenenlager. Zusammen mit 20 weiteren Zwangsarbeiterinnen aus der Ukraine baut Nina Sawina zwei Monate lang Jauchebehälter, Boiler, Druckkessel und Räucherschränke aus Stahl zusammen. Weil sie gut Deutsch spricht, wird sie häufig auch als Dolmetscherin eingesetzt.

Im Mai 1942 gerät die 18-Jährige das erste Mal in ernsthafte Schwierigkeiten. Grund ist ein Streit in der Frauenabteilung der Maschinenfabrik. „Eines Tages fingen die (ukrainischen, Anm. d. Verf.) Mädels an zu meutern, indem sie einen eigenen Speisesaal haben wollten", erklärt Nina Sawina 1944 bei einem Verhör durch die Kölner Gestapo. „Ich habe dies verdolmetscht. Dadurch wurde ich mit einer Arbeitskollegin zu zwei Monaten Gefängnis verurteilt." Die Strafe sitzt sie in der Kölner Strafanstalt Klingelpütz ab.

Nach ihrer Haftentlassung wird Nina Sawina eine Arbeitsstelle als Küchenhilfe und Zimmermädchen im Hotel Kölner Hof in der Bahnhofstraße 5–7 zugewiesen, der heutigen Domprobst-Ketzer-Straße. Statt in einem Arbeitslager wohnt sie nun in der hoteleigenen Unterkunft in der Domstraße 7, wo auch die Dampfwäscherei des Unternehmens untergebracht ist. Das 1897 eröffnete Hotel, ein imposantes, mehrstöckiges Gebäude mit einer neogotischen Fassade und zahlreichen Balkonen, gehörte vor dem Zweiten Weltkrieg zu den Vorzeigeherbergen der Stadt. Die 60 Zimmer sind mit den neuesten technischen Errungenschaften wie elektrischen Weckern ausgestattet. Auf der überdachten Außenterrasse mit Blick auf den Dom haben 180 Personen Platz. Inzwischen ist das Gebäude ebenso wie die umliegenden Hotels und der Kölner Dom bei mehreren Bombenangriffen beschädigt worden, jedoch weiterhin nutzbar.

An der neuen Arbeitsstelle fällt die junge Zwangsarbeiterin schnell durch ihre Unerschrockenheit und ihr loses Mundwerk auf. „Die Sawina" übe einen schlechten Einfluss auf die übrigen sechs Ukrainerinnen aus, beklagt sich der Direktor des Hotels in einem Gespräch mit der Kölner Gestapo. „Was sie insbesondere dadurch konnte, weil sie gut deutsch spricht und ich sie deshalb immer als Dolmetscherin benutzte." Vor allem den deutschen Angestellten gegenüber zeige sie ein freches Benehmen. „Bei einem Vorkommnis ließ sie unter anderem dem Küchenchef den Ausspruch des Götz von Berlichingen übermitteln." Wenn er selbst sie wegen ihres häufigen Zuspätkommens zur Rede stelle, gebe sie freche Antworten.

Vermutlich im Februar 1944 lernt Nina Sawina den fünf Jahre älteren Peter Jonen kennen, einen Bauleiter aus Bohmte bei Osnabrück. Die zufällige Begegnung markiert den Beginn eines Dramas, das sich zusammensetzt aus unglücklichen Zufällen und der Willkür und politischen Fehleinschätzung eines machtbesessenen Gestapobeamten. Peter Jonen, Sohn eines wohlhabenden Stuttgarter Bauunternehmers und stets gut bei Kasse, ist verheiratet und Vater von zwei Kindern. Warum er zu diesem Zeitpunkt nicht an der Front ist, weiß man nicht. Bis zum Jahr 1942 hat er mit seiner Familie in der Düppelstraße 20 in Köln-Deutz gewohnt. Als das Haus nach einem Luftangriff unbewohnbar wird, zieht seine Ehefrau mit den Kindern nach Hohenstein-Ernsttal in Sachsen. Peter Jonen logiert, wenn er beruflich in Köln zu tun hat, im Hotel Kölner Hof.

Bei der Kölner Polizei ist er kein Unbekannter. Der 26-Jährige hat einige Zeit wegen gefährlicher Körperverletzung mit Todesfolge in Untersuchungshaft gesessen und ist nur unter Vorbehalt auf freiem Fuß. Er soll einen Straßenbahnschaffner getötet haben. Sein Vater, heißt es in den Akten, habe eine Kaution für ihn hinterlegt.

Das Paar trifft sich regelmäßig in Peter Jonens Hotelzimmer, und Nina Sawina ist während ihrer Dienstzeit oft stundenlang nicht auffindbar. Die Mitarbeiter des Hotels sehen die beiden mehrmals zusammen auf der Straße; auch die vielen neuen Kleider, die Kollegin Sawina angeblich Gästen des Hotels abgekauft hat, wecken das Misstrauen der Belegschaft. Schließlich spricht die Hoteldirektion Peter Jonen auf das gefährliche Techtelmechtel an. Beziehungen zwischen deutschen Reichsbürgern und Ostarbeiterinnen sind streng verboten und werden entsprechend bestraft. Auch das Hotel könnte in Misskredit geraten, wenn es ein solches Verhältnis billigt.

Die Befürchtungen des Hotelchefs sind nicht unbegründet. In der Ideologie der Nationalsozialisten gelten die sogenannten Arbeitskräfte aus Russland und der Ukraine als minderwertig und stehen in der Rangordnung der Zwangsarbeiter an letzter Stelle. „Wir waren die allerschwärzeste Rasse“, erzählt Lidija Nikolajewna Schiwiza aus Kiew, die 1942 bei der Maschinen- und Apparatebaufirma Wilhelm Schmidding in Köln-Niehl Zwangsarbeit leisten musste. „Wir konnten erst nach der Arbeit miteinander sprechen, und das Tor war immer geschlossen.“

Gesetzlich geregelt ist der Umgang mit Ostarbeitern in den sogenannten Ost-Erlassen vom 20. Februar 1942. Darin heißt es, Arbeitskräften aus dem alt-sowjetischen Gebiet im Reich seien von der deutschen Bevölkerung, ausländischen Zivilarbeitern und allen Kriegsgefangenen abzusondern und in geschlossenen Lagern mit einer möglichst mit Stacheldraht versehenen Umzäunung unterzubringen. „Fälle unerlaubten Geschlechtsverkehrs sind durch staatspolizeiliche Maßnahmen zu ahnden und schwangere weibliche Arbeitskräfte möglichst nach dem Osten abzuschieben.“ Darüber hinaus müssen Russen und Ukrainer auf ihrer Kleidung gut sichtbar ein blau-weißes Abzeichen mit der Aufschrift „Ost“ tragen – Nina Sawina ignoriert auch diese Bestimmung, wenn sie mit Peter Jonen unterwegs ist.

Entsprechend scharf reagiert der Direktor des Kölner Hofs, als sich sein Verdacht bestätigt. Er weist Peter Jonen aus dem Hotel. Der mietet sich daraufhin in der Bahnhofspension Breuer in der Altenberger Straße 2 ein – und setzt seine Beziehung mit der jungen Zwangsarbeiterin unbeeindruckt fort. Nina Sawina übernachtet nun regelmäßig bei ihm in der Pension, die nur zwei Gehminuten von ihrer Unterkunft in der Domstraße entfernt liegt.

Während der Dienstzeit ist sie nach Aussagen ihres Vorgesetzten unkonzentriert und lustlos und kommt häufig zu spät zur Arbeit. Als sie eines Tages überhaupt nicht mehr auftaucht, fliegt das Liebespaar ein zweites Mal auf. „Angestellte Ermittlungen ergaben, dass sich die Sawina bei Herrn Jonen während der Nacht aufgehalten hat", gibt der Hoteldirektor bei der Gestapo zu Protokoll. Diesmal belässt es die Leitung des Kölner Hofs nicht bei einer internen Lösung. Sie zeigt Nina Sawina und Peter Jonen an. Beide werden von der Kripo Köln verwarnt. Nina Sawina bekommt Hausverbot in der Pension Breuer, bei Zuwiderhandlung droht ihr eine Strafe. Ihr Geliebter soll sein Zimmer in der Altenberger Straße unverzüglich räumen.

Doch das Paar schert sich nicht um die polizeiliche Anordnung. Peter Jonen wohnt weiterhin in der Bahnhofspension. Pensionswirt Wilhelm Breuer billigt ausdrücklich die nächtlichen Besuche von Nina Sawina, die sich nach wie vor Abend für Abend nach Einbruch der Dunkelheit in die Altenberger Straße schleicht. Als sie am 7. Juli 1944 zum wiederholten Mal zu spät zum Dienst kommt, wartet der Hoteldirektor bereits auf sie. Das Gespräch eskaliert innerhalb von Sekunden. Ihm sei besonders ihr schlechtes Aussehen aufgefallen, berichtet der Mann zwei Tage später der Kölner Gestapo. „Wegen ihres Zuspätkommens zur Rede gestellt, gab sie mir freche Antworten, worauf ich ihr eine runterhaute. Sie stellte mir daraufhin auch ihre zweite Backe zur Verfügung und machte weiterhin freche Bemerkungen." Ihren Dienst tritt Nina Sawina an diesem Tag nicht mehr an. „Um 13 Uhr war sie im Betrieb verschwunden", und er habe feststellen müssen, „dass sie im Bett lag, angeblich mit Unterleibsschmerzen".

In den nächsten 24 Stunden überschlagen sich die Ereignisse. Der Hoteldirektor beauftragt eine Mitarbeiterin der hoteleigenen Wäscherei, „die Sawina" im Auge zu behalten. Um 22.30 Uhr meldet Wäschebeschließerin Kuhnert telefonisch, die Verdächtige habe die Unterkunft in der Domstraße soeben in Unterrock und Mantel verlassen. Gemeinsam machen sich der Direktor und die Angestellte auf den Weg zur Pension Breuer, treffen dort jedoch weder Nina Sawina noch Peter Jonen an. Die junge Frau sei mithilfe ihres Freundes über das Dach geflohen, erzählt Wilhelm Breuer. Ihr Geliebter habe das Haus soeben verlassen, komme aber bald wieder. Was sich als unwahr herausstellt.

Auch am nächsten Tag, dem 8. Juli 1944, bleiben Nina Sawina und Peter Jonen verschwunden. Am 9. Juli schließlich erstattet die Hoteldirektion bei der Kölner Gestapo Anzeige gegen das säumige Zimmermädchen und dessen Freund wegen „verbotenen Umgangs“ und des dringenden Verdachts, „geschlechtlich miteinander verkehrt zu haben“ (s. folgende Doppelseite). Nina Sawina und Peter Jonen werden zur Fahndung ausgeschrieben.

Zu diesem Zeitpunkt haben sich die Wege des Liebespaares bereits getrennt. Peter Jonen hatte die Freundin am Morgen des 8. Juli in der Domstraße 7 abgeholt und in der leerstehenden Wohnung einer Bekannten untergebracht. Zuvor hatte er ihr noch 500 Reichsmark und eine Pistole im Kaliber 6,35 mm zugesteckt. Für Nina Sawina beginnt mit diesem 8. Juli 1944 eine Odyssee von Versteck zu Versteck. Bereits wenige Tage nach ihrer Flucht muss sie ihren Unterschlupf in der Kölner Innenstadt verlassen und kommt vorübergehend bei Hans, einem Freund von Peter Jonen, unter. Der setzt sie nach 14 Tagen auf die Straße, nachdem Jonen seine Geliebte nicht wie versprochen nach einer Woche abgeholt hat.

Die Situation der jungen Zwangsarbeiterin ist verzweifelter denn je. Ihre Geldvorräte sind auf 200 Mark zusammengeschmolzen. Sie hat keine Bleibe, eine Rückkehr ins Hotel Kölner Hof ist ausgeschlossen. Und noch immer leidet sie unter heftigen Unterleibsbeschwerden. Schließlich wendet sie sich in ihrer Not an Sophia Oerter, eine weitere Bekannte von Peter Jonen. Die 27-Jährige wohnt mit ihrem Sohn in der Immermannstraße 53, wo heute ein Stolperstein an Nina Sawinas Schicksal erinnert. Ihr Ehemann Albert Oerter ist seit zwei Jahren an der Front. Ein zweites Kind lebt bei Verwandten in der Eifel.

Sophia Oerter ist bereit, Nina Sawina Unterschlupf zu gewähren. Ihr Monatseinkommen beläuft sich auf 260 Mark Familienunterhalt plus einer Sonderzahlung der Firma Ford von monatlich 60 Mark. Jeder Zuverdienst ist willkommen. Gegen die Zahlung von 150 Mark willigt sie ein, Nina Sawina bei sich aufzunehmen, für weitere 50 Mark überlässt sie ihr eines ihrer Kleider.

Die Geschehnisse bis zur Festnahme der beiden Frauen knapp zwei Monate später lassen sich anhand von Unterlagen der Kölner Gestapo weitgehend rekonstruieren. Nina Sawina geht es gesundheitlich weiterhin schlecht, die meiste Zeit liegt sie im Bett. Sophia Oerter hat ihr das Schlafzimmer überlassen. „Nur wenn ich keine Schmerzen hatte, bin ich aufgestanden“, erzählt Nina Sawina nach ihrer Festnahme. „Die Wohnung habe ich nur drei Mal verlassen.“

HOTEL KÖLNER HOF

EINZIGES HOTEL AM BAHNHOFVORPLATZ - EIN HAUS MODERNSTER HOTELTECHNIK

in jedem Zimmer fließendes kaltes — warmes Wasser und Staatstelefon, Lichtsignale, Privatbäder, Etagenbäder, Konferenzzimmer, Räume für Festlichkeiten, Bier- und Weinrestaurant - Schönste Hotelterrasse in Köln

Telegramm: Kölnerhof Köln Fernruf: 225858

KÖLN a. Rh.

9. Juli 1944

An die
Geheime Staatspolizei
K ö l n
Appellhofplatz

Betrifft: Anzeige gegen die bei uns beschäftigte Ukrainerin Nina Sawina, geb. 21.9.22 u. Herrn Peter Jonen, geb. 7.1.18 in Bohmte, Kreis Osnabrück, Wohnung Stuttgart, Kanonenweg 14.

Auf Grund meiner mündlichen Unterrednung am 8.7. teile ich Ihnen folgendes mit:

Obengenannte Ukrainerin hat seit einigen Monaten ein intimes Verhältnis mit Herrn Jonen, was mir allerdings erst vor einigen Wochen zu Ohren kam. Da ich bis gestern keinen stichhalten Grund dafür hatte, habe ich die Sache nicht angezeigt. Durch die letzten Vorgänge ist diese meine Vermutung nun positiv u. liegt die Sache folgendermassen:

Herr Jonen wohnte öfter bei uns, zuletzt am 1.2. bis 27.2. In dieser Zeit bemerkte ich, dass die bei uns als Hausmädchen eingesetzte Sawina öfter während der Arbeitszeit nicht zu finden war u. musste ich feststellen, dass dieselbe sich dauernd bei Herrn Jonen aufhielt. Daraufhin habe ich Herrn Jonen zur Rede gestellt u. ihm das Zimmer in unserem Haus gekündigt. Wie mir Angestellte sagten, hat er sich öfters mit der Sawina auf der Strasse gezeigt, wobei die Sawina selbstverständlich das Ostabzeichen nicht trug. Wor einigen Wochen kam nun die Sawina morgens nicht zur Arbeit. Angestellte Ermittlungen ergaben, dass dieselbe bei Herrn Jonen der sich, wie ich in diesem Moment erfuhr, seit dem Auszug bei uns in der Pension Breuer, Köln, Alteburgerstr. 2, einquartiert hatte, während der Nacht aufgehalten hat. Hierauf habe ich bei der Kriminalpolizei vorgesprochen, die die Tatsachen feststellte, die Sawina verwarnte, ihr das Haus Breuer verbot u. ihr bei nochmaligen Betreten desselben Strafe in Aussicht stellte. Jonen wurde ebenfalls verwarnt, wie mir der Kriminalbeamte sagte u. wurde er angewiesen, die Pension Breuer in kürzester Frist zu verlassen. Seit März arbeitet die Sawina nur noch mehr mit Unlust. Sie kam meistens zu spät zum Dienst u. übte im übrigen einen schlechten Einfluss auf die übrigen 6 bei uns beschäftigten Ukrainerinnen aus, was sie insbesondere dadurch konnte, weil sie gut deutsch spricht u. ich sie deshalb immer als Dolmetscherin benutzte. Ganz besonders aber zeigte sie den deutschen Angestellten gegenüber ein freches Benehmen u. bei einem Vorkommnis am Sonntag liess sie u.a. dem Küchenchef den Ausspruch des Götz von Berlichingen übermitteln.

b.w.

Ich habe daraufhin die D.A.F. angerufen, deren Beauftragter,Herr
Harff am Dienstag hier war, die Sawina jedoch nicht antraf u.dahe
die übrigen Ukrainerinnen auf ihre Pflichten hinwies.Herr Harff
gab mir auch den Rat, Sawina bei nochmalig frechem Benehmen zu
ohrfeigen.Als die Sawina am 7.7. wieder zu spät zum Dienst kam fi
mir deren schlechtes Aussehen ganz besonders auf. Wegen ihres Zuspätkommens zur Rede gestellt gab sie mir freche Antworten, worau
ich ihr eine runterhaute. Sie stellte mir daraufhin auch ihre and
Backe zur Verfügung u. machte weiterhin freche Bemerkungen. Um
13 Uhr war sie im Betrieb verschwunden, u.musste ich feststellen,
dass sie im Bett lag, angeblich mit Unterleibschmerzen.Da d [illegible]r-
kommnisse mit ihr im Betrieb bekannt geworden waren hinterbrachte
man mir, dass sie nachts öfters nicht zu Hause sei, sondern in de
Pension Breuer die Nacht zubringe.Ich beauftragte daraufhin unsere
Wäschebeschliesserin die Sawina zu beobachten u. rief dieselbe mi
um 22 Uhr 30 an, dass die Sawina im Unterrock u. übergezogenen
Mantel zur Peinsion Breuer gegangen sei. Mit der Wäschebeschliesse
rin, Frl.Kuhnert ging ich deshalb zu Breuer hin,Sawina war inzwischen wieder nach Hause gekommen u. erkundigte mich bei Herrn
Breuer nach Jonen. Dieser erklärte , dass Jonen seit einigen Minuten weg gefahren sei u. wohl in einer halben Std. wiederkäme,was
ich jedoch nicht glaubte. Ich stellte mich Herrn Breuer vor u.
machte ihm Vorwürfe, dass er trotz des durch die Kriminalpolizei
erlassenen Hausverbotes für die Sawina dieselbe aufgenommen hat.
In Gegenwart von Frl.Kuhnert gab Breuer zu, dass die Sawina
während der ganzen Zeit des öfteren mit dem Jonen" in seinem Haus
nachts zusammen gewesen sei." In der letzten Nacht ist nun die
Sawina mit Hilfe des Jonen über das Dach entwichen , wobei sie
beobachtet u. deshalb die Polizei benachrichtet wurde, da angenommen wurde, dass es sich um Einbrecher handelte.

Ich sehe mich genötigt diesen Tatbestand zu melden.

Bemerken möchte ich noch, dass die Sawina dauernd teils neue,
teils gebrauchte Kleidungsstücke hatte, nach deren Herkunft befrag
sie den Mädchen gegenüber erklärte, dieselben von Gästen gekauft
zu haben, mir gegenüber jedoch erklärt hat, dieselbe von irgend-
einem Mann erhalten zu haben.

Heil Hitler!

HOTEL KÖLNER HOF
KÖLN a. Rh.
gegenüber dem Hauptbahnhof
Direktion

Anlage:
Anmeldezettel des Jonen.

Denunziationsschreiben der Direktion des Hotels Kölner Hof vom 9. Juli 1944
Landesarchiv Nordrhein-Westfalen Abt. Rheinland, Ger. Rep 248 Nr. 63 Bl. 37

Peter Jonen ist mittlerweile bei seiner Familie in Hohenstein-Ernsttal festgenommen worden und sitzt seit dem 15. September im Polizeihilfsgefängnis in Köln-Deutz ein. Vorher hatte er noch seinen Vater in Stuttgart über die Notlage der Freundin informiert. Jonen senior nimmt Kontakt zu Nina Sawina auf und übergibt Sophia Oerter bei einem Treffen in Köln 500 Mark für die Aufnahme und Pflege der jungen Zwangsarbeiterin. Außerdem verspricht er, sie eine Woche später abzuholen. Dazu soll es nicht mehr kommen. Am 21. September 1944, ihrem 22. Geburtstag, wird Nina Sawina in ihrem Versteck festgenommen.

Die Kripo Köln hatte einen anonymen Tipp bekommen, dass bei Sophie Oerter am Tage und in der Nacht des Öfteren Männer ein und ausgingen, die Koffer ins Haus und wieder hinaustrügen. „Es wird vermutet, dass die Sachen aus Einbruchsdiebstählen herrühren." Dass sich in der Wohnung zudem eine polizeilich gesuchte Zwangsarbeiterin versteckt, stellen die beiden Kripobeamten erst bei der Hausdurchsuchung am 21. September fest.

Nina Sawina liegt auch an diesem Tag krank im Bett. Als die Beamten die Wohnung betreten, springt sie in Panik auf und versucht, durch das Treppenhaus zu fliehen. Doch sie kommt nicht weit. In der Erdgeschosswohnung von Metzger Johann Helmig ist ihre Flucht zu Ende. Zusammen mit ihr werden an diesem Vormittag Sophia Oerter, deren Schwester Käthe Kursch und Barbara Träger, eine Bekannte Käthes aus Köln-Zollstock, festgenommen. Einen Freund von Sophia Oerter, den 36-jährigen Heinrich Botsch, ziehen die Beamten unter einem Bett hervor. Der Mann trägt noch seinen Pyjama und ist, wie sich herausstellt, seit rund acht Monaten fahnenflüchtig. Auch er wohnt seit 14 Tagen in der Immermannstraße 53. In seiner Schlafanzugtasche finden die Beamten eine geladene Pistole mit sechs Schuss Munition.

Im Laufe des Tages gehen den Kripo-Beamten, die die Wohnung bis in die Abendstunden observieren, drei weitere Besucher ins Netz: der 23-jährige Peter Bertrams, eine Tanzbekanntschaft von Sophia Oerter, der Autoschlosser Wasili Roman Car und Arnold Cremers, ein vorbestrafter, 39 Jahre alter Schwarzhändler aus Köln. In Cremers' Tasche werden mehr als 12000 Mark gefunden. Car ist in Besitz von 650 Mark, zwei Ausweisen, die nicht auf seinen Namen ausgestellt sind, und Peter Jonens 6,35 mm-Pistole, die schussbereit in seiner

Tasche steckt. Nina Sawina hatte ihm die Waffe einige Tage zuvor ausgehändigt, damit er sie für sie verkauft.

Darüber hinaus stellen die Beamten in der Wohnung ein Akkordeon, eine Gitarre und sechs Koffer mit angeblichem Diebesgut sicher. Ein Verzeichnis der beschlagnahmten Ware listet 32 Posten auf, darunter drei Wischmopps, zwei Flaschen Tomatensaft, ein Stück Käse, einen Damenkragen und 61 Dosen Kautabak. Am 22. und 23. September nimmt die Kripo in Köln-Klettenberg drei weitere potenzielle Hehler und Einbrecher fest. Iwan Orichowski, Iwan Komaschko und Bronislaw Dobanowski, dessen Ausweis in Wasili Roman Cars Tasche gefunden wurde, werden ebenfalls verdächtigt, zu einer Einbrecherbande zu gehören, die seit Wochen in Köln ihr Unwesen treibt.

Während Peter Bertrams, Käthe Kursch und Barbara Träger am nächsten Abend freigelassen werden, bleiben Nina Sawina und die übrigen Verdächtigen in Untersuchungshaft. Vor allem Wasili Roman Car erregt das Interesse der Ermittler. Dem 22-Jährigen gehören ein Großteil der Lebensmittel, die in Sophia Oerters Wohnung gefunden wurden, das Akkordeon und zwei der Koffer mit angeblichem Diebesgut. Nina Sawina und er haben sich einige Wochen zuvor bei Peter Jonens Freund Hans kennengelernt. Mag sein, dass sie mehr verbindet als bloße Freundschaft. Seit Nina Sawina in der Immermannstraße wohnt, kommt Wasili Roman Car mehrmals täglich zu Besuch und bringt ihr kleine Aufmerksamkeiten und etwas zu essen mit. Einmal, erzählt sie den Gestapobeamten, habe er ihr sogar ein Paar rote Damenschuhe geschenkt.

Der Autoschlosser, im Oktober 1922 im kroatischen Benkowac geboren und ukrainischer Staatsbürger, ist nach eigenen Angaben im Juli 1941 zum sogenannten freiwilligen Arbeitseinsatz nach Deutschland gekommen und hat ein Jahr bei der Firma Funke in Köln-Niehl gearbeitet. 1942 sei er von einem Urlaub nicht an seinen Arbeitsplatz zurückgekehrt, sondern habe mehrere Monate in seiner Heimat verbracht, gibt er nach seiner Festnahme an. Anfang 1943 sei er wieder nach Deutschland gereist und lebe seit einigen Wochen unangemeldet und ohne feste Arbeit „bei verschiedenen Ukrainern“ in Köln. Den Vorwurf, seinen Lebensunterhalt durch Diebstähle zu finanzieren, weist er weit von sich. „Wenn ich gefragt werde, wovon ich in dieser Zeit gelebt habe, so antworte ich, dass ich vom Handel gelebt habe“, so steht es in steifem Amtsdeutsch im Verhörprotokoll. „Wenn mir vorgehalten wird, dass meine Angaben über die Herkunft der Sachen vollkommen unglaubhaft erscheinen und dass ich in dem dringenden Verdacht stehe, Einbrüche ausgeführt zu haben, so bestreite ich dies."

Die Festnahmen von Nina Sawina, Wasili Roman Car und anderen Ostarbeitern im September 1944 markieren den Beginn einer beispiellosen Gestapo-Aktion, die mit zwei öffentlichen Hinrichtungen und mehr als 400 Morden im Hof der Kölner Gestapo-Zentrale endet. Unter den Opfern der Operation sind auch Wasili Roman Car, Iwan Orichowski, Iwan Komaschko und Bronislaw Dobanowski: Sie werden am 25. Oktober 1944 zusammen mit sieben weiteren Zwangsarbeitern öffentlich in der Hüttenstraße in Köln-Ehrenfeld gehenkt.

Vorgänge wie diese dokumentieren das Wüten eines faschistischen Regimes, das mit allen Mitteln versucht, den eigenen Untergang aufzuhalten – und dem letztendlich auch Nina Sawina zum Opfer fällt. „In der Schlussphase zeigte sich das NS-System von seiner brutalsten Seite", schreibt der Kölner Historiker Horst Matzerath in seinem Buch „Köln in der Zeit des Nationalsozialismus". Um den offenkundigen Zerfallserscheinungen entgegenzutreten, sei dem System nur noch der blanke Terror geblieben.

Längst mehren sich in der Bevölkerung angesichts der näher rückenden Truppen der Alliierten die Zweifel am „Endsieg" der Deutschen. Selbst die Durchhalteparolen von Gauleiter Josef Grohé und Propagandaminister Joseph Goebbels, die im September und November 1944 in zwei Reden den „fanatischen Verteidigungswillen" der Kölner beschwören, ziehen nicht mehr. Zu groß ist das Leid der Menschen, die in der kriegsgebeutelten Stadt ausharren. „Die Infrastruktur war weitgehend zerstört. Eisenbahnfernverbindungen verkehrten erst ab Opladen. Die Verkehrsanlagen in der Innenstadt funktionierten nicht mehr", schildert Horst Matzerath die katastrophalen Zustände in Köln.

In den Ruinen der Häuser verstecken sich Jugendliche, die sich der Einberufung entziehen wollen, Deserteure, entflohene Zwangsarbeiter, Hehler, Diebe und Kriegsgefangene sowie Mitglieder verschiedener Widerstandsgruppen. Die Polizei vermutet mindesten 20 unterschiedliche kriminelle Banden in der Stadt und fürchtet einen Zusammenschluss der einzelnen Gruppierungen. Vor allem Köln-Ehrenfeld – „Räuberfeld", wie man den Stadtteil inzwischen im Volksmund nennt – ist in diesen Tagen ein Sammelbecken für Menschen, die verzweifelt versuchen, im Chaos der letzten Kriegsmonate zu überleben. Ein schwerer Bombenangriff am 21. April 1944 hat einen Großteil der Häuser zerstört, das Hauptgebäude des Ehrenfelder Bahnhofs ist ausgebrannt, und in den Straßen herrschen nach Einbruch der Dunkelheit anarchische Zustände.

Für die Gestapo stellen die Bewohner der Ehrenfelder Trümmerlandschaft auch in politischer Hinsicht ein Gefahrenpotenzial dar, das es so schnell wie möglich auszuschalten gilt. „Die Ausweich- und Fluchtbewegungen von ausländischen Arbeitskräften und Jugendlichen, die Bildung illegaler Gruppen in den Ruinen der Stadt und die Aktivitäten von Widerstandsgruppen wurden als Zeichen eines organisierten Aufstands betrachtet und mit wahllosem Terror und entgrenzter Gewalt beantwortet“, schreibt der Historiker Thomas Roth im Internetportal Rheinische Geschichte.

Spätestens als am Abend des 28. September 1944 der Braunsfelder NSDAP-Ortsgruppenleiter Heinrich Soentgen von dem Deserteur Roland Lorent erschossen wird, ist für die Kölner Gestapo das Maß voll. Sie vermuten hinter Roland Lorents – im Vollrausch begangener – Tat ein politisches Motiv. Und reagieren entsprechend: Einen Tag nach Heinrich Soentgens Ermordung wird das Sonderkommando Kütter gegründet. Unter der Leitung des Kölner Kriminalkommissars Ferdinand Kütter beginnt damit ein gnadenloser Vernichtungsfeldzug gegen das angebliche Bandenwesen in Köln-Ehrenfeld. Der 54-Jährige leitet seit Beginn des Krieges das Referat für die Verfolgung linken Widerstands. Unter den Kollegen gilt er als rücksichtsloser Vorgesetzter, die Gefangenen fürchten seine brutalen Verhörmethoden.

Nina Sawina gerät durch ihre zufällige Festnahme am 21. September 1944 mitten hinein in diese tödliche Mixtur aus politischer Fehleinschätzung und defätistischer Endzeitstimmung. Die 21-Jährige wird zunächst einige Tage in der Zentrale der Kölner Gestapo im EL-DE-Haus festgehalten. Drei erkennungsdienstliche Fotos zeigen eine junge Frau mit erstarrten Gesichtszügen und sorgfältig hochgesteckten Locken. Es sind die einzigen Bilder, die von ihr existieren.

Die Haftbedingungen in den zehn Zellen des Gestapo-Zentrale sind katastrophal. Zeitweise müssen sich bis zu 30 Personen die maximal neun Quadratmeter großen Räume im Keller des Gebäudes teilen. „Wir hatten keine Möglichkeit zu sitzen oder zu liegen“, schildert der Kölner Kaufmann und Widerstandskämpfer Ferdi Hülser die men-

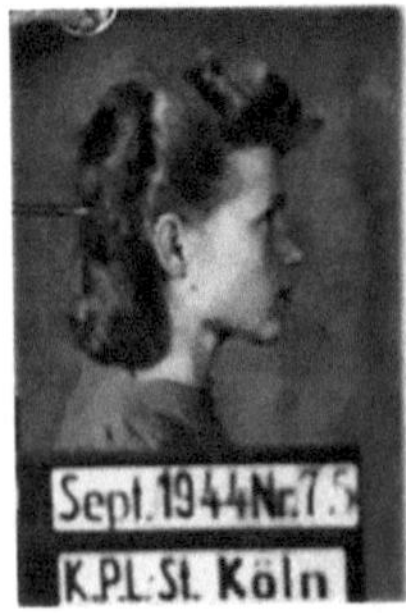

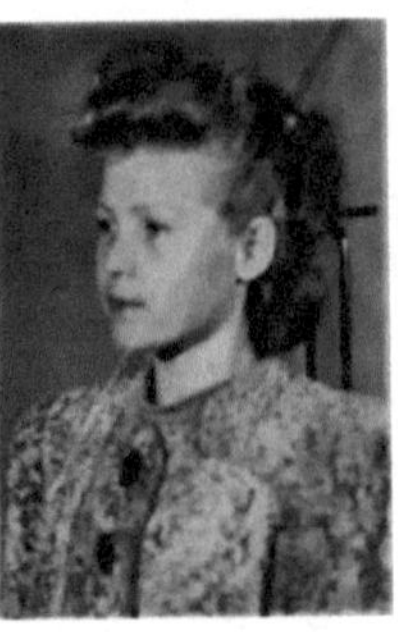

Erkennungsdienstliche Fotos von Nina Sawina, September 1944
The National Archives UK, WO 311 / 490

schenunwürdigen Zustände in den engen Zellen. Es „war nur ein Fass da, in dem man seine Notdurft verrichten konnte. Es gab kein Fenster, kein Licht. Es war stockdunkel".

Nina Sawina verbringt eine knappe Woche im Keller des EL-DE-Hauses. „Савина Нина/26/IX 44" – Sawina Nina/26.9.44" kratzt sie fünf Tage nach ihrer Festnahme in die Wand von Zelle vier. Am 27. September wird sie in das Gestapo-Hilfsgefängnis in der ehemaligen Arbeitsanstalt Brauweiler überführt. Zwei Tage später richtet das Sonderkommando Kütter dort seine Büroräume ein. Fortan ist Nina Sawina der Willkür Ferdinand Kütters und seiner Männer ausgeliefert. Die Verhörpraktiken der Gestapo sind brutal, die „verschärften Vernehmungen" berüchtigt. „Ausländische und deutsche Inhaftierte wurden fast alle acht Tage bis drei Wochen gefesselt und in den Zellen gelassen", berichtet der Physikstudent Kurt Kluth über seine Zeit in dem Gestapogefängnis. „Hoegen und Kütter hatten eine sadistische Freude daran, die Handschellen so fest anzuziehen, dass tiefe Wunden in den Armen der Wehrlosen entstanden."

Wie Nina Sawinas Gefängnisalltag aussieht und welchen Grausamkeiten sie ausgesetzt ist, muss Spekulation bleiben. Belegt ist lediglich, dass sie sich eine nur wenige Quadratmeter große Zelle im Keller des Gebäudes mit fünf weiteren „Ostarbeiterinnen" teilt. Eine von ihnen ist Vera Suchowerkowa, die am 14. Februar 1945 kaum eine halbe Stunde nach ihr stirbt. Die 19-Jährige wurde 1942 aus der zentralrussischen Kleinstadt Dmitrowsk nach Deutschland verschleppt und arbeitete zuletzt als Putzhilfe in einem Kölner Krankenhaus. Auch sie

Das Arresthaus (links) auf dem Gelände der Arbeitsanstalt Brauweiler, um 1905
Archiv des Landschaftsverbandes Rheinland, Bild 4 Nr. 48 Aufnahme 14

ist ein Opfer des Kommandos Kütter und sitzt seit 1944 in Brauweiler ein, ohne dass ihr ein Vergehen zur Last gelegt werden kann.

Inzwischen rückt die Front unaufhaltsam näher. Am 6. Juni 1944 sind mehr als 150 000 amerikanische, britische und kanadische Soldaten in der Normandie gelandet, am 21. Oktober ist mit der Kapitulation Aachens die erste deutsche Stadt im Westen gefallen. Der Befreiungsschlag, den sich die deutsche Wehrmacht von der Ardennenoffensive im Dezember erhoffte, hat sich als leeres Versprechen erwiesen. Mitte Februar 1945 stehen die Truppen der Alliierten nur noch rund 40 Kilometer von Köln und 25 Kilometer von Brauweiler entfernt.

Unter den Mitgliedern des Sonderkommandos Kütter macht sich zunehmend Nervosität breit. Damit die Gefangenen nicht in die Hände der Amerikaner fallen, sollen die rund 300 Insassen des Gestapohilfsgefängnisses so schnell wie möglich in die Strafanstalt Siegburg verlegt werden. Ausdrücklich davon ausgenommen sind Nina Sawina und Vera Suchowerkowa. Sie sollen Brauweiler nach dem Willen von Ferdinand Kütter nicht lebend verlassen. Ob ihn purer Sadismus zu

Walter Hirschfeld vor der Zelle 36 im Gestapotrakt der Arbeitsanstalt Brauweiler, Nachstellung einer Häftlingserschießung, 30. November 1949
Landesarchiv Nordrhein-Westfalen Abt. Rheinland, Ger. Rep. 231 Nr. 280 Bl. 1079 (Umschlag mit 10 Fotos)

Horst Gegusch
Bundesarchiv, R 9361-III / 51707 (Horst Gegusch), R.u.S. Fragebogen Seite 3

dieser Willkürentscheidung bewegt, ob rassistische Gründe dahinterstecken, lässt sich heute nicht mehr feststellen.

Am Morgen des 14. Februar fährt Ferdinand Kütter in die Gestapozentrale in Köln und verlangt einen Liquidationsbefehl für die beiden Frauen. Er wird ihm anstandslos gewährt. Zurück in Brauweiler, stellt er ein Erschießungskommando zusammen. Zunächst soll um 20 Uhr Nina Sawina aus ihrer Zelle geholt, zur Hinrichtungsstätte gefahren und erschossen werden, anschließend Vera Suchowerkowa. Als Schützen bestimmt er den 36 Jahre alten Kriminaloberassistenten Horst Gegusch und Kriminalsekretär Walter Hirschfeld. Totengräber Gottfried Busch wird angewiesen, zur fraglichen Zeit hinter einer Ziegelmauer zu warten und die Leichen anschließend wegzuschaffen.

Niemand gebietet Kütter Einhalt. Nicht an diesem Nachmittag. Nicht um 20 Uhr abends, als Nina Sawina und nach ihr Vera Suchowerkowa aus ihrer Zelle geführt und hinterrücks erschossen werden.

Man habe bei der Rückkehr in die Anstalt nicht viele Worte über die Angelegenheit verloren, erinnert sich Jahre später einer der Beteiligten. Kütter sei in aufgeräumter Stimmung gewesen und habe erklärt: „Die sind hinüber."

Zwangsarbeit in Köln

In Köln gibt es während der NS-Zeit kaum einen Betrieb, in dem nicht Zwangsarbeiterinnen und Zwangsarbeiter eingesetzt werden. Auch kleine Firmen, Krankenhäuser und Privathaushalte bedienen sich der billigen Arbeitskräfte. Mitte des Jahres 1942 sind in der Stadt 15 500 zwangsrekrutierte Zivilisten beschäftigt, davon 7500 Personen aus Polen und den Gebieten der Sowjetunion, die sogenannten Ostarbeiter. Hinzu kommen 6000 Kriegsgefangene. Insgesamt seien in den Kölner Firmen während des Zweiten Weltkriegs rund 100 000 ausländische Arbeitskräfte eingesetzt gewesen, so die Schätzung des NS-Dokumentationszentrums der Stadt Köln. In einigen Kölner Betrieben beträgt der Anteil der „Fremdarbeiter" zeitweise bis zu 50 Prozent. Allein die Deutsche Reichsbahn beschäftigt etwa 8000 Ausländer und ist damit der größte „Arbeitgeber" vor Ort.

Untergebracht sind die Menschen in Lagern, von denen es rund 450 auf Kölner Stadtgebiet gibt. Ein Großlager befindet sich in der Grenzstraße in Köln-Kalk und gehört der Deutschen Reichsbahn. Dort leben bis zu 1000 Zwangsarbeiterinnen und -arbeiter unterschiedlicher Nationalitäten unter katastrophalen Bedingungen und ohne Schutz vor Bombenangriffen. Am 15. Oktober 1944 sterben bei einem Luftangriff 24 Insassen, darunter neun Frauen und zwölf Männer aus der Sowjetunion.

Stolpersteine Dr. Hilde und Carl Ludwig Spier, Gleueler Straße 163
(Fotos: Karin Richert)

Karin Richert

„Wir sind im Waggon mit unbekanntem Ziel“

Hilde Spier, geb. Wolff, 1901 geboren Köln.
Verfolgt als Jüdin.
1942 ermordet im Vernichtungslager Auschwitz-Birkenau.

Carl Ludwig Spier, 1900 geboren in Köln.
Verfolgt als Jude.
1945 ermordet auf einem Todesmarsch.

Gleueler Straße 163

Woran sie sich erinnert, wenn sie an ihre Mutter denkt? „An alles“, schreibt Marianne Spier-Donati im November 2020 in einer E-Mail an die Autorin. „An jedes Ereignis und jedes meiner Gefühle für sie.“ An die Stimme der Mutter, wenn sie Passagen aus den Werken französischer Dichter rezitierte. An ihre Liebe zu klassischer Musik, die sie ihr, der damals Zwölfjährigen, noch in den letzten Wochen ihres Lebens zu vermitteln versuchte. Und natürlich an dieses bunte Sommerkleid, das Hilde Spier am Morgen des 29. August 1942 trug. An dem Tag, als die Kölner Journalistin und zweifache Mutter in einer französischen Kaserne in Nizza auf eine Trage geschnallt und auf eine Reise geschickt wurde, die in den Gaskammern von Auschwitz-Birkenau ihr Ende fand.

Geblieben sind Marianne Spier-Donati Fotos, Briefe und Zeitungsartikel, die sie in ihrer Pariser Wohnung aufbewahrt, in der sie seit vielen Jahren lebt. Und natürlich ihre Erinnerungen, die sie auch acht Jahrzehnte nach dem Tod der Mutter nicht loslassen.

Zur Welt kommt Hilde Spier, geborene Wolff, am 18. Juni 1901 in Köln. Ihr Vater Bernhard Wolff hat ein Jahr vor der Geburt seines ersten Kindes in der Venloer Straße 30 in Köln-Ehrenfeld eine Arztpraxis eröffnet: „Sprechstunde täglich zwischen 8 und 9 und 15 und 17 Uhr.“ Als Hilde knapp drei Jahre alt ist, stirbt ihre Mutter Selma. Zwei Jahre

Dr. Bernhard Wolff und seine Frau Selma (geb. David), undatiert
NS-DOK Köln, N 2342,1 / Familienbesitz

Hilde Wolff, Aufnahme aus dem jüdischen Fotoatelier Samson & Co. in Köln
NS-DOK Köln, N 2342,17 / Familienbesitz

später heiratet der Vater ein zweites Mal: Ella Benjamin, eine bildhübsche Kaufmannstochter aus Mönchengladbach. Im Mai 1908 kommt der gemeinsame Sohn Ernst zur Welt.

Hilde und ihr Halbbruder wachsen im gutbürgerlichen Milieu einer wohlhabenden Mittelstandsfamilie auf. Bernhard Wolff, 1874 in Köln geboren, ist ein Vertreter des liberalen Judentums. Dem Land seiner Geburt fühlt sich der ehemalige Weltkriegsteilnehmer eng verbunden. „Wir waren Deutsche, empfanden uns als Deutsche und lebten genau so wie alle anderen, nur dass wir Juden waren", beschreibt Marianne Spier-Donati in ihrer 2001 erschienenen Biografie „Rückkehr nach Erfurt" das Selbstverständnis der Familie. „So sehr fühlten wir uns – damals – in die Gemeinschaft, in der wir lebten, integriert, dass Jude zu sein uns keinerlei Probleme bereitete."

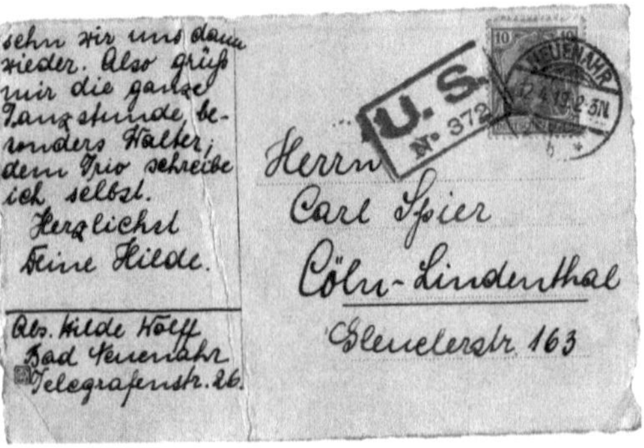

Postkarte von Hildegard (Hilde) Wolff an Carl Spier vom 12.04.1919
NS-DOK Köln, N 2152,3 / Familienbesitz

1919 oder 1920 macht Hilde an der „Studienanstalt für Mädchen" am Marienplatz ihr Abitur. Preußens erstes humanistisches Mädchengymnasium, Anfang des Jahrhunderts auf Initiative der Kölner Frauenrechtlerin Mathilde von Mevissen gegründet, ist vor allem bei liberalen jüdischen Familien beliebt. Zeitweise kommt jede sechste Schülerin aus einem jüdischen Haushalt, so auch die spätere Journalistin und erste Ehefrau von Max Ernst, Luise Strauss.

Nach dem Abitur schreibt Hilde sich als eine der ersten weiblichen Studierenden an der Universität zu Köln für Französisch und Philologie ein. Frauen dürfen in Preußen erst seit wenigen Jahren studieren, und der Frauenanteil an der kürzlich neu gegründeten Hochschule beträgt Anfang der 1920er-Jahre kaum zehn Prozent.

Die Arzttochter zieht ihr Studium in Rekordzeit durch. 1923 erscheint im Jahrbuch der Philosophischen Fakultät ein erster Auszug aus ihrer Doktorarbeit. Das Thema: „Die Darstellung des Kindes in der deutschen Dichtung des ausgehenden 18. Jahrhunderts". Ein Jahr später legt sie bei dem nationalliberalen Germanisten und Lyriker Ernst August Bertram ihre letzte mündliche Prüfung ab. Nur neun Jahre später wird Bertram die Machtübernahme der Nationalsozialisten als „deutschen Aufbruch" feiern und die reichsweiten Bücherverbrennungen im März 1933 mit einem „Weihegedicht" bejubeln. „Verwerft, was euch verwirrt, / Verfemt, was euch verführt! / Was reinen Willens nicht wuchs, / In die Flammen mit, was euch bedroht."

1920 lernt die 19-Jährige in einer Kölner Tanzsschule den ein Jahr älteren Studenten Carl Ludwig Spier kennen. Charleston, Shimmy,

Carl Spier, 1919
NS-DOK Köln, N 2152,5 / Familienbesitz

Emma Spier geb. Wannfried, Mutter von Carl Spier
NS-DOK Köln, N 2342,5 / Familienbesitz

Lindy Hop – es sei Liebe auf den ersten Blick gewesen, sagt die Tochter. Carl Spier, am 15. Dezember 1900 in Köln geboren, stammt aus einer alteingesessenen jüdischen Unternehmerfamilie in Wickrath, das heute zu Mönchengladbach gehört, und studiert in Köln Wirtschaftswissenschaften. Sein Großvater Levy Spier war Mitbegründer der „Wickrather Lederfabrik", die in den 1920er-Jahren zu den führenden Lederproduzenten Deutschlands gehört.

Auch Carl Spier ist Halbwaise. Er hat mit sechs Jahren seinen Vater verloren und wächst bei seiner Mutter Emma und deren zweitem Ehemann auf. Emil Hochfeld, ein Kaufmann aus Lemgo in Westfalen, hat in der Großmarkthalle am Sassenhof ein Geschäft für Obst und Südfrüchte. Seit 1916 wohnt die Familie in der Gleueler Straße 163 in Köln-Lindenthal, wo heute zwei Stolpersteine an das Schicksal von Carl und Hilde Spier erinnern.

Marianne Spier-Donati kann sich nur vage an den oft abwesenden Vater erinnern, der ihr, wie sie in ihren Erinnerungen schreibt, nie so

Die Redaktion der „Kölnischen Illustrierten Zeitung“, in der Mitte Hilde Spier, undatiert
NS-DOK Köln, N 22342,4 / Familienbesitz

nahe gestanden habe wie die geliebte Mutter. „Noch spüre ich die Verstimmung, die mich erfasste, wenn mein Vater heimkam, das Radio einschaltete oder die Zeitung las und seelenruhig auf sein Essen wartete, während meine Mutter tagaus, tagein mit unvergleichlicher Ausdauer aktiv war.“ Auch den Vater sieht Marianne Spier-Donati nach jenem 29. August 1942 in Nizza nicht wieder. Carl Spier kommt Anfang 1945 auf einem Todesmarsch zwischen dem Auschwitz-Außenlager Blechhammer und dem Konzentrationslager Groß-Rosen zu Tode.

Das junge Paar spricht schon bald von Hochzeit, doch Bernhard Wolff reagiert verhalten auf die Zukunftspläne seiner einzigen Tochter. „Damals kam es natürlich nicht infrage, dass eine wohlsituierte junge Frau einen Mann ohne feste Stellung heiratete“, schildert Marianne Spier-Donati den Beginn eines jahrelangen Konflikts zwischen Vater und Tochter. Selbst als Carl Spier sein Studium erfolgreich beendet hat, verweigert Bernhard Wolff dem Paar seine Zustimmung. Erst nach einem Selbstmordversuch Hildes gibt er nach: Am 23. Juli 1927 kann – endlich, endlich – die langersehnte Hochzeit stattfinden.

Dennoch sollen drei weitere Jahre vergehen, ehe die Eheleute einen gemeinsamen Hausstand gründen. Kurz nach der Hochzeit bekommt

Hilde Spier in ihrem Redaktionsbüro bei der „Kölnischen Illustrierten Zeitung", um 1926
NS-DOK Köln, N 2342,45 / Familienbesitz

Carl Spier eine Anstellung als Prokurist bei einem der größten Schuhfabrikanten Deutschlands, und zieht nach Erfurt. Die Schuhfabrik Lingel beschäftigt mehr als 2000 Mitarbeiterinnen und Mitarbeiter und produziert rund zwei Millionen Schuhe pro Jahr – besser kann es kaum laufen für den Berufsanfänger. Drei Jahre später sitzt Carl Spier bereits in der Vorstandsetage des Unternehmens, 1931 firmiert er als Fabrikdirektor im Erfurter Adressbuch.

Hilde Spier bleibt zunächst in Köln, man sieht sich selten. Seit einem Jahr arbeitet sie als Redakteurin bei der Kölnischen Illustrierten Zeitung (KIZ), einem wöchentlich erscheinenden Journal aus dem Verlagshaus M. DuMont Schauberg. Seniorchef Alfred Neven DuMont (1868 bis 1940) hatte das ehrgeizige Produkt 1926 aus der Taufe gehoben. Hergestellt wird es im noblen Tiefdruckverfahren auf einer nagelneuen Druckmaschine in der Breite Straße 62–78, wo das alteingesessene Kölner Zeitungshaus seit 1847 seinen Sitz hat.

20 Pfennig kostet die KIZ, doppelt so viel wie die Abendausgabe der täglich erscheinenden Kölnischen Zeitung. Die Redaktion gilt hausintern als exklusiv, der Inhalt – Witze, Rätsel, ambitionierte Fotostrecken und Reportagen – als abgehoben. „Die Herren hielten sich weit entfernt

von crime and sex“, schreibt der Kölner Journalist Kurt Weinhold in seiner 1969 erschienenen Chronik „Die Geschichte eines Zeitungshauses“.

Hilde Spier, die einzige Frau im Redaktionsteam, bedient vor allem die Interessen der weiblichen Leserschaft. Ihre Themen sind Design, Haute Couture und die aktuelle Bademode: „Schmale, helle Gürtel, ein gemustertes Oberteil zum schlanken, schwarzen Höschen.“ Hinzu kommen launige Geschichten aus aller Welt, sei es über einen obskuren Frauenwettbewerb in England oder die Eröffnung eines deutschen Flugdienstes in Teheran. Als am 4. September 1927 die nicht minder aufwendig gestaltete Sonntagsbeilage „Mode und Kultur“ an den Start geht, zeichnet Hilde Spier für den Kulturbereich verantwortlich.

Anfang 1930 zieht auch sie nach Erfurt. Dort wird am 31. März Tochter Marianne geboren. „Möge für das Kind eine bessere Zeit kommen als die unsrige“, wünscht ihr ehemaliger Professor Friedrich von der Leyen dem „lieben Wölfchen“ nach der Niederkunft. Auch die Ex-Kollegen aus Köln gratulieren der „lieben Frau Doktor“ zum „Frühling Ihres jungen Mutterglücks“. Nicht zuletzt Alfred Neven DuMonts Sohn Kurt, der 1927 in die Verlagsleitung eingetreten ist, erlaubt sich, „Ihnen und Ihrem Gatten zu der glücklichen Geburt Ihrer Tochter“ die herzlichsten Glückwünsche auszusprechen.

Und noch ein Glückwunsch kommt aus Köln. Großmutter Emma Hochfeld schickt der neugeborenen Enkelin ein silbernes Löffelchen, das Carl gehört hat. Ein schlechter Esser sei der als Kind gewesen, vertraut sie in einem beiliegenden Brief der erst wenige Tage alten Enkelin an. „In dieser Beziehung hat er mir viele Sorgen gemacht.“ Sorgfältig bewahrt Emma Hochfeld bis zu ihrem Tod im Juli 1936 jede nur denkbare Erinnerung an den Sohn auf: „Alles, was er schrieb, womit er sich beschäftigte, ist heute noch für mich ein Heiligtum, das ich mir in einsamen Stunden hole, um all die herzlichen Erinnerungen zu haben.“

Die Familie hat eine Wohnung in der Friedrichstraße 1 gefunden, der heutigen Straße des Friedens. „Wir bewohnten ein herrliches Haus in guter Wohnlage“, erinnert sich Marianne Spier-Donati, die in den 1990er-Jahren für einen kurzen Besuch in ihre Geburtsstadt zurückkehrte. „Es lag im Grünen, hatte einen großen Park, an dem sich gemächlich ein kleiner Flussarm entlangschlängelte.“ Die Familie teilt sich die stattlichen Fachwerkvilla mit zwei alleinstehenden Damen. In einer der Etagen hat Max Peinert, ein Facharzt für Haut- und Harnkrankheiten, seine Praxis.

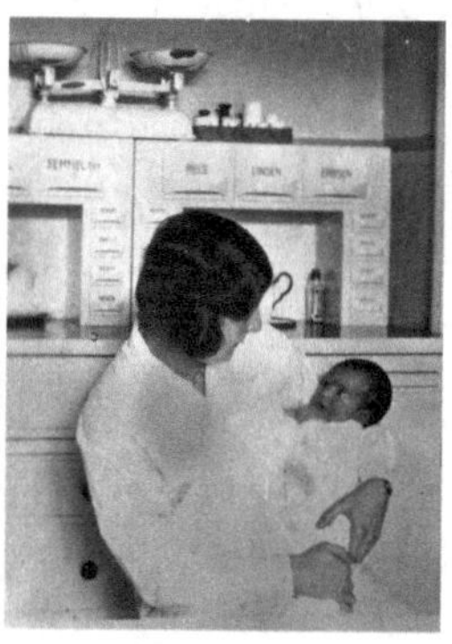

Hilde Spier in Erfurt mit Tochter Marianne, 1930
NS-DOK Köln, N 2342,26 Nr. 1

Villa Straße des Friedens 1, ehemaliges Wohnhaus der Famile Spier mit Denknadel zum Andenken an Carl und Hilde Spier
Wikimedia / Geolina163 / CC BY-SA 4.0

Hilde Spier trauert Köln und ihrer Arbeit im Verlagshaus in der Breite Straße nicht nach. Am 29. März 1932 wird Sohn Rolf geboren, und sie geht ganz auf in der Erziehung der beiden Kinder. „Am liebsten tummelten wir uns auf der Terrasse, wo meine Mutter uns unablässig beim Spielen und den kleinen Alltagsbeschäftigungen knipste." Die Bilder füllen mehrere Fotobände, die Marianne Spier-Donati noch im hohen Alter wie ihren Augapfel hütet.

Mit der Machtübernahme der Nationalsozialisten endet für die junge Familie die Phase sorgenfreier Unbeschwertheit. Auch in Erfurt ändert sich die politische Stimmung radikal. Im April 1933 wird auf einem Fabrikgelände in der Feldstraße 18 ein erstes sogenanntes Schutzhaftlager errichtet. Mehrere Gefangene kommen zu Tode, darunter der 88 Jahre alte jüdische Kaufmann und Widerstandskämpfer Waldemar Schapiro, den Spaziergänger erschlagen im Wald finden.

Hilde und Carl Spier reagieren zügig auf die politische Entwicklung in Deutschland. Zwei jüdische Familien aus ihrem Erfurter Bekanntenkreis sind bereits nach England geflohen, eine dritte will nach Palästina auswandern. Sie selber verlassen Deutschland im Dezember 1935 Richtung Belgien, wo Hildes Halbbruder lebt. Ernst Wolff ist im August 1933 nach Antwerpen gezogen und seit einigen Monaten mit Amalie Fendler, einer Jüdin aus Krakau, verheiratet. Der Onkel habe in Antwerpen ein

Tapetengeschäft gehabt, erinnert sich Marianne Spier-Donati. Ein Foto aus den Akten der belgischen Fremdenpolizei zeigt einen ernst aussehenden jungen Mann mit dunklen Haaren und einem Grübchen am Kinn. Auch Ernst Wolff wird den Holocaust nicht überleben.

Die vierköpfige Familie braucht ein halbes Jahr, um in Belgien eine adäquate Bleibe zu finden. Unterlagen des Holocaust-Dokumentationszentrums Kazerne Dossin im belgischen Mechelen belegen ihre Ankunft in Antwerpen am 20. Dezember 1935. Im Januar 1936 folgt ein erster Umzug in das Nordseebad Knokke, am 25. Juli ein zweiter nach Ixelles bei Brüssel, wo sie fast vier Jahre bleiben wird.

„Freude und Glück herrschten im Haus", schildert Marianne Spier-Donati eine Zeit der Ruhe und des Friedens. Unvergessen die Ankunft der Möbel in der Rue Jules Lejeune 55, einem schmalen, rot verklinkerten Backsteinhaus mit Sprossenfenstern, das noch heute dort steht. „Ich weiß noch, wie aufgeregt ich war, und mit welcher Freude ich mein Schaukelpferd mit seinem schwarz-glänzenden Seidenfell begrüßte." Auch die Geige des Vaters, die seit vielen Jahren in ihrem Pariser Schlafzimmer steht, die Fotoalben, die Tagebücher und Zeitungsartikel der Mutter stecken in den Umzugskisten.

Man arrangiert sich mit dem Leben im Exil. Carl Spier arbeitet als Berater in Wirtschafts- und Organisationsfragen, die Kinder besuchen eine nahe gelegene Schule und „gehen sehr schnell dazu über, Französisch zu sprechen". Auch Bernhard und Ella Wolff haben Köln inzwischen verlassen und sind bei der Tochter in Ixelles eingezogen. Haus und Praxis in der Bismarckstraße 3, wo die Familie Wolff mehr als zwei Jahrzehnte wohnte, sind an einen Chefarzt am Kölner Franziskus-Hospital verkauft.

Oft kommt Besuch ins Haus, Flüchtlinge aus Deutschland, wie Marianne Spier-Donati im Nachhinein vermutet. Als Kind vermag sie die Ereignisse nicht einzuordnen. Eisern schweigen die Erwachsenen über die Vorgänge in Deutschland, und so fragt sich die Tochter noch Jahrzehnte später, was die Eltern „bei den dramatischen Nachrichten aus dem Land, dem sie entflohen waren, wohl gedacht haben mögen. Wie hatten sie auf die Pogromnacht und die anschließenden Plünderungen und Pogrome reagiert? Wie auf den Anschluss, als die Wehrmacht in Österreich einmarschierte? Und warum, warum nur sind sie nicht auf die alarmierenden Nachrichten hin nach England oder Amerika gegangen, wo sie Verwandte hatten?"

Am 9. April 1939 stirbt Hildes Stiefmutter Ella. Aus der strahlenden jungen Braut, die Bernhard Wolff 33 Jahre zuvor geheiratet hat, ist eine verhärmte Frau mit müden Augen geworden. Sie wird in Ixelles bestattet, Bernhard Wolff, zum zweiten Mal verwitwet, zieht zu seinem Sohn nach Antwerpen. Ernst Wolff ist bereits wieder geschieden, die Verbindung mit Amalie hat nicht einmal drei Jahre gehalten. Familie Spier wechselt ein weiteres Mal die Adresse. Am 1. April 1940, knapp sechs Wochen vor dem Einmarsch der deutschen Truppen in Belgien, ziehen Carl und Hilde Spier mit den Kindern in die Chaussée de Waterloo 773 im Brüsseler Stadtteil Uccle. Marianne Spier-Donati hat noch einen „herrlichen Spaziergang" mit dem Vater im Wald von Cambre am 9. Mai 1940 im Gedächtnis. „Wir spielten Ball, amüsierten uns nach Herzenslust, lachten und waren selig, und ich spüre noch heute, wie mich damals ein so intensives, fast grenzenloses Glücksgefühl durchströmte, dass mich urplötzlich eine rabenschwarze Angst erfasste und die Ahnung, dass ein so großes Glück nicht von Dauer sein könne." Marianne soll Recht behalten. Am nächsten Morgen wird Belgien von der deutschen Wehrmacht überrannt – der Westfeldzug hat begonnen.

Wie viele jüdische Emigranten aus Deutschland und Österreich wird Carl Spier einen Tag später von der belgischen Polizei als potenzieller Feind des Landes verhaftet. Tagelang wartet die Familie vergebens auf ein Lebenszeichen. Endlich steckt eine Postkarte von ihm im Briefkasten. Carl Spier ist im Gefängnis von St. Gilles bei Brüssel inhaftiert. Ihm gehe es gut, schreibt er. Allerdings wisse er nicht, wie die Belgier mit ihm zu verfahren gedächten. Er glaube aber, dass er in Kürze nach Frankreich abgeschoben werde.

So geschieht es denn auch. Noch im selben Monat wird er in das Internierungslager St. Cyprien an der französischen Mittelmeerküste verschleppt, wo er seinen Schwager wiedertrifft. Ernst Wolff ist ebenfalls kurz nach dem Einmarsch der deutschen Truppen verhaftet und nach St. Cyprien abgeschoben worden. Fast 90 000 Menschen – vorwiegend Juden und Franco-Flüchtlinge aus dem nahen Spanien – halten die Franzosen zwischen 1939 und 1940 in den eilig in den Sand gebauten Baracken gefangen.

Auch Hildes Vater musste Belgien verlassen. Bernhard Wolff verbringt zunächst einige Tage in einem Gefängnis in Brügge, dann setzen ihn die belgischen Behörden in einen Bus Richtung Frankreich, wo sich seine Spur verliert. Jahre später erfährt Marianne Spier-Donati, dass der Großvater noch während der Fahrt verstarb. Bei der Ankunft in Frankreich habe der 66-Jährige tot im Mittelgang gelegen, erzählt ihr ein Mitreisender. War es ein Herzinfarkt? Vielleicht ein Selbstmord? „Als Arzt hätte er durchaus die Möglichkeit dazu gehabt." Bernhard Wolff wird in Lille in einem Gemeinschaftsgrab beerdigt, sein Gepäck, ein kleiner Koffer, bleibt verschwunden. „Das also war das traurige, anonyme Ende eines deutschen Arztes, dessen einziger Fehler es war, Jude zu sein." Sie denke oft an den Großvater, erzählt die Enkelin in ihrer Biografie. „An seine Angst, die er verspürt haben muss, als er in aller Hast seinen Zufluchtsort Belgien verlassen und, seine dürftige Habe in einem Köfferchen an sich gepresst, ins Unbekannte fliehen musste."

Hilde Spier ist ebenfalls auf dem Weg nach Frankreich. Ihr belgisches Zuhause ist verloren. In der Chaussée de Waterloo 773 in Brüssel hat sich die Gestapo eingerichtet. Gemeinsam mit einer Freundin flieht sie mit den Kindern zunächst per Auto in das hoffnungslos überfüllte Dünkirchen und anschließend weiter Richtung Südfrankreich. Fast ihr gesamter Besitz bleibt zurück in Brüssel. Erst nach Kriegsende werden Marianne Spier-Donati und ihr Bruder einiges davon wiederbekommen.

Hilde, Rolf und Marianne Spier sind Teil eines gewaltigen Trecks, der sich in diesen Wochen durch Frankreich wälzt. Die damals zehnjährige Marianne erinnert sich noch an „die sich weiterschleppenden Menschen, die weinenden Kinder, die überladenen, von ausgemergelten Pferden oder Maultieren gezogenen Karren und die wenigen Autos, deren wildes Gehupe ihnen auch nicht weiterhalf". Auf einer Straße kurz vor Bordeaux ist ihre Flucht zu Ende. „Ein Polizist sagte uns, wir müssten uns nach Gurs in der Nähe von Pau begeben. Alle Ausländer müssten das dortige Lager aufsuchen."

Das Internierungslager diente ursprünglich der Unterbringung politischer Flüchtlinge aus Spanien. Inzwischen wohnen in den unbeheizten Holzbaracken Tausende vorwiegend deutsche und österreichische Jüdinnen und Juden, die allein aufgrund ihrer Staatsangehörigkeit als mögliche Spione verdächtigt werden. „Wie vordem schon die belgischen Behörden scherte sich auch die französische Verwaltung nicht im Geringsten daran, ob es sich um Gegner Frankreichs, also Hitler freundlich gesonnene Deutsche, oder aber von Deutschland verfolgte

Exilanten handelte", schreibt Marianne Spier-Donati. Bis zu 60 Personen teilen sich eine Baracke, die Mahlzeiten werden in großen Kübeln vor die Hütten gestellt.

Erst im Juli dürfen Hilde Spier und die Kinder das Camp de Gurs verlassen und nach St. Cyprien übersiedeln, wo Carl Spier und Ernst Wolff interniert sind. Dort beziehen sie ein kleines Fischerhaus mit nur einem Bett, das sie sich teilen. „Wir machen eine fast unerträgliche Zeit durch", schildert Hilde ihre Situation in einem Brief an Verwandte in den USA. „Außer dem Allernötigsten, was bestenfalls für ein paar Monate ausreicht, haben wir alles verloren, Kleider haben wir praktisch keine, ich konnte nur einen kleinen Koffer mitnehmen." Der einzige Trost: Carl Spier darf seine Familie regelmäßig besuchten und manchmal sogar in dem Fischerhaus übernachten.

Ende Oktober wird die Familie ein weiteres Mal getrennt. Eine verheerende Überschwemmung macht das Lager über Nacht unbewohnbar, und die Bewohner werden in aller Eile nach Gurs evakuiert. „Ironie des Schicksals", schreibt Hilde Spier in einem weiteren Brief nach Übersee. „Nun wurde uns das Letzte geraubt, was uns in unserem Unglück verblieben war, das Beisammensein." Nur ein Visum „für jenseits des Ozeans" könne sie jetzt noch retten. „Und auch das nur, wenn es schnell kommt. Es geht um unser Leben."

Erst Wochen später ist die Familie wieder vereint. Carl Spier ist überraschend nach Meillon, ein Dorf in der Nähe von Gurs, verlegt worden, wo bereits Hunderte jüdische Flüchtlinge zwangsweise untergebracht sind. Hilde Spier zieht mit den Kindern hinterher und versucht, das Beste aus der Situation zu machen. Marianne Spier-Donati hat bis heute die Gespräche der Mutter mit einem Exilanten über französische Literatur im Ohr. „Ich sehe noch, wie sie gemeinsam Cyrano von Bergerac rezitierten. Fasziniert hörte ich ihnen zu, tief beeindruckt von der wohlklingenden Stimme meiner Mutter. Ebenso erstaunte mich ihr wortgetreues Erinnerungsvermögen in einer Sprache, die ja nicht ihre Muttersprache war."

Im Februar 1941 schließlich erhält Carl Spier die Erlaubnis, nach Cap D'Ail überzusiedeln, wo ihm Walter Mayer, ein Bekannter aus Köln, eine Bleibe angeboten hat. Der kleine Küstenort an der Grenze zu Monaco liegt in der sogenannten freien Zone, die in den letzten Monaten zum Zufluchtsort von Zigtausenden jüdischen Flüchtlingen geworden ist. Frankreich ist seit dem Waffenstillstand von Compiègne am 22. Juni 1940 in ein besetztes und ein unbesetztes Gebiet unterteilt, und auch das Ehepaar Spier hofft auf den Schutz der Vichy-Regierung und ihres Staatschefs Philippe Pétain.

Das Dorf liegt malerisch am Fuß des steil aufragenden Tête de Chien und hat kaum 2000 Einwohner. „Die Gegend war bezaubernd, die Bedrohungen rückten in die Ferne. Es war, als hätten wir das Glück wiedergefunden", schwärmt Marianne Spier-Donati von ihrer neuen Heimat. „Wir gingen sogar in die Schule, mein Bruder und ich, und sangen mit den anderen Kindern ‚Maréchal, nous voilà" – hier sind wir, Marschall –, ein Lied zu Ehren Marschall Pétains. Noch in den letzten Wochen des Zusammenseins habe die Mutter sie mithilfe von Franz Schuberts Sinfonie „Die Unvollendete" für klassische Musik begeistert, schreibt sie 2020 in einer Mail.

Auch Hilde Spier atmet auf. „Ich bin glücklich, dass wir wieder unter menschenwürdigen Umständen leben können", lässt sie ihre Freunde wissen. Andere Briefe erzählen von Angst, Verzweiflung und großer finanzieller Not. „Ich habe keinerlei Hoffnung mehr", gesteht sie ihrer langjährigen Kölner Freundin Trude Ichenhäuser, der Ende 1939 die Flucht in die USA gelungen ist (siehe Kapitel Max Ichenhäuser). „Ich bin so müde von all den Kämpfen, und allein der Gedanke an die Kinder hält mich am Leben." Carl ist inzwischen auf 58 Kilo abgemagert, die Folge einer eklatanten Mangelernährung in den verschiedenen Lagern. „Ich mache mir große Sorgen um ihn", fährt Hilde in ihrem Brief an die Freundin fort. „Er kann kaum noch aufstehen, aber es ist unmöglich, ihn ausreichend zu ernähren."

Verzweifelt bemühen sich Carl und Hilde Spier um Affidavits, um die Zusage eines amerikanischen Staatsbürgers also, die Flüchtlinge nach ihrer Ankunft in den USA finanziell zu unterstützen. Aber alle Versuche, über Bekannte und Verwandte an die lebenswichtigen Papiere zu kommen, scheitern. Auch Trude und Max Ichenhäuser bemühen sich vergeblich, den Freunden zu helfen. Zwar gelingt es ihnen, 1941 Affidavits für die vierköpfige Familie zu besorgen, doch neue Visa-Bestimmungen machen eine Ausreise in die USA schier unmöglich. „Vor vier Wochen wurden neue Vorschriften erlassen, nach denen nur das State Department in Washington über die Beschaffung von Visa entscheiden kann", schreibt Carl Spier im Juli 1941 an Trude Ichenhäuser. „Der permanente Druck und die schlaflosen Nächte machen einen schier verrückt. Wir fragen uns, ob unsere Kinder wohl einmal in einem Land

Familie Spier auf der Uferpromenade in Cap d'Ail, August 1942
NS-DOK Köln, N 2342,14 / Familienbesitz

aufwachsen werden, wo sie nicht durch Nationalismus oder Rassismus behindert werden."

Ein Jahr später hat Carl Spier alle Hoffnung auf Rettung aufgegeben. „Unsere Auswanderung kommt keinen Schritt voran", schreibt er. „Wir sehen keinen Ausweg mehr, sondern nur noch stetigen Niedergang und ein bitteres Ende. Wir machen uns keine Illusionen. Der Krieg kann noch Jahre dauern. Wir können nicht emigrieren, und unsere Mittel neigen sich dem Ende zu. Wenn ich doch wenigstens für meine Frau und die Kinder Unterschlupf fände. Aber auch das wird nicht gehen."

Ein letztes gemeinsames Foto vom August 1942 zeigt die vierköpfige Familie auf der Uferpromenade von Cap D'Ail. Hilde Spier trägt darauf jenes bunte Sommerkleid, das sich der Tochter bis heute ins Gedächtnis eingebrannt hat. Das Gesicht der 41-Jährigen ist gezeichnet von Kummer und Hoffnungslosigkeit, und auch Carl Spiers Miene wirkt, so beschreibt es Marianne Spier-Donati, „schwermütig, verdüstert, wie erstarrt".

Den Eltern und ihren beiden Kindern bleiben nur noch wenige gemeinsame Tage. In den Morgenstunden des 26. August 1942 werden sie von französischen Gendarmen aus dem Schlaf gerissen und in eine

Kaserne bei Nizza abtransportiert. Eine Stunde bleibt ihnen, um das Nötigste zu packen. „Meine Mutter stopfte irgendwelche Kleidungsstücke in einen Koffer und riss hastig ein paar Fotos aus ihren Alben." Marianne steckt einige besonders schöne Stücke ihrer Briefmarkensammlung ein – „in der naiven Hoffnung, sie seien etwas wert und ich könnte sie verkaufen, um unserer Mutter zu helfen".

Mehr als 6500 jüdische Emigranten aus Deutschland und Österreich werden in dieser Nacht in den 40 Departements der freien Zone von der Vichy-Polizei verhaftet und anschließend weitergeschickt in die Vernichtungslager der Nazis. Auch Hildes Bruder Ernst Wolff ist unter ihnen. Er wird am 7. September 1942 von dem berüchtigten Sammel- und Durchgangslager Drancy bei Paris nach Auschwitz deportiert und ermordet.

Insgesamt werden innerhalb von nur acht Tagen 5259 Jüdinnen und Juden an die Gestapo ausgeliefert. Hinzu kommen mehr als 4600 Personen, die bereits zwischen dem 7. und dem 25. August 1942 nach Drancy gebracht worden sind. Für die Flüchtlinge in der freien Zone habe die Operation die schreckliche Gewissheit gebracht, dass sich das offizielle Frankreich im Auftrag der Nazis und in enger ideologischer Verbundenheit mit ihnen der Verfolgung ausländischer Juden hingegeben habe, schreibt der französische Historiker Serge Klarsfeld. Sein fremdenfeindlicher Antisemitismus habe den Vichy-Staat zum Helfershelfer des Dritten Reichs werden lassen.

Vier Tage verbringen Hilde und Carl Spier mit ihren Kindern in der Auvare-Kaserne in Nizza, wo inzwischen fast 1000 ausländische Gefangene festgehalten werden. Das Ehepaar macht sich keine Illusionen über sein weiteres Schicksal. Verzweifelt wendet sich Hilde Spier in mehreren Briefen an Ilse Sacerdoti, eine entfernte Kölner Verwandte, die mit ihrem italienischen Mann Piero Sacerdoti in Argentière in den französischen Alpen lebt. Ilse möge alles tun, um die Kinder zu retten.

Verzweifelt starten die Eltern einen letzten Versuch, um der drohenden Deportation doch noch zu entgehen. Carl Spier provoziert mithilfe einer Krankenschwester durch eine Überdosis Tabletten Herzrhythmusstörungen. Die Mutter habe eine Nierenkrankheit vorgetäuscht, indem sie den Harn verhalten habe, schreibt Marianne Spier-Donati. „Ein Krankenwagen nahm meinen Vater mit, und meine Mutter wurde in dem Kleid von dem Foto, das mir noch jetzt im Gedächtnis haftet, auf einer Trage weggetragen. Es war mein letztes Bild von ihr."

Auch die Einweisung in das Pasteur-Krankenhaus in Nizza vermag das jüdische Ehepaar nicht zu retten. Zumindest Sohn und Tochter wissen Carl und Hilde Spier in Sicherheit. Ein französischer Beamter hatte ihnen noch in der Kaserne zugesichert, dass man die Kinder verschonen und an einen sicheren Ort bringen werde. Der Mann hält Wort. Wenige Stunden nach dem Abtransport der Eltern nimmt sich eine jüdische Hilfsorganisation der verstörten Geschwister an und quartiert sie bis auf Weiteres in ihrem Vereinshaus ein.

Am 31. August werden Carl und Hilde Spier mit 558 weiteren Gefangenen von Nizza nach Drancy verschleppt. Auf dem Weg in das Transitlager wirft Hilde auf dem Bahnhof von Marseille eine letzte Nachricht an die Verwandten in Argentière aus dem Zug: „Ilse, alles ist zu spät. Wir sind im Waggon mit unbekanntem Ziel. Ich konnte die Kinder retten, sie sind in Cap D'Ail. Setz dich sofort mit ihnen in Verbindung, versuche durch die Hicem (die jüdische Auswanderungshilfsorganisation, Anm. d. Verf.) zu erfahren, wo wir sind. Mein Schmerz um die Kinder ist grenzenlos, und doch weiß ich sie lieber fern als im Elend. Nimm dich ihrer an, berate sie, sorge, dass sie in die Schweiz, lieber noch nach Amerika kommen. Es ist meine letzte Bitte und ein Vermächtnis. Säume nicht, leb wohl." Carl Spier hat einige Zeilen angefügt: „Ich bin noch bei Hilde und helfe ihr, so gut es geht. Gott schütze euch. Stets Euer Carl."

Die Karte bleibt das letzte Lebenszeichen von Hilde und Carl Spier. Am 2. September um 8.55 Uhr werden sie zusammen mit rund 1000 jüdischen Gefangenen vom Bahnhof Bourget-Drancy nach Auschwitz-Birkenau abtransportiert. Konvoi 27, dem bis zum August 1944 noch 47 weitere Todestransporte folgen, braucht zwei Tage für die Fahrt in das Vernichtungslager. Dort verliert sich die Spur von Hilde Spier. Vermutlich gehört sie zu den 877 Männern und Frauen, die sofort nach der Ankunft vergast werden.

Carl Spier arbeitet nach Auskunft des Holocaust-Dokumentationszentrums Kazerne Dossin bis 1944 in einer schlesischen Schuhfabrik. Er stirbt zwischen dem 20. Januar und dem 3. Februar 1945 auf einem Todesmarsch von Blechhammer, einem Außenposten von Auschwitz, in das niederschlesische KZ Groß-Rosen. Insgesamt überleben nur 30 der Deportierten von Transport 27 den Holocaust.

Marianne und Rolf werden von Angelo Donati, einem italienischen Diplomaten und engen Verwandten von Ilse Sacerdotis Ehemann

Angelo Donati (Mitte) und das Ehepaar Ilse und Piero Sacerdoti *NS-DOK Köln, N 1564 / Familienbesitz*

Piero, adoptiert. Ilse hatte ihn um Hilfe gebeten, nachdem Hilde Spiers verzweifelte Briefe aus Nizza bei ihr eingetroffen waren. Die Geschwister überleben den Krieg versteckt in einem kleinen Dorf in den ligurischen Alpen und siedeln nach Kriegsende mit ihrer Adoptivfamilie nach Paris über.

„Ich beklage auf immer die Toten", schreibt Marianne Spier-Donati im Schlusswort ihrer Memoiren. „Aber ich bin tausende Male dem Tod entronnen. Trotz der klaffenden Wunden, der niemals heilenden Brüche, der immer wieder aufbrechenden Narben, trotz aller Verwundbarkeit, allgegenwärtigen Anfälligkeit und stets wachen Empfindsamkeit hat dies in uns, den Entronnenen, einen unstillbar wilden Hunger auf Leben entfacht. Nicht anders, zu meinem Glück, ist es auch mir ergangen."

Deportationen aus dem Ausland in die Vernichtungslager

Nach der Machtübernahme Adolf Hitlers am 30. Januar 1933 verlassen schätzungsweise 200 000 bis 300 000 Jüdinnen und Juden Deutschland. Der Großteil sucht Schutz in den Nachbarstaaten, in den Niederlanden, Belgien, Großbritannien, Frankreich und der Schweiz. Nach dem Einmarsch der deutschen Wehrmacht in Luxemburg, Belgien und den Niederlanden am 10. Mai

1940, der den Beginn des Westfeldzugs markiert, werden Zigtausende als potenzielle Feinde und Spione verhaftet und in französische, belgische und niederländische Internierungslager wie die Kazerne Dossin im belgischen Mechelen und das sogenannte Polizeiliche Judendurchgangslager im holländischen Westerbork verschleppt.

Eines der größten Lager in Frankreich ist das Camp de Gurs nördlich der Pyrenäen. Es wurde bereits im April 1939 errichtet und diente zunächst der Kasernierung republikanischer Soldaten, die aus Franco-Spanien geflohen waren. Im Mai 1940 werden dort etwa 10000 Deutsche und Österreicher interniert, darunter viele jüdische Gefangene. Im Oktober 1940 deportieren die deutschen Behörden zusätzlich die gesamte jüdische Bevölkerung aus Baden und der Pfalz nach Gurs, insgesamt rund 7500 Menschen. Im August 1942 beginnt das dunkelste Kapitel in der Geschichte des Camp de Gurs: Von hier aus werden über das Lager Drancy etwa 3000 jüdische Gefangenen in die Vernichtungslager Auschwitz-Birkenau und Sobibor deportiert.

Stolperstein Heinrich Hubert Malmedy, Salzgasse 9 (Foto: Karin Richert)

Karin Richert

„Das sind Staatsfeinde“

Heinrich Hubert Malmedy, 1887 geboren in Mülheim am Rhein. Verfolgt als Homosexueller. Stigmatisiert als asozial. 1945 ermordet im Konzentrationslager Dachau.

Salzgasse 9

Es ist Christi Himmelfahrt, der 18. Mai 1944. Der Tag, an dem Jesus Christus vor den Augen seiner Jünger in den Himmel erhoben wurde. Heinrich Hubert Malmedy verbringt den Feiertag im Wartesaal des Kölner Hauptbahnhofs. Der 57-Jährige ist obdachlos und ohne Arbeit, ein schmächtiger, vom Leben gezeichneter Mann, der hochschreckt, als eine Polizeistreife nach seinen Papieren fragt.

Nur wenige Minuten später wird Heinrich Malmedy als „Asozialer“ von zwei Polizeibeamten abgeführt. Die nächsten Stunden verbringt er im Polizeipräsidium in der Krebsgasse, bis er gegen Abend in das Polizeihilfsgefängnis in Köln-Deutz überführt wird. Am 30. Mai schließlich ordnet die Kripo Köln seine Überstellung in ein Konzentrationslager an. Und besiegelt damit das Todesurteil des „Asozialen“. Sieben Monate und zwei Wochen nach seiner Festnahme stirbt Heinrich Malmedy im Konzentrationslager Dachau. Offizielle Todesursache: Enterocolitis. Schwere Darmentzündung.

Hinter dem 57-Jährigen liegt an diesem 31. Januar 1945, seinem Todestag, ein Leben an den Grenzen der Legalität, geprägt von Armut, kleinen Betrügereien und nicht zuletzt bestimmt durch eine sexuelle Orientierung, die ihn in den Augen der Nationalsozialisten zum „Volksfeind“ und potenziellen Kriminellen macht. Heinrich Malmedy ist homosexuell.

Geboren wird er am 9. Februar 1887 im rechtsrheinischen Mülheim als Sohn von Elisabeth Runkel und Hubert Malmedy. Geschwister sind nicht bekannt. Die katholische Arbeiterfamilie lebt seit Generationen in Mülheim am Rhein, einem aufstrebenden Industrieort mit mehr als 50000 Einwohnern und zahlreichen Samt- und Seidenwebereien

Noch liegt die Eingemeindung nach Köln in weiter Ferne. Erst 1914 soll aus der selbständigen Stadt der Stadtteil Köln-Mülheim werden.

Zu Heinrich Malmedys Vorfahren gehören Tagelöhner, Seidenweber und Kappenmacher. Sein Vater Hubert ist Fabrikarbeiter, er selber gibt als Beruf Händler, später Hausdiener an. Zu mehr als ein paar Jahren Volksschule hat es nicht gereicht. Das jedenfalls geht aus den Akten der Kripo Köln hervor. Von einer Berufsausbildung ist darin nicht die Rede.

Wann der Heranwachsende realisiert, dass er sich sexuell zu Männern hingezogen fühlt, lässt sich nur vermuten. Mit 20 Jahren habe er sein erstes homosexuelles Erlebnis gehabt, gibt er 1938 bei einem Verhör durch einen Sonderermittler der Kölner Kriminalpolizei an. Doch er habe durchaus auch mit Frauen Verkehr gehabt.

Sich offen zu seiner homosexuellen Veranlagung zu bekennen, dürfte auch in Malmedys Jugend keine Option gewesen sein. Sexuelle Beziehungen zwischen Männern sind im Deutschen Kaiserreich ein Tabuthema. Seit am 15. Mai 1871 der Paragraf 175 des Reichsstrafgesetzbuchs in Kraft getreten ist, wird die „widernatürliche Unzucht zwischen Personen männlichen Geschlechts" mit Gefängnis bestraft. Auch könne auf Verlust der bürgerlichen Ehrenrechte erkannt werden. Gleichgeschlechtliche Beziehungen von Frauen hingegen bleiben straffrei.

Die Berliner Polizei hatte bereits 1869, zwei Jahre vor der Verabschiedung des Gesetzes, begonnen, die Namen schwuler Männer zu erfassen. Inzwischen existieren entsprechende Listen auch in Köln und Düsseldorf. Wer darin als „homosexuell verdächtig" registriert ist, gilt als potentieller Krimineller und steht unter besonderer Beobachtung der Polizei. Wie schwer es ist, daraus gestrichen zu werden, muss in den 1890er-Jahren ein Kölner Kaufmann erfahren. Albert Mertés kämpft mehr als zwölf Jahre darum, dass sein Name nicht mehr auf den Schwulen-Listen der Kölner und Düsseldorfer Polizei auftaucht.

Gleichzeitig formiert sich Ende des 19. Jahrhunderts eine selbstbewusste Homosexuellenszene, die ihre Belange offensiv in die Öffentlichkeit trägt. 1896 gründet der Journalist Adolf Brand die Literaturzeitschrift „Der Eigene" und entwickelt sie innerhalb von zwei Jahren zum Sprachrohr der deutschen Schwulenszene.

1897 ruft der Berliner Arzt Magnus Hirschfeld mit dem „Wissenschaftlich-humanitären Komitee" die weltweit erste Homose-

DER EIGENE

ZEITSCHRIFT FÜR FREUNDSCHAFT UND FREIHEIT

EIN BLATT FÜR MÄNNLICHE KULTUR

HERAUSGEBER ADOLF BRAND

Erscheint jeden Freitag
Nummer 9 | Jahrgang VIII

BERLIN NW. 6, Am Zirkus 12a

Preis der Nummer 2 Mark
/ / 26. November 1920 / /

Kultur und Homosexualität

Von Otto Fischer

Im Kampfe um die Befreiung der Homosexuellen von alten vorsintflutlichen Gesetzesparagraphen ist mit aller Schärfe auf die biologische Erscheinung der Inversion des Geschlechtstriebes und auf die Bedeutung dieser für die Kulturgeschichte der Menschheit hinzuweisen. Weite Kreise des Volkes, von den einfachsten Arbeitern an bis tief hinein in die Kreise der sogenanten Gebildeten, sind der Homosexualität gegenüber von den absurdesten und unsinnigsten Vorstellungen erfüllt. Die einen meinen, die Homosexualität sei eine Folge übermäßig ausgeübten Geschlechtsverkehrs, der eine Ueberreizung der Geschlechtsnerven hervorrufe und sich in der Umkehrung des Triebes äußere. Also Uebersättigung soll die Ursache sein. Schopenhauer vertritt z. B. in seinem berühmten Werke „Die Welt als Wille und Vorstellung" diesen Standpunkt. Die anderen meinen wiederum, die homosexuelle Veranlagung sei eine Krankheit und demgemäß als solche durch den Arzt zu behandeln und zu heilen. Und was sonst noch in den Köpfen der Menschen für Gedanken und Vorstellungen herumschwirren! Die neueren Forschungen und Untersuchungen von bedeutenden Männern der Wissenschaft haben nachgewiesen, daß alle bisher aufgestellten Theorien auf falschen Voraussetzungen aufgebaut sind, daß sie hinfällig sind, wenn die Inversion des Geschlechtstriebes als biologische Erscheinung im Leben der Menschheit aufgefaßt wird. Die Forschungen haben ergeben, daß die Homosexualität auf allen Kulturstufen, zu allen Zeiten, an allen Orten existiert hat und noch existiert. Sowohl unter den Naturvölkern Afrikas und Australiens, wie unter den auf höchster Kulturstufe stehenden Völkern Europas und Amerikas. Kein Land, kein Volk hat je existiert, das nicht die Liebe des Mannes zum Manne gekannt hat. Sogar im Tierreiche sind homosexuelle Akte beobachtet worden. Es wird oft der Einwurf gemacht, daß die Homosexualität speziell unter den Völkern auftritt, die dem Verfall entgegengehen, z. B. bei den Griechen und Römern. Das steht aber mit der Tatsache nicht in Einklang, daß die mannmännliche Liebe gerade unter gesunden, kräftigen und aufblühenden Völkern eine

ADOLF BRAND DEUTSCHE RASSE

Titelseite der Zeitschrift „Der Eigene" vom 26. November 1926

xuellen-Organisation ins Leben und trommelt für eine Petition zur Abschaffung des Paragrafen 175. Rund 6000 Stimmen bringen er und seine Mitstreiterinnen und Mitstreiter zusammen, wenn auch ohne den gewünschten Erfolg: Sexuelle Beziehungen zwischen Männern stehen weiterhin unter Strafe.

Auch während der Weimarer Republik bleibt der umstrittene Paragraf unverändert bestehen, doch das gesellschaftliche Klima in Deutschland hat sich verändert. Bereits kurz nach Ende des Ersten Weltkriegs gründen sich die ersten homosexuellen Freundschaftsvereine, um gemeinsam zu feiern und neue Kontakte zu knüpfen. In Großstädten wie Berlin, Hamburg und Köln entsteht in den 1920er-Jahren eine einschlägige Vergnügungsszene, in die Männer mit Heinrich Malmedys sexueller Orientierung relativ gefahrlos eintauchen können. Köln gilt schon bald als Homosexuellen-Metropole des Westens und lockt Besucher aus dem ganzen Rheinland in die Bars und Kneipen in der heutigen Altstadt. Im November 1920 feiert als erster Kölner Freundschaftsverein der „Geselligkeitsklub Harmonie" im Restaurant Dahlhaus in der Hahnenstraße sein Gründungsfest. Die „Gesellschaftsvereinigung Unter Uns" lädt in Zeitungsanzeigen zum „Ständigen Fremdenverkehr" und „Treff der besseren Damenwelt" in das Hotel zum Adler in der Johannisstraße ein.

Abends geht es hoch her in den angesagten Lokalen. „Ein Mann in einer Uniform wie ein Zollbeamter kassiert die Beiträge ein; dann geht's mitten in den Lärm hinein. Es gibt eine Weinterrasse und eine Jazzband in roten Russenhemden. Den größten Teil des Publikums bilden junge Männer mit kühnen Haartollen; viele sind geschminkt, sie tragen rosa, gelbe, himmelblaue Sporthemden und Hosen, viele Knickerbocker, einer champagnerfarbene Breeches, an die Krawatte gesteckte rote Rosen", beschreibt die Kölner Journalistin Louise Straus-Ernst alias Ernst Luart 1929 im Kulturmagazin „Der Querschnitt" eine Nacht im „Augustenhof" in der Pantaleonstraße. „Die älteren Herren sind in der Minderzahl. Einige beteiligen sich am Tanz, der fast ununterbrochen weitergeht."

Bekanntester Szene-Treff ist das 1925 eröffnete Lokal „Dornröschen" in der Friedrichstraße 15, eine kölsche Kneipe mit einem angrenzenden Festsaal, in dem Josef Johann Mumbour, ein Polsterer aus Huttrop bei Essen, als Geschäftsführer das Sagen hat. Er wird im Februar 1945, nur wenige Tage nach Heinrich Malmedy, in Dachau zu Tode kommen.

20 Pfennig kostet der Eintritt im „Dornröschen", Benutzung der – in Köln einmaligen – Tischtelefone inklusive. Junge Zigarettenverkäufer in hautengen Hosen präsentieren den Gästen weit mehr als nur die Tabakwaren auf ihren Verkaufstabletts. Eine Fünf-Mann-Band

Rheinland! Köln a. Rhein! Westfalen!
Gesellschaftliche Vereinigung: „Einigkeit Köln 1925“
Klubhaus „Zum Dornröschen“
Friedrichstr. 15 an der Weyerstr. Linie 18 ab Hauptbahnhof
Dir.: Fr. Heydmann Geschäftsführer: J. Mumbour

Karneval in Köln

Kommt alle, Freundinnen und Freunde unserer Vereinigungen.
Sämtliche Karnevalstage **durchgehend** geöffnet!
Nach Karneval Täglich: Hochbetrieb!!!
Mondäner internationaler Fremdenverkehr!
Tanz — Gesang — Stimmung — Jazzband-Kapelle
Tilla wird unterhalten!
Resi Carmen?, Tänzerinnen Stefani?

Anzeige des Klubhauses „Zum Dornröschen“ anlässlich des bevorstehenden Karnevals mit Stargast Tilla Welsch in der Zeitschrift „Das Freundschaftsblatt“
Das Freundschaftsblatt 1926 / 27

Johann Baptist Welsch, Künstlername Tilla, Foto aus der Zeitschrift „Die Freundin“, 1927
Die Freundin 1927

sorgt für Stimmung, bis endlich Tilla, Kölns bekanntester Transvestit und jenseits des Showbiz unter dem Namen Johann Baptist Welsch bekannt, die Bühne betritt. „Kniefreier Rock, tiefes Dekolleté, Seidenstrümpfe und Halbschuhe“, so beschreibt ein Reporter der Rheinischen Zeitung 1926 den Star des Etablissements, der 17 Jahre später, am 2. März 1943, im Konzentrationslager Mauthausen sterben wird.

Hitlers Machtübernahme bedeutet das Aus für die liberale Kölner Homosexuellenszene. Die Freundschaftsvereine lösen sich unter dem Druck der Nationalsozialisten auf. An Aschermittwoch 1933 macht das „Dornröschen“ dicht, weitere Lokalschließungen folgen. Jetzt dienen Grünanlagen wie der Volksgarten und der Beethovenpark, abgelegene Ecken des Rheinufers und vor allem die Pissoirs – die sogenannten Klappen oder Teehäuschen – am Hauptbahnhof, am Neumarkt und am Rudolfplatz als Kontaktbörsen für schnelle sexuelle Begegnungen.

Heinrich Malmedy streift auf der Suche nach unverbindlichem Sex durch die Parkanlagen rund um den heutigen Ebertplatz. „Meist habe ich solche Partner gesucht, die nicht aus Köln stammten, sondern aus anderen Städten, die sich vorübergehend hier aufhielten“, sagt er 1938 bei einem Polizeiverhör aus. „Dies habe ich aus dem Grunde gemacht, weil ich dadurch besser gesichert war und nicht so schnell auffallen konnte."

Wer jetzt als „homosexuell verdächtig" auffällt, der muss mit drastischen Konsequenzen rechnen. Homosexuelle Männer werden als „Asoziale" und Gewohnheitsverbrecher stigmatisiert. In den Konzentrationslagern müssen sie auf ihrer Häftlingskleidung ein rosafarbenes Dreieck, den „Rosa Winkel", tragen. „Das sind Staatsfeinde", hetzt das SS-Blatt „Das Schwarze Korps" gegen die „Seuche", die Hunderttausende im besten Mannesalter stehende Menschen dem natürlichen Fortpflanzungsprozess entziehe. Das deutsche Volk könne es sich nicht leisten, auf einen großen Teil seiner Väter zu verzichten. „Eine Pest", haut Reichsführer SS Heinrich Himmler in die gleiche Kerbe. Die Sexualität eines jeden einzelnen sei beileibe keine Privatangelegenheit, sondern bedeute das Leben und Sterben eines Volkes.

Seit der Verschärfung des Paragrafen 175 im Juni 1935 werden nicht nur beischlafähnliche, sondern alle homosexuellen Handlungen mit Gefängnis bestraft. Der neu eingeführte Paragraf 175a zielt auf sogenannte Verführer und Strichjungen. Sie vor allem bekommen die Härte der veränderten Gesetzgebung zu spüren. „Ein Mann über 21 Jahren, der eine männliche Person unter 21 Jahren verführt, mit ihm Unzucht zu treiben oder sich von ihm zur Unzucht missbrauchen lässt", sowie „ein Mann, der gewerbsmäßig mit Männern Unzucht treibt oder von Männern sich zur Unzucht missbrauchen lässt oder sich dazu anbietet", wird „mit Zuchthaus bis zu zehn Jahren, bei

Preis 15 Pf.

Berlin, 4. März 1937

Das Schwarze Korps

ZEITUNG DER SCHUTZSTAFFELN DER NSDAP

Das sind Staatsfeinde!

„Das sind Staatsfeinde", Titelseite der SS-Zeitschrift „Das Schwarze Korps", 4. März 1937

Nächtliche Razzia der Kriminalpolizei im Wartesaal des Kölner Hauptbahnhofs, Ausweiskontrolle einer eingeschlafenen Person (Foto: Radermacher) *Kölnische Illustrierte Zeitung Nr. 2 vom 13. Januar 1938*

mildernden Umständen mit Gefängnis nicht unter drei Monaten" bestraft. Ein Erlass Heinrich Himmlers vom 12. Juli 1940 verschärft die Lage der Betroffenen einmal mehr. Darin wird verfügt, „in Zukunft alle Homosexuellen, die mehr als einen Partner verführt haben, nach ihrer Entlassung aus dem Gefängnis in polizeiliche Vorbeugungshaft zu nehmen", sprich: in ein Konzentrationslager zu überstellen.

Allein in Köln finden 1938 zwei Großoffensiven gegen die lokale Schwulenszene statt. Etwa 200 Männer werden festgenommen, rund 300 Ermittlungsverfahren eröffnet.

Geleitet werden die Sonderaktionen von Beamten der Düsseldorfer Gestapo und des Homosexuellen-Dezernats der Kripo Köln. Auslöser für die Einsätze des fünfköpfigen Teams, zu deren Opfer im August 1938 auch Heinrich Malmedy zählen wird, sind Ermittlungen gegen den Rechtsanwalt und Ratsherrn Fritz Kurt Bartels, Mitglied der NSDAP und Leiter des Gaurechtsamts Köln-Aachen. Seit Jahren schon wird in Köln über die homosexuellen Neigungen des Juristen gemunkelt. Er soll ein Verhältnis mit einem jungen Büroangestellten haben

Herrentoilette („Klappe") am Gereonsdriesch. Als bekannte Treffpunkte Homosexueller wurden Toilettenanlagen polizeilich überwacht
Landesarchiv Nordrhein-Westfalen Abteilung Rheinland, Ger. Rep. 112 Nr. 18349

und in den Gasthäusern „Rochlus" und „Zur Rübe" verkehren, beides Treffpunkte von schwulen NSDAP-Mitgliedern und Angehörigen der SA und SS.

Jahrelang hält die Partei ihre schützende Hand über Fritz Bartels, doch im Mai 1938 denunziert ein ehemaliger Freund ihn bei der Gestapo Düsseldorf. Er habe den Juristen 1921 durch eine Annonce in der Schwulenzeitschrift „Die Freundschaft" kennengelernt und sich in den folgenden Jahren mehrmals mit ihm getroffen, gesteht der 48-Jährige unter dem Eindruck tagelanger Verhöre. „Der Zweck dieser Treffen war die Ausführung gleichgeschlechtlicher Handlungen." Für Fritz Bartels bedeutet diese Aussage das politische und berufliche Aus. Er wird aus der Partei ausgeschlossen und verliert sämtliche Ämter. Am 14. November 1938 verurteilt ihn die 3. Große Strafkammer des Landgericht Köln zu einer Gefängnisstrafe von einem Jahr und sechs Monaten.

Auch nach Abschluss der Untersuchung ermittelt das Sonderkommando weiter. Im Zusammenhang mit der Strafsache Bartels habe sich ein umfangreiches und planmäßiges Vorgehen gegen die Homosexuellen als notwendig erwiesen, argumentiert der Leiter der Aktion, der Düsseldorfer Gestapobeamte Heinrich Stüllenberg. Nun werden die einschlägig bekannten öffentlichen Bedürfnisanstalten und Grünanlagen überwacht, Strichjungen unter Druck gesetzt und als Lockvögel missbraucht, um potenzielle „Straftäter" zu überführen. Nächtelang observieren die Beamten Kontaktbörsen wie die Klappe in der bahnhofsnahen Trankgasse und protokollieren minutiös, wie lange sich die einzelnen Männer darin aufhalten. Wer verdächtig viel Zeit in einem Pissoir verbringt, läuft Gefahr, festgenommen zu werden.

Der Kampf der Sonderermittler gegen die Kölner Schwulenszene dauert drei Monate und endet am 18. Oktober mit der Verhaftung Heinrich Stüllenbergs und seines Kollegen Ludwig Heinemann. Das Duo soll Verdächtige misshandelt, gefoltert und Geständnisse erzwungen haben. Mehrere Männer hatten während der Untersuchungshaft Selbstmord begangen, darunter ein 19-jähriger Schüler und ein invalider ehemaliger Straßenbahnfahrer. Beide erhängen sich in ihren Zellen im Gefängnis Klingelpütz. Heinrich Stüllenberg und Ludwig Heinemann werden zu einer Freiheitsstrafe von jeweils eineinhalb Jahren verurteilt, jedoch nach vier Monaten Haft begnadigt. Sie hätten, führen sie einem Gnadenantrag zu ihrer Verteidigung an, in idealistischem Übereifer bei der Erfüllung der ihnen gestellten Aufgabe gehandelt.

Auch Heinrich Malmedy gerät in diesem Sommer ins Visier der Sonderermittler. Am 2. August 1938 wird er gegen 15 Uhr von Stüllenberg festgenommen und in den Klingelpütz überführt. Der Festgenommene habe sich bis in die jüngste Zeit mit anderen Männern homosexuell betätigt, begründet der Gestapo-Mann die Festnahme.

Heinrich Malmedy wohnt zu diesem Zeitpunkt in der Salzgasse 9, wo seit 2019 ein Stolperstein an sein Schicksal erinnert. Wie der Lebensweg des 51-Jährigen verlaufen ist, lässt sich nur bruchstückhaft rekonstruieren. „1912 bis 1934 in verschiedenen Städten insgesamt 13 Verurteilungen wegen Diebstahls, mehrfach wegen Bettelei, Hehlerei, Betrug und Sachbeschädigung", listet eine Akte der Kripo Köln die Stationen eines unsteten, von Armut geprägten Lebens auf. Heinrich Malmedy habe unter anderem gestohlene Kleidungsstücke aufgekauft, im betrunkenen Zustand eine Fensterscheibe zertrümmert, einen Damenmantel entwendet und ein falsches Schmuckstück als echtes verkauft.

Das Kölner Gefängnis Klingelpütz, zeitgenössche Postkarte, darauf ein warnender Hinweis auf die Anstalt Brauweiler
NS-DOK Köln, N 1171,2

Im Verhör durch Heinrich Stüllenberg und Paul Klapper vom Kölner Homosexuellen-Dezernat räumt der 51-Jährige mehrere homosexuelle Kontakte in den vergangenen drei Jahren ein, relativiert seine Aussage jedoch bei einer späteren Befragung durch einen Richter. Am 6. August wird Haftbefehl gegen ihn erlassen, nachdem zwei Strichjungen gegen ihn ausgesagt haben. Der ehemalige Fürsorgezögling Johann Fey, 1919 in Bonn geboren, gibt an, Heinrich Malmedy seit 1935 zu kennen und erst kürzlich mit ihm sexuell verkehrt zu haben. Josef Würz, ein minderjähriger Ausreißer aus Brühl und Mitglied der Hitlerjugend, gesteht bei einer Vernehmung durch Stüllenberg und Heinemann, Malmedy habe ihm ein Essen spendiert und ihn anschließend bei sich in der Salzgasse übernachten lassen. Dabei sei es zu sexuellen Kontakten gekommen.

Am 16. September wird Heinrich Malmedy in 13 Punkten schuldig gesprochen und zu einer Gefängnisstrafe von einem Jahr und drei Monaten verurteilt. Es ist seine erste Verurteilung wegen „widernatürlicher Unzucht". Der Staatsanwalt hatte zwei Jahre Gefängnis gefordert, doch dem Angeklagten wird zugutegehalten, dass er Reue gezeigt habe. Johann Fey trifft es wesentlich härter. Der 19-Jährige muss „wegen 50 Fällen gewerbsmäßiger Unzucht" für zwei Jahre und drei Monate ins Gefängnis. Sechs Jahre später, am 9. Mai 1944, stirbt er im Konzentrationslager Buchenwald. Josef Würz kommt in diesem Herbst mit einer Gefängnisstrafe von neun Monaten davon.

Heinrich Malmedy tritt seine Haft am 21. September 1938 in der Strafanstalt Wittlich an. Zwei Tage vor Heiligabend wird er in das Lager V Neu-Sustrum und im April 1939 in das Lager X Fullen im Emsland überführt. Die sogenannten Emslandlager sind berüchtigt für ihre harten Arbeitsbedingungen und brutalen Wachmannschaften. 1000 bis 1500 Strafgefangene leben auf engstem Raum in den primitiven Baracken zusammen und müssen in den umliegenden Moorgebieten bis zu zwölf Stunden am Tag Entwässerungsgräben ziehen und Torf stechen. Männer wie Heinrich Malmedy haben einen besonders schweren Stand: Homosexuelle stehen in der Lagerhierarchie auf der untersten Stufe.

Wie der 51-Jährige die Strapazen übersteht, ist nicht bekannt. Am 1. November 1939 wird er in Wittlich aus der Haft entlassen und kehrt vermutlich zurück nach Köln. Erst an jenem schicksalhaften 18. Mai 1944 wird er erneut aktenkundig, als er am Kölner Hauptbahnhof zufällig von einer Polizeistreife aufgegriffen wird. Ein Blick in sein Arbeitsbuch zeigt, dass er seit rund zwei Jahren keine feste Anstellung hat. Er lebe von Gelegenheitsarbeiten, erzählt er den Beamten. Eine Stelle, die ihm das Kölner Arbeitsamt 1943 vermittelt hatte, hat er offensichtlich nicht angetreten. „Es dürfte angebracht sein, den Malmedy dem 15. Kommissariat zuzuführen, damit er dort einem Arbeitserziehungslager zugewiesen wird", empfehlen Kriminalsekretär Friedrich Pahmeyer und Oberhauptwachtmeister Max Hüsken in ihrer Einlieferungsanzeige.

Die Kollegen vom 15. Kommissariat folgen dem Votum der beiden Streifenbeamten. Am 30. Mai ordnet ein Vertreter der Kölner Kripo an, Heinrich Malmedy, Reichsdeutscher ohne festen Wohnsitz, in polizeiliche Vorbeugungshaft zu nehmen. Was de facto seine Einweisung in ein KZ bedeutet. Gegen ihn sprechen 14 Verurteilungen wegen Bettelei, Betrugs, Hehlerei, Diebstahl und widernatürlicher Unzucht sowie vier Wochen Haft und drei Jahre, neun Monate und drei Wochen Gefängnis. Heinrich Malmedys Homosexualität spielt,

Eingangshalle des
Kölner Hauptbahnhofs
(Foto: Theo Felten)
NS-DOK, N 1812,144

anders als bei seiner Verurteilung im Jahr 1938, in diesem Fall keine entscheidende Rolle.

Zum Verhängnis wird ihm vielmehr ein Leben am Rande der Gesellschaft, das so gar nicht in das Weltbild der Nationalsozialisten passt. Er ist ein sogenannter Arbeitsscheuer und Gemeinschaftsfremder, wie es in der Diktion der Nazis heißt. Einer, der sich den Normen und dem Leistungsgedanken der sogenannten Volksgemeinschaft entzieht und – ob freiwillig oder seinen prekären Lebensumständen geschuldet – nach seinen eigenen Regeln lebt. Wer „durch gemeinschaftswidriges, wenn auch nicht verbrecherisches Verhalten zeigt, dass er sich nicht in die Gemeinschaft einfügen will", gilt juristisch als Asozialer. Der Kreis der Betroffenen umfasst unter anderem Wohlfahrtsempfänger, Wohnungs- und Arbeitslose, Suchtkranke, Wanderarbeiter, Landstreicher, Bettler und Gelegenheitsverbrecher.

Heinrich Malmedy passt perfekt ins Bild. Er sei „der Typ des ehemaligen Tippelbruders", heißt es in der Begründung der Kriminalpolizei. „Aufgrund seiner charakterlichen Schwäche und arbeitsscheuen Veranlagung ist bei ihm nicht damit zu rechnen, dass er sich in die Front

Staatliche Kriminalpolizei
Kriminalpolizeileitstelle Köln

Polizeiliche Vorbeugungshaft

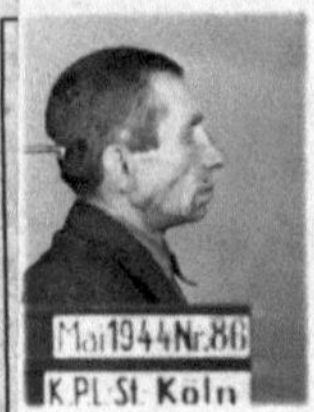

Name: Heinrich Hubert Malmedy
Geboren am: 9.2.1887 in: Köln - Mülheim
Beruf: Hausdiener
Letzte Wohnung: o. f. W.
Staatsangehörigkeit: Reichsdeutscher Religion: katholisch
Anzahl der Bestrafungen: 14
Verbrechergattung: Asozialer

Die letzten maßgeblichen Bestrafungen:

am	vom	wegen	zu
15.5.1929	SchG.Köln	Hehlerei i.R.	8 Monate Gefängnis
9.12.1933	SchG.Köln	Hehlerei i.R.	8 Monate Gefängnis
16.9.1938	LG.Köln	widernatürliche Unzucht	15 Monate Gefängnis

Beginn der Vorbeugungshaft: 18.5.1944
Im Polizei-Gefängnis von: 18.5.1944 bis:

Untergebracht:

vom	bis	Ort
14.6.44		Natzweiler

Aufgehoben am:
Weitere Maßnahmen:

15 K H. Wehner, Polizeivordrucke, Köln

Anordnung der polizeilichen Vorbeugungshaft für Heinrich Malmedy vom 30. Mai 1944
Landesarchiv Nordrhein-Westfalen Abteilung Rheinland, BR 2034 Nr. 1684

der Schaffenden eingliedern wird. Um ihm zum Bewusstsein zu bringen, dass für Drückeberger und Schmarotzer im heutigen Staat kein Platz ist", werde gegen ihn mit Wirkung vom 18. 5. 1944 die polizeiliche Vorbeugungshaft angeordnet. Er werde mit dem nächsten Transport in das Konzentrationslager Natzweiler-Struthof überführt. „Eine Besserung ist nach längerer und strenger Lagerhaft zu erwarten."

Natzweiler-Struthof, wo Heinrich Malmedy am 14. Juni 1944 eintrifft, ist wegen seiner harten Lebensbedingungen gefürchtet. Das Arbeits- und Strafgefangenenlager liegt im besetzten Elsass. Die Todesrate beträgt rund 40 Prozent, mehr als in den meisten anderen Konzentrationslagern. Viele Gefangene verhungern, andere kommen in den umliegenden Steinbrüchen zu Tode oder werden ermordet. Heinrich Malmedy, ein schmächtiger, kaum 1,70 Meter großer Mann, ist bei seiner Ankunft bereits schwerkrank. „Mäßiger Raucher und Trinker, seit mehreren Jahren lungenkrank, Lues (Syphilis, Anm. d. Vf.) angeblich nicht geheilt, Rippenfellentzündung", lautet der Befund auf seinem Einlieferungsschein. Seine Fuß-Sehnen sind gerissen, angeblich die Folge eines Sturzes.

Wenige Tage nach seiner Einlieferung schickt er eine Nachricht an Anna Malmedy in der Allerheiligenstraße 12, eine Armenunterkunft in der Nähe des Ebertplatzes. Vielleicht eine Tante oder Kusine? Drei Wochen später erhält er eine Antwort, die ebenso wie die übrige Korrespondenz nicht erhalten ist. Ein zweiter Brief nach Köln vom 6. August bleibt unbeantwortet. Das Formular, das den Briefwechsel zwischen ihm und der unbekannten Verwandten festhält, ist eines der wenigen Dokumente, die von Heinrich Hubert Malmedy erhalten sind. Am 4. September wird er in das Konzentrationslager Dachau eingeliefert. Dort stirbt er am 31. Januar 1945 – zwölf Jahre und einen Tag nach der Machtübernahme der Nationalsozialisten.

Die Verfolgung Homosexueller

Die Nationalsozialisten verfolgen männliche Homosexualität mit großer Härte. Zwischen 1933 und 1945 stehen etwa 100 000 Männer wegen Verstoßes gegen § 175 oder § 175a vor Gericht. Rund die Hälfte von ihnen wird zu Gefängnis- oder Zuchthausstrafen verurteilt, was nicht selten ihren Tod bedeutet. Schätzungsweise 10 000 bis 15 000 Homosexuelle, darunter auch mehrere Kölner wie der Travestie-Star Johann Baptist Welsch und der ehemalige Geschäftsführer des Schwulenlokals „Dornröschen", Johann Josef Mumbour, werden in den Konzentrationslagern der Nationalsozialisten erniedrigt, schikaniert, gequält und ermordet. Genaue Zahlen sind nicht bekannt. Häufig werden homosexuelle Strafgefangene als „Berufs- und Gewohnheitsverbrecher", als „Jugendverderber" oder als „Asoziale" in die Lager eingewiesen.

Von 1940 an werden alle Häftlinge, die mehr als einen Partner „verführt" haben, im Anschluss an eine Gefängnisstrafe in polizeiliche Vorbeugungshaft genommen und in ein KZ eingeliefert. Es sei denn, sie stimmen „freiwillig" einer Kastration zu. Der dänische Arzt und SS-Sturmbannführer Carl Vaernet experimentiert im KZ Buchenwald mit männlichen Sexualhormonen, die Homosexuellen in die Leistengegend gespritzt werden, um sie zu „heilen".

Dennoch könne nicht von einer homogenen Verfolgungspraxis gegen die Homosexuellen gesprochen werden, geschweige denn von einem Homosexuellen-Holocaust, schreibt der Historiker Jürgen Müller in seinem Buch „Ausgrenzung der Homosexuellen aus der ‚Volksgemeinschaft'". Ihre Unterdrückung habe vielmehr der Machtentfaltung und dem Machterhalt der Nationalsozialisten gedient. Das abweichende Sexualverhalten der Homosexuellen, so Müller, „stand im Widerspruch zu den Zielen der Rassen- und Bevölkerungsideologie sowie den Normen und Werten des propagierten ‚Volkswillens'".

Stolperstein Julie Meyer geb. Tobar, Mauritiussteinweg 2 (Foto: Karin Richert)

Karin Richert

„Von Julla kam kein Lebenszeichen mehr“

Julie Meyer, geb. Tobar, 1875 geboren in Mülheim an der Ruhr. Verfolgt als Jüdin. 1943 ermordet im Ghetto Theresienstadt.

Mauritiussteinweg 2b

Wenig ist von ihr geblieben. Kein Foto, kein Brief. Keine Menschen, die sich an ihr Gesicht, ihre Stimme, an die Farbe ihrer Augen erinnern. Allein auf einer Gedenktafel auf dem jüdischen Friedhof in Köln-Bocklemünd findet sich – zwischen den Namen einiger Familienmitglieder – ihr Name: „Meyer-Tobar, Julie“. Doch Julie Meyer, geborene Tobar, starb nicht in Köln. Sie starb im Ghetto Theresienstadt, zu Asche verbrannt am 29. März 1943.

So ist das Kapitel über Julie Meyer aufgrund der kargen Quellenlage vor allem eine Familiengeschichte. Sie wird von ihren Eltern Markus und Ida Tobar erzählen, von ihren acht Brüdern und ihrer Schwester Nettchen. Auf diese Weise soll versucht werden, Julie Meyers Lebensumstände als Tochter und Schwester aufscheinen zu lassen und ihr so nahe zu kommen, wie das unter den gegebenen Umständen möglich ist.

Geboren wird Julie am 8. Mai 1875 in Mülheim an der Ruhr. Zwei Tage nach der Geburt meldet der Vater sie auf dem örtlichen Standesamt an. „Vor dem unterzeichneten Standesbeamten erschien heute, der Person nach bekannt, der Bildhauer Markus Tobar, wohnhaft in Mülheim an der Ruhr, jüdischer Religion, und zeigte an, dass von der Ida Tobar, geborene Kaufmann, seiner Ehefrau, jüdischer Religion, wohnhaft bei ihm, zu Mülheim an der Ruhr in seiner Wohnung am achten Mai des Jahres tausendachthundertsiebzig und fünf vormittags um drei Uhr ein Kind weiblichen Geschlechts geboren worden sei, welches den Vornamen Julie erhalten habe.“ Unterzeichnet: „Der Standesbeamte Schultz“.

Die Grabstätte Tobar auf dem jüdischen Friedhof Köln-Bocklemünd (Foto: Martin Oehlen)
Martin Oehlen

Julie ist das erste Kind von Markus und Ida Tobar. Benannt ist sie nach ihrer Tante Julie Kaufmann, die nur zwölf Jahre älter ist als sie selber. Ihr Vater Markus stammt aus Holland – 1849 wird er in Breskens, einem kleinen Fischerdorf in der Provinz Seeland, geboren und wächst mit drei Schwestern und zwei Brüdern in Zewenaar nahe der deutsch-holländischen Grenze auf. Die Wurzeln der Familie allerdings liegen in Hallenberg im Sauerland. Julies Urgroßvater Abraham Rosenbaum hatte Deutschland Anfang des 19. Jahrhunderts verlassen, um im Norden sein Glück zu machen. Auch ihre Mutter Ida stammt aus

zu Mülheim an der Ruhr in seiner Wohnung
am vierten Mai
des Jahres tausend acht hundert siebenzig und fünf
Vormittags um drei Uhr
ein Kind weiblichen Geschlechts geboren worden sei, welches
den Vornamen Julie
erhalten habe

Ausschnitt aus der Geburtsurkunde von Julie Tobar
Stadtarchiv Mülheim an der Ruhr

Das Ehepaar Marcus und Ida Tobar, geb. Kaufmann, undatiert *NS-DOK Köln, N 1254 / Familienbesitz*

einer kinderreichen Familie. Sie hat neun Geschwister, ihr Vater Gottfried Kaufmann ist „Musikus", Musiklehrer also in Mülheim an der Ruhr.

Zwölf Monate nach Julies Geburt kommt im Hause Tobar ein zweites Kind zur Welt: Bernhard. Im November 1879 folgt Hermann. Da lebt die Familie bereits in Köln, vermutlich in der Hahnenstraße 32, wo sie noch 1898 gemeldet ist. Und Markus Tobar hat eine Anstellung als Friedhofswärter, Steinmetz und Totengräber auf dem jüdischen Friedhof in Deutz gefunden. Dort kann man einen Mann mit seinen Fähigkeiten gut gebrauchen. Seit auch die Toten der jüdischen Gemeinde in Köln im rechtsrheinischen Deutz beerdigt werden, musste die Begräbnisstätte bereits zweimal erweitert werden. Bis zur Einweihung des jüdischen Friedhofs in Köln-Bocklemünd im Dezember 1918 ist die Deutzer Anlage der einzige große Friedhof für Jüdinnen und Juden in Köln und dem Umland.

Es gibt noch weitere Gründe für Männer wie Markus Tobar, von der Ruhr an den Rhein zu ziehen. Köln ist im letzten Drittel des 19. Jahrhunderts auf dem Weg zu einer modernen Großstadt. Die Bevölkerungszahl wächst rasant. 1880, dem Jahr, in dem der Kölner Dom vollendet wird, leben bereits 144 000 Menschen in den engen Straßen der heutigen Innenstadt. 20 Jahre zuvor waren es 24 000 Bewohner weniger. Noch ist die Festungsstadt von einer Stadtmauer umschlossen, ein meterdickes Relikt aus dem Mittelalter, gegen das die Stadtväter seit Jahrzehnten vergeblich anrennen. Endlich, im Jahr 1881, kann

Köln dem preußischen Staat die Anlagen abkaufen. Schon im Sommer fällt unter dem Jubel der Bevölkerung das 4,5 Kilometer lange Ungetüm, das der Stadt die Luft abzuschnüren drohte.

Köln vergrößert sein Stadtgebiet mit dem Abriss der mittelalterlichen Befestigungsmauer um mehr als das Doppelte. Lediglich zwei Türme und drei Tore bleiben stehen, dazu drei kleine Mauerstücke an der Bottmühle, am Sachsen- und am Hansaring. Sieben Jahre später beginnt man mit der Eingemeindung der Vororte – Köln wächst weiter. Und ist bald die flächenmäßig größte Stadt Deutschlands.

Auch die jüdische Gemeinde erlebt im 19. Jahrhundert einen nie gekannten Aufschwung. Seit dem ausgehenden Mittelalter war Jüdinnen und Juden die Ansiedlung in der Freien Reichsstadt Köln untersagt, ihr Aufenthalt auf oft nur wenige Stunden begrenzt gewesen. Erst seit 1798 dürfen sie sich wieder im Stadtgebiet niederlassen. Im Jahr 1860 hat Köln bereits 2300 jüdische Einwohner, und ein Jahr später wird in der Glockengasse die erste große Synagoge auf Kölner Boden seit bald vier Jahrhunderten eingeweiht. 1885 beträgt der Anteil der jüdischen Bevölkerung in Köln 3,3 Prozent – mehr als jemals zuvor und jemals danach in der Geschichte dieser Stadt.

Die Familie Tobar wächst ebenfalls stetig weiter. Alle zwei, drei Jahre kommt in der Hahnenstraße 32 ein weiteres Kind zur Welt – ein „Produkt fleißiger ehelicher Tätigkeit", wie der 1883 geborene Arno Tobar 1951 in einem Geburtstagsbrief an seinen Bruder David schreibt. Die Neuankömmlinge werden „ohne Protest und mit Freude in die Familie aufgenommen". Auf Julchen oder Julla, wie die Erstgeborene in der Familie genannt wird, folgen acht Söhne: Bernhard, Hermann, Gustav, Arno, Martin, David, Sally und Willi. Im März 1896, mehr als 20 Jahre nach der ersten wird eine zweite Tochter geboren: Johanette, benannt nach ihrer Großmutter mütterlicherseits. Nettchen oder Netta wird das letzte Kind des Ehepaares bleiben. Ida Tobar ist inzwischen 44 Jahre alt, eine gewichtige Erscheinung mit üppig hochgesteckten Haaren und ernstem Blick, Markus Tobar ist da bereits 47 Jahre.

Im Jahr 1905 zieht die Großfamilie um an die Griechenpforte 1, der Eingang liegt am Mauritiussteinweg. In den 1930er-Jahren wird daraus die Adresse Mauritiussteinweg 2b. Drei Zimmer, Küche, eine Mansarde. Das Bad, so ist anzunehmen, teilt man sich mit anderen Mietern im Haus. Von hier aus ist es nicht weit zur Synagoge in der

Griechenpforte um 1910. Ganz links ist das Haus Griechenpforte 1 sichtbar, der Wohnort der Familie Tobar
Rheinisches Bildarchiv, RBA 73338

Glockengasse und zu den kleinen jüdischen Geschäften rund um den Griechenmarkt.

Markus Tobar ist fest eingebunden in das Gemeindeleben und befolgt als einziger in der Familie die jüdischen Speisegesetze. Ansonsten sei niemand von ihnen sehr religiös gewesen, erinnert sich seine Enkelin Lieselotte Tobar-Cordaro. Was Markus Tobar offensichtlich nicht störte. Lediglich einmal sei dem Großvater die Hand ausgerutscht, als die Söhne David und Martin mit einem großen Schinken nach Hause gekommen seien, den ihnen jemand geschenkt habe. Da habe es Ohrfeigen gesetzt – eine legendäre Familiengeschichte, die es bis in die dritte Generation schafft.

Die erwachsenen Söhne leben weiterhin mit in der elterlichen Wohnung. Bezahlbarer Wohnraum ist knapp in Köln. Nur David, der Drittjüngste der Brüder, mietet sich zusammen mit seinem Freund Julius ein Ausweichquartier, eine sturmfreie Bude, wie sich Arno in seinem Brief an den jüngeren Bruder mehr als 40 Jahre später ein wenig neidisch erinnert. Dort empfangen die Freunde in ihrer Freizeit „durchweg hübsche und anständige Mädchen, die lebensfroh und mannreif die Liebe kennenlernen wollten und dann auch kennenlernten".

Markus Tobar dringt darauf, dass seine Söhne eine kaufmännische Laufbahn einschlagen, eine Karriere, die für die Töchter nicht infrage kommt. Ob Julchen und Nettchen wenigstens die Städtische Israelitische Volksschule in der Schildergasse besuchen dürfen – man weiß es nicht. Als Vertreter für Socken, Spitzen, Unterwäsche und Gummiwaren reisen die Brüder mit schweren Musterkoffern über Land. Das bedeute, „im Sommer bei 25 Grad im Schatten mit 20 Kilo im Gepäck von der Bahnstation noch etwa eine oder zwei Stunden tippeln", schreibt Arno Tobar, der wie sein zwei Jahre älterer Bruder Gustav für die Firma „Spitzenhaus M. Meyer & Co" unterwegs ist. „Dann konnte es passieren, dass es hieß: Herr Schläume Fischer ist nicht da, ist nicht zu sprechen oder, der Schrecken aller Reisenden: Gestern war Ihre Konkurrenz da, ich habe mich voll eingedeckt."

Allein David Tobar, Jahrgang 1888, erarbeitet sich eine Alternative zu seinem erlernten Beruf. Er, der schon zu Schülerzeiten mit Perücke und in einem schwarzen Pagenkostüm den Franz Moor in Friedrich Schillers Stück „Die Räuber" gab, tritt in seiner Freizeit als Schauspieler, Bühnenkünstler, Sänger und Kabarettist auf. Seit 1910 ist der Handlungsreisende für Wollwaren und Trikotagen Protokollant bei der „Großen Kölner-Karnevalsgesellschaft" und eröffnet jeweils am Neujahrstag mit einer launigen Rede die erste Sitzung des Jahres. Ein Ehrenamt, das ihn in Köln schnell bekannt macht. 1914 tritt er das erste Mal bei der Karnevalsgesellschaft „Rote Funken" und im

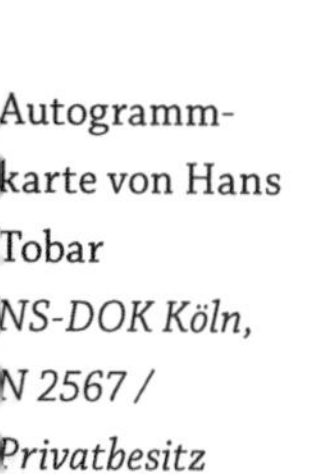

Autogrammkarte von Hans Tobar
NS-DOK Köln, N 2567 / Privatbesitz

Anzeige des Kaiserhofs mit Verweis auf die allabendliche Tanzrevue „Kölle bliev Kölle" mit Willi Ostermann,und Hans Tobar, Kölner Stadt-Anzeiger vom 29.01.1926 (Abendausgabe)
NS-DOK Köln, Best. 117 Mappe 8

„Rosenhof" auf, einer kurz zuvor eröffneten Kleinkunstbühne in der Hohe Straße 9. Bald kann er es sich leisten, von seinen Gagen zu leben. Bis 1933 gehört Hans David Tobar, wie er sich inzwischen auf Anraten eines Bühnenkollegen nennt, zu den bekanntesten Künstlern und Karnevalisten Kölns.

Julie heiratet in diesen Jahren einen Mann namens Hermann Meyer. Das genaue Datum ist ebenso wenig bekannt wie die Biografie des Bräutigams. In den Briefen von Arno Tobar findet die acht Jahre ältere Schwester nur am Rande Erwähnung. Die Ehe, so sieht es nach jetziger Quellenlage aus, bleibt kinderlos. Irgendwann trennt man sich – Julie Meyer wird geschieden.

Die Geschwister sehen sich regelmäßig, der Familienzusammenhalt ist nach wie vor groß. Lediglich Nettchen ist nicht mehr dabei, wenn man in der elterlichen Wohnung zusammensitzt. Sie hat 1921 geheiratet und lebt mit ihrem Mann Adolf Sadunischker, einem Zigarettenfabrikanten aus dem litauischen Vilnius, in Berlin. Eine angeheiratete Nichte von Arno erinnert sich an viele fröhliche Geburtstagsfeiern im Kreis der Familie. Vor allem Onkel Arno sei ein großartiger Geschichtenerzähler gewesen, der die Kinder mit seinen Erzählungen über Tünnes und Schäl im Urwald zum Staunen gebracht habe. „Ich konnte nie genug Geschichten hören. Am Ende hatte ich stets feuchte Hände."

Doch die „Hitlerseuche", wie Arno Tobar sie nennt, schickt bereits ihre

Ida Tobar mit Enkel Theo und Enkelin Lilo Tobar, um 1933
NS-DOK Köln, N 1254 / Familienbesitz

Boten voraus. In Köln besteht seit 1921 eine Ortsgruppe der NSDAP. Inzwischen ist die Stadt Sitz des Gaus Köln-Aachen, und die Zahl der Parteimitglieder ist auf rund 3500, die der Ortsgruppen auf 35 gestiegen. Regelmäßig veranstalten die Nationalsozialisten Aufmärsche quer durch die Stadt, am liebsten gegen Abend, wenn ihnen die Aufmerksamkeit der Passanten gewiss ist. Am 18. August 1930 besucht Adolf Hitler ein erstes Mal Köln und hält in der Rheinlandhalle vor vollbesetzten Reihen eine umjubelte Rede. 1500 Menschen, die Männer in weißen Hemden mit schwarzen Krawatten, sind gekommen, um den an die Macht drängenden Star der ultrarechten Szene zu sehen. Hitlers Auftritt verfängt: Mehr als 17 Prozent der Kölnerinnen und Kölner geben bei der Reichstagswahl drei Wochen später der NSDAP ihre Stimme, in der Altstadt sind es sogar mehr als 25 Prozent.

Am 10. Dezember 1932 feiert die Familie in der Wohnung am Mauritiussteinweg ihr letztes unbeschwertes Fest: Ida Tobar, inzwischen dreifache Großmutter, wird 80 Jahre alt. Markus Tobar ist bereits 1920 gestorben. Der unverheiratete Sally lebt nach wie vor bei der Mutter, die außerdem ihre zwei Jahre ältere Schwester Emma Kaufmann beherbergt. Und auch Julie Meyer ist nach ihrer Scheidung wieder in die Familienwohnung eingezogen.

Verwandte und Freunde aus nah und fern sind eingeladen zur großen Familienfeier. Bei einem Gastwirt hat man Tische und Stühle ausgeliehen. „Für den Kaffeetisch wurde ein Teil selbst gebacken, ein Teil bestellt. Der eine übernahm die Lieferung von Obst, der andere stellte für den Abendtisch als Vorspeise den Heringssalat", schreibt Arno Tobar. „Für den Hauptgang lieferte die Nummer drei die nötige Menge Wurst, Aufschnitt etc. zum Kartoffelsalat, und der Fachmann für Getränke – Bruder Sally – sorgte für Liköre, Schnaps und für die obligatorische Bowle, neben dem Bier zum Abendtisch." Rund 50 Menschen sitzen an diesem Tag in der Dreizimmer-Wohnung dicht gdrängt zusammen und feiern bis in die Morgenstunden. „Mit Trinken und Essen, mit Gesang und gegenseitiger Anpflaumerei flogen die Stunden dahin."

Bei der Feier zu Ida Tobars 85. Geburtstag ist die Festgesellschaft deutlich kleiner als fünf Jahre zuvor. Willi, der jüngste der acht Brüder, ist 1936 erst nach Luxemburg und später nach Belgien emigriert. Bob, ein erwachsener Sohn von Gustav, lebt in Südafrika. Nettchen ist 1935 mit ihrem Mann nach Litauen gezogen. Bernhard, bislang als selbstständiger Handelsvertreter gut im Geschäft, hat Berufsverbot bekommen und schlägt sich mit Hilfsarbeiten durch.

Und Hans David, inzwischen zweifacher Vater, gibt für wenig Geld im „Café Jacobi", einem jüdischen Lokal am Mauritiuswall, den Maître de Plaisir. Der einstige Star des Kölner Karnevals ist nicht mehr

Collage der Familie Tobar: Ursel, Theo, Hans und Lilo, 1938
NS-DOK Köln, N 1254 / Familienbesitz

Das Haus Mauritiussteinweg 27 in unmittelbarer Nachbarschaft der Tobars, Aufnahme um 1933–1940. Auf dem rechten Schaukasten steht der Spruch „Wer dem Juden reicht die Hand, schändet sich und sein Vaterland“ (Fotograf: August Kreyenkamp) *Rheinisches Bildarchiv, RBA 77623*

erwünscht in den „arischen“ Varietétheatern der Stadt und tritt nur noch gelegentlich auf Veranstaltungen des jüdischen Kulturbundes auf. Ehefrau Ursel und er bemühen sich seit geraumer Zeit um Visa für die USA. Hans David hofft auf einen Neuanfang in New York. Dort leben Verwandte von Ursel, und es gibt eine große deutsch-jüdische Community mit einer lebhaften Kulturszene.

Drei Monate nach Beginn des Zweiten Weltkriegs ist es so weit. Am 9. Dezember 1939 nehmen Ida, Arno und Gustav Tobar auf dem Kölner Hauptbahnhof Abschied von Hans David und seiner Familie. Ein Wiedersehen wird es nicht geben, und Ursel Tobar wird nur wenige Monate nach der Ankunft in New York bei der Geburt ihres dritten Kindes sterben. Man gibt sich heiter. „Überall war die Absicht erkennbar, durch eine nachgemachte Lustigkeit über die Schwere des Auseinandergehens hinwegzutäuschen, aber wir alle wussten ja: Die, die hinausfahren, fahren ins Ungewisse, und die, die zurückblieben, blieben im Ungewissen“, rekapituliert Arno Tobar die Abschiedsszene in einem seiner Briefe.

Schon ein Jahr später werden Arno Tobars schlimmste Befürchtungen wahr. Im Mai 1940 überrennen die deutschen Truppen Belgien, Luxemburg und die Niederlande. Willi Tobar wird verhaftet und in das französische Internierungslager Camp de Gurs nördlich der Pyrenäen deportiert. Im Mai 1942 meldet er sich überraschend aus Antwerpen bei der Mutter. Offensichtlich ist er zwischenzeitlich nach Belgien zurückgekehrt. Die Familie möge sich nicht beunruhigen, falls sie einige Zeit nichts von ihm hören sollte, schreibt er. Schon wenig später wird der inzwischen 51-Jährige erneut festgenommen und zunächst in das belgische Sammellager Mecheln deportiert. Seine nächste Station: Cosel in Oberschlesien. Dort wird er im September 1942 der Organisation oder Dienststelle Schmelt zugeteilt, die den Einsatz von zeitweise mehr als 50 000 Zwangsarbeitern in der schlesischen Rüstungsindustrie koordiniert. Die Familie hört nie wieder etwas von ihm.

Nettchen schickt im Frühling 1941 eine letzte Postkarte aus Litauen an die Adresse der Mutter. Ihrem Mann Adolf und ihr gehe es gut, beteuert sie. Nach dem Beginn des deutsch-sowjetischen Krieges im Juni 1941 verliert sich auch ihre Spur. „Ich glaube kaum, dass sie noch flüchten und ins Innere Russlands gelangen konnten“, schreibt Arno Tobar im August 1945 nach New York. „Ich nehme vielmehr an, dass auch sie von den Eindringlingen festgenommen wurden und ihr Leben, so oder so, lassen mussten.“

In Köln verschärft sich die Lage ebenfalls. Im Mai 1941 muss Arno Tobar seine Wohnung in der Kerpener Straße verlassen, in der er mit seiner nicht-jüdischen Ehefrau Maria zusammenlebt. Seitdem wohnt er wieder bei der Mutter und Schwester Julie im Mauritiussteinweg. Auch sein Bruder Gustav und dessen Frau Käthe sind aus ihrer Wohnung in der Aegidienberger Straße in Köln-Sülz vertrieben worden und haben Unterschlupf bei der Familie gefunden. Emma Kaufmann ist bereits 1939 hochbetagt im Israelitischen Asyl in Köln-Ehrenfeld gestorben.

Am 30. Oktober 1941 wird Sally Tobar mit seiner 25 Jahre jüngere Ehefrau Eva, der gemeinsamen Tochter Gittel und dem erst acht Monate alten Sohn Denny in das Ghetto Litzmannstadt in Lodz deportiert. Es ist der zweite von sechs großen Deportationszügen, die Köln zwischen Oktober 1941 und Juli 1942 verlassen. Mehr als 6000 Menschen werden in diesen zehn Monaten vom Bahnhof Deutz-Tief in die NS-Vernichtungslager im Osten verschleppt. Die wenigsten von ihnen überleben.

Arno Tobar begleitet die Familie am Vortag ihrer Deportation nach Köln-Deutz. Das Messegelände auf der rechten Rheinseite ist in ein gigantisches Sammellager umfunktioniert worden. An den Säulen vor den Messehallen, wo sich die Menschen schon am Vorabend einfinden müssen, hängen Schilder mit den einzelnen Buchstaben des Alphabets. „T" für Tobar. Anschließend werden die Menschen in den großen Saal der Messehalle getrieben, wo sie bis zur Abfahrt der Züge am nächsten Morgen ausharren müssen.

Die Lebensbedingungen im Ghetto sind katastrophal. Die Essensrationen reichen kaum zum Überleben, in den eisigen Wintermonaten kriecht die Kälte durch die Wände der baufälligen Häuser, Seuchen grassieren und raffen vor allem die Alten und Schwachen dahin. Auch Sally Tobar überlebt die Strapazen des Ghetto-Alltags nicht. Der 54-Jährige stirbt am 24. Juni 1944 an den Folgen einer Lungenentzündung. Das Schicksal von Eva, Gittel und Denny bleibt ungeklärt.

Sally Tobar und seine Familie sind die ersten von elf engen Verwandten, denen Arno Tobar bei ihrem schweren Gang zur Seite steht. „Ich habe als einziger und letzter in der großen Familie alle weggehen sehen, bzw. sie alle soweit möglich und erlaubt begleitet", schreibt er im August 1945 an Hans David. „Dieses allein hätte genügt, denn unvorstellbar und nicht zu schildern war jedes Mal, die Brutalität mitanzusehen, wie diese vielfach alten, seelisch und körperlich kranken Menschen behandelt wurden."

Noch ist der 57-Jährige, der – wie mehr als die Hälfte der Juden in Köln – in einer sogenannten Mischehe mit einer Christin lebt, sicher vor dem Zugriff der Nazis. Was ihm letztendlich das Leben rettet. Arno gehört mit Hans David, Martin und Gustav zu den vier Brüdern Tobar, die den Holocaust überleben.

Martin Tobar, der mit seiner Frau Grete in Hamburg wohnt, arbeitet als Pfleger im Jüdischen Krankenhaus und entgeht wie durch ein Wunder einer Deportation in den sicheren Tod. Gustav wird im April 1943 nach Auschwitz-Birkenau verschleppt und gelangt im Januar 1945 nach der Auflösung des Todeslagers nach Buchenwald, wo er am 11. April von amerikanischen Truppen befreit wird. Hans David befindet sich in der Sicherheit seines New Yorker Exils.

Fünf Wochen nach der Deportation von Sally und seiner Familie nach Litzmannstadt trifft es die nächsten Familienmitglieder. Hermann und Bernhard Tobar, dessen Frau Anna, die gemeinsame Tochter Ruth und deren Ehemann Max Mayerbach erhalten die Aufforderung, sich am 7. Dezember 1941 auf dem Bahnhof Köln-Deutz einzufinden. Auch diese fünf Verwandten begleitet Arno Tobar am Vorabend ihrer Deportation in das Ghetto Riga auf die andere Rheinseite. Er wird sie niemals wiedersehen.

Inzwischen häufen sich die nächtlichen Bombenangriffe auf Köln. Im Juni 1941 bekommt der Hauptbahnhof mehrere Treffer ab, bei einem Angriff am 13. März 1942 wird die Gummifabrik Franz Clouth in Köln-Nippes fast vollständig zerstört. Am 31. Mai schließlich, kurz nach Mitternacht, beginnt der bislang größte Luftangriff auf Köln. Rund 110000 Stabbrandbomben, 1044 Phosphor-Brandbomben, 864 Sprengbomben und 20 Luftminen werden bei dem sogenannten 1000-Bomber-Angriff über der Stadt abgeworfen und beschädigen oder zerstören fast 13000 Häuser. 469 Menschen verlieren ihr Leben.

Julie Meyer, Arno, Gustav, dessen Ehefrau Käthe und Ida Tobar erleben die Schrecken jener Nacht in ihrer Wohnung am Mauritiussteinweg. Öffentliche Schutzräume aufzusuchen ist der jüdischen Bevölkerung verboten. „Hier machten wir den ersten so bezeichneten Terrorangriff auf Köln mit, dem dann später noch so viele und immer stärkere folgen sollten", schreibt Arno Tobar.

Am 27. Juli 1942 verlässt mit Julie Meyer das nächste Familienmitglied Köln Richtung Osten, Richtung Tod. Julie Meyer ist 67 Jahre alt. Hinter ihr liegen eine Brustoperation und ein Leben, das wenig sichtbare Spuren hinterlassen hat. Seit der Operation sei die Schwester etwas schwermütig gewesen, konstatiert Arno Tobar, ohne seine Anmerkung weiter auszuführen.

Mehr als 1100 Menschen aus dem ganzen Rheinland werden an diesem 27. Juli in das Ghetto Theresienstadt verschleppt. Es ist der letzte große Deportationszug Richtung Osten, der Köln verlässt. Ida Tobar folgt ihrer ältesten Tochter im Januar 1943 mit 20 weiteren Personen nach Theresienstadt. Inzwischen leben nur noch sie und Arno in der Wohnung am Mauritiussteinweg. Gustav ist bereits im September 1942 von der Gestapo verhaftet worden.

„Unsere Mutter wurde am 14. Januar 1943 abends von der Gestapo abgeholt und am anderen Morgen, 15. Januar 1943, mit einer Anzahl

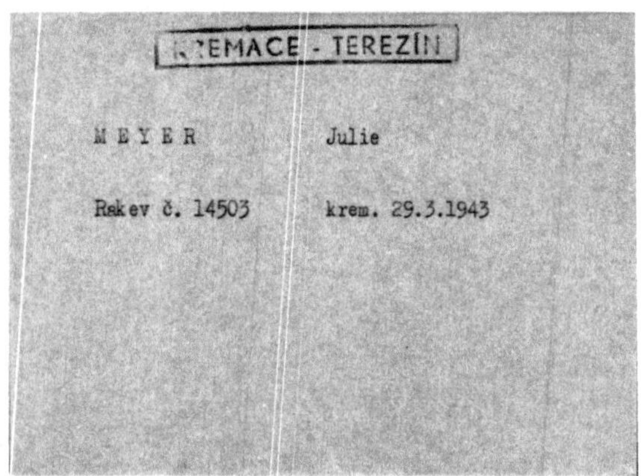
KREMACE - TEREZÍN

MEYER Julie

Rakev č. 14503 krem. 29.3.1943

Karteikarte aus dem Ghetto Theresienstadt, darauf das Einäscherungsdatum von Julie Tobar *1.1.42.2 / 5012616 / ITS Digital Archive, Arolsen Archives*

Leidensgefährten in ihrem 91. Lebensjahr abtransportiert", erklärt Arno Tobar 1957 gegenüber dem Wiedergutmachungsamt der Stadt Köln. „Wie wir erfuhren, ging der Transport über Berlin nach Theresienstadt. Vor der Abreise musste ich für meine Mutter einen Revers unterschreiben, worin ausgedrückt war, dass die alte Dame als deutschfeindlich anzusehen war und dass deshalb ihr hiesiger Besitz als dem Deutschen Reich verfallen erklärt und eingezogen werde".

Die Nacht vor ihrer Deportation verbringt Ida Tobar in einer Sammelunterkunft am Horst-Wessel-Platz, dem ehemaligen Rathenau-Platz. Am Morgen des 15. Januar 1943 wird sie zum Bahnhof Köln-Gereon gebracht und abtransportiert nach Berlin. Arno Tobar gelingt es, die Mutter bis zum Bahnhof zu begleiten. Er selber wird am 13. September 1944 zusammen mit anderen Jüdinnen und Juden aus Mischehen in das Sammellager in Köln-Müngersdorf einbestellt und als Zwangsarbeiter nach Thüringen deportiert. Das Kriegsende erlebt er im Ghetto Theresienstadt, wo zwei Jahre zuvor seine Mutter und seine Schwester zu Tode gekommen sind.

Ob Mutter und Tochter sich im Januar 1943 in Theresienstadt begegnen, ist nicht bekannt. Ida Tobar stirbt in den Morgenstunden des 10. Februar 1943. Offizielle Todesursache, beurkundet durch eine Todesfallanzeige der Ghetto-Verwaltung: Marasmus senilis – Altersschwäche. Sie sei, erfährt Arno Tobar nach Kriegsende von einer ihrer Mitgefangenen, friedlich verschieden. Julie Meyers Tod ist einzig belegt durch eine Karteikarte aus dem Ghetto Theresienstadt. „Kre-

Repräsentanten der Synagogen-Gemeinde Köln mit Gästen, 1948.
Arno Tobar ist die 5. Person von links, etwas weiter vorne stehend
Archiv der Synagogen-Gemeinde Köln, F4 / 232

mace – Terezin Meyer, Julie, krem. 29. 3. 1943" steht darauf. Verbrennung – Theresienstadt Meyer, Julie, verbrannt am 29. März 1943.

„Von Julla kam kein Lebenszeichen mehr", teilt Arno Tobar dem Bruder in New York nach dem Krieg mit. Auch nicht eine Spur sei zu erfahren. Die Schwester sei „wie die bisher Genannten als Opfer der Nazis anzusehen".

Deportationen ab Köln/Messe Deutz

Im Oktober 1941 beginnen die Massendeportationen deutscher Jüdinnen und Juden in die Ghettos, Konzentrations- und Vernichtungslager im Osten Europas. Oftmals werden mehr als 1000 Personen in verschlossenen Wagen in die Lager transportiert. Einige überleben bereits die mehrtägigen Fahrten nicht. Viele andere werden sofort nach der Ankunft ermordet.

In Köln halten sich im Herbst 1941 noch etwa 6200 Personen jüdischen Glaubens auf. Die meisten mussten ihre Häuser und Wohnungen räumen und leben bis zu ihrer Deportation auf engstem Raum in Ghettohäusern oder im Sammellager in Köln-Müngersdorf. Am 22. Oktober 1941 verlässt der erste von sechs großen Deportationszügen mit rund 1000 Menschen den Bahnhof Köln-Messe Deutz. Sein Ziel ist das Ghetto Litzmannstadt in Lodz. Am 30. Oktober folgt ein zweiter ebenso großer Zug mit dem gleichen Ziel. Bis zum Sommer 1942 ist fast die gesamte jüdische Bevölkerung aus Köln in die Vernichtungsstätte Minsk oder in die Ghettos Litzmannstadt, Theresienstadt und Riga deportiert. Aus den Ghettos werden die Menschen oft weiterverschleppt in die Vernichtungslager im Osten, wo sie ermordet werden. Ein letzter großer Deportationszug mit dem Fahrtziel Theresienstadt verlässt Köln am 27. Juli 1942. Von den mehr als 1100 Jüdinnen und Juden aus dem Kölner und Koblenzer Raum überleben 70 Personen.

HIER WOHNTE
MAX ZIENOW
JG. 1891
VERHAFTET JAN. 1944
'WEHRKRAFTZERSETZUNG'
MEHRERE GEFÄNGNISSE
VOLKSGERICHTSHOF BERLIN
TODESURTEIL
HINGERICHTET 9. 10. 1944
BRANDENBURG-GÖRDEN

Stolperstein Max Zienow, Virchowstraße 3 (Foto: Karin Richert)

Karin Richert

„Als Vater das Unglück passierte“

**Max Zienow, 1891 geboren in Saerbeck.
Politisch verfolgt.
1944 hingerichtet im Zuchthaus
Brandenburg-Görden.**

Virchowstraße 3

Brüche und blinde Flecken prägen die Geschichte des Max Zienow. Sie erzählt von einem Mann, der versuchte, in politisch schwierigen Zeiten zu überleben, und der damit auf tragische Weise scheiterte. Sie zeigt auch, wie wenig es im NS-Regime brauchte, um zum Staatsfeind erklärt zu werden. Hier war es ein Wort zu viel, unbedacht ausgesprochen an einer Kölner Straßenbahnhaltestelle: Am 9. Oktober 1944 wird Max Bernhard Friedrich Ernest Zienow, 53 Jahre alt, verheiratet, Vater einer erwachsenen Tochter, wegen Wehrkraftzersetzung und Feindbegünstigung im Zuchthaus Brandenburg-Görden hingerichtet.

Der gläubige Katholik wurde damit Opfer eines politischen Systems, das keinerlei Kritik duldete und sich gegen Ende sogar gegen jene richtete, die selber Teil dieses Systems waren. Max Zienow war in keiner Widerstandsgruppe, er verteilte weder Flugblätter noch verbotene Zeitschriften. Er plante keinen Anschlag auf Adolf Hitler und auch nicht den Sturz der Regierung. Sein einziges „Vergehen“ war, dass er aussprach, was er von der Politik der Nationalsozialisten hielt.

Die Suche nach den Lebensspuren des Kölner Ingenieurs und Architekten beginnt im November 2021 in einem Mehrfamilienhaus in Köln-Lindenthal. Dort lebt seit mehr als 60 Jahren Maria Zienow. 100 Jahre alt ist Max Zienows einziges Kind im März 2021 geworden, eine freundliche alte Dame, die bereit ist, von der schlimmsten Zeit ihres Lebens zu erzählen. Von der Zeit, „als Vater das Unglück passierte“.

Max Zienow wird am 12. März 1891 im westfälische Saerbeck in eine preußische Beamtenfamilie hineingeboren. Sein Vater Max Hermann August Zienow, ein Protestant aus dem pommerschen Stettin, ist Amtmann bei der Stadt Münster, seine Mutter Auguste Salm

Max Zienow, undatiert
NS-DOK Köln, N 2584 / Privatbesitz

stammt aus dem Münsterland. Ein Jahr nach Max wird Schwester Ella Albertina Franziska geboren, 1893 folgt Bruder Franz Habbo Norbert. Im Hause Zienow herrschen strenge Regeln. Er sei stets zu Hochachtung, Ordnung, Disziplin und „innerer Sauberkeit" erzogen worden, beschreibt Max Zienow im Juni 1944 in einem Brief an den Volksgerichtshof den Wertekompass einer von preußischen Erziehungsmaximen geprägten Kindheit.

Die Situation im großväterlichen Haushalt sei für die Kinder mitunter „etwas schwierig" gewesen, ergänzt Maria Zienow das Bild. „Großmutter und die Kinder waren katholisch, und meine strenggläubige Großmutter hoffte immer, Großvater würde ebenfalls katholisch werden. Aber er wollte nicht. Am Sonntagmorgen gingen sie gemeinsam aus dem Haus. Großmutter besuchte den katholischen Gottesdienst, Großvater den evangelischen. Hinterher haben sie sich wieder getroffen."

Max Zienow geht in Münster auf die Volksschule und wechselt mit neun Jahren auf ein Realgymnasium, das er mit Ende der neunten Klasse verlässt. Nach seiner Ausbildung an der Königlichen Baugewerkschule arbeitet er bis zum Beginn des Ersten Weltkriegs als Bautechniker beim Militärbauamt in Münster. Mag sein, dass seine Berufswahl den Wünschen des Vaters geschuldet ist. Zienow senior setzt große Hoffnungen in seinen Erstgeborenen. „Großvater hatte einen führenden Posten beim Landesbauamt inne und erwartete, dass mein Vater als Ältester zu Hause blieb und in seine Fußstapfen trat“, sagt Maria Zienow. „Doch er wollte nicht.“ Vater und Sohn seien sehr unterschiedlich gewesen, und „die ganze Atmosphäre daheim gefiel meinem Vater nicht“.

Der Beginn des Ersten Weltkriegs im August 1914 markiert eine erste Zäsur im Leben des Max Zienow. Der 23-Jährige wird zum Reserve-Infanterie-Regiment Nummer 13 in Münster eingezogen und in einen blutigen Krieg hineingeworfen, der vier Jahre später mit dem Waffenstillstand von Compiègne und dem Untergang des Deutschen Kaiserreichs endet. Eine Beinverletzung, die er in einem Militärhospital in Köln auskuriert, setzt den Unteroffizier vorübergehend außer Gefecht. In den Wochen der Rekonvaleszenz lernt er bei gemeinsamen Bekannten seine zukünftige Ehefrau kennen: die ein Jahr ältere Hutmacherin Maria Berta Teuber. Unmittelbar nach seiner Entlassung aus dem Militärdienst im November 1918 zieht Max Zienow nach Köln. Schon wenige Monate später steht die Hochzeit mit Berta an.

Das frischvermählte Paar richtet sich schnell ein in seinem gemeinsamen Leben. Max Zienow hat eine Anstellung als Hochbautechniker beim städtischen Hochbauamt gefunden, und am 16. März 1921 wird in der Wohnung am Manderscheider Platz Tochter Maria geboren. Berta Zienow wünscht sich „einen ganzen Stall voller Kinder“, doch sie hat gesundheitliche Probleme, und Maria bleibt das einzige Kind des Paares. 1929 zieht die Familie in die Mommsenstraße 12. Der junge Familienvater verdient als städtischer Beamter genug, um sich eine komfortable Wohnung im noblen Kölner Stadtviertel Lindenthal leisten zu können.

Der Vater sei ein gutmütiger und sehr häuslicher Mensch gewesen, erinnert sich Maria Zienow. „Er war nicht besonders fröhlich. Er ging nicht aus, und er trank nicht. Am liebsten war er bei uns zu Hause. In Hausschuhen, salopp angezogen und ohne Schlips.“ Gelegentlich treffen sich die Eltern mit Bekannten aus Weiden. „Tante Meta war Halbjüdin und eine langjährige Freundin meiner Mutter.“ Max Zienow hingegen hat keine engen Freunde, obwohl er bei den Kollegen vom Bauamt beliebt ist und schnell Vertrauen fasst zu anderen Menschen. „Wenn er jemanden traf, der nett zu ihm war, hat er sich ihm völlig

Die Mommsen-straße in Köln-Lindenthal, um 1900
Rheinisches Bildarchiv, RBA 77439

geöffnet" – ein Wesenszug, der ihm letztendlich zum Verhängnis wird. „Mein Vater war einfach zu offen."

Als die Nationalsozialisten 1933 an die Macht kommen, hält Max Zienow mit seiner Meinung nicht hinter dem Bergt. „Vater fand das von Anfang an nicht richtig." Der Ingenieur ist Ende der 1920er-Jahre in die SPD eingetreten. Darüber hinaus ist er Mitglied im „Bund der technischen Beamten und Angestellten" – einem 1919 gegründeten Gewerkschaftsverband – sowie Obmann der Fachgruppe Gemeindetechniker in Köln. Bei den eher rechtsorientierten Mitarbeitern gilt der Gewerkschaftsvertreter als überzeugter Linker. Max Zienow habe ihn damals oft in seinem Büro besucht und „politische Reden" geschwungen, berichtet ein ehemaliger Kollege vom Liegenschaftsamt bei einer Vernehmung durch die Gestapo im Jahr 1943. „Es ist mir heute noch erinnerlich, dass Zienow Marxist (zeitgenössisches Synonym für SPD-Anhänger, Anm. d. Verf.) war und er in seinen Reden linksstehende Tendenzen verfolgte."

Max Zienows politische Einstellung vertieft nach Aussagen seiner Tochter den Graben zwischen ihm und den Verwandten in Münster. Sein zwei Jahre jüngerer Bruder Franz ist überzeugter Nationalsozialist. „Er trug zwar nicht die braune Uniform, aber er war in der Partei." Im Familienkreis habe Onkel Franz oft erzählt, „dass er abends, wenn er ins Bett ging, zu seiner Frau ‚Heil Hitler, Mutter' sagte. Dann drehten sich beide um und schliefen", erzählt Maria Zienow.

Zienow senior teilt die politischen Ansichten seines jüngsten Sohnes. Auch er ist Nationalsozialist durch und durch und steht Max und dessen Familie entsprechend distanziert gegenüber. „Es gab keinen Krach, aber Auseinandersetzungen. Opa fühlte sich mehr zu Onkel Franz hingezogen als zu uns, weil der die gleiche Meinung vertrat wie er selber." Ein „kleiner Kontakt", sagt Maria Zienow, mehr sei nicht vorhanden gewesen. Bei einem der seltenen Besuche des alten Herrn in Köln geraten Vater und Sohn heftig aneinander. „Sie liefen die ganze Zeit um den Küchentisch herum und diskutierten, bis meine Mutter eingriff und sagte: Jetzt lasst es doch endlich mal!".

Im Kölner Rathaus weht seit dem 30. Januar 1933 ein anderer Wind. Fast täglich hetzt der „Westdeutsche Beobachter", das Kampfblatt der Nationalsozialisten, gegen Oberbürgermeister Konrad Adenauer und fordert: „Schluss mit der schwarz-roten Korruptionsmehrheit. Nationalsozialisten ins Kölner Rathaus." Einen Tag nach den Kommunalwahlen vom 12. März verkündet Gauleiter Josef Grohé die Absetzung des Politikers und bestimmt seinen Parteifreund Günther Riesen als dessen kommissarischen Nachfolger.

Am 13. März 1933 besetzten die Nationalsozialisten das Kölner Rathaus und übernahmen die Macht in Köln (Foto: Helmut Koch)
NS-DOK Köln, Bp 7278

Sichtbares Zeichen des politischen Wandels: der Ratsturm des Kölner Rathauses mit Hakenkreuzfahne, 1934 (Foto: Theo Beckers)
NS-DOK Köln, Best. 155 F002604

Kurz darauf werden die Dezernate Hochbau, Tiefbau, Städtebau, Baupolizei und Liegenschaften zusammengelegt, und Max Zienow, leitender Architekt beim Hochbauamt, bekommt einen neuen Vorgesetzten. Chef der frisch gegründeten Baudirektion wird Robert Brandes, Mitglied der NSDAP-Gauleitung und seit dem 13. März 1933 auch Bürgermeister der Stadt Köln.

In der Kölner Stadtverwaltung bereitet man sich auf die Entlassung jüdischer Mitarbeiterinnen und Mitarbeiter sowie politisch unerwünschter Personen vor. Als am 7. April 1933 das Berufsbeamtengesetz (BBG) – das „Gesetz zur Wiederherstellung des Berufsbeamtentums" – verkündet wird, beginnt eine große Kündigungswelle, der bis März 1935 rund vier Prozent der Beschäftigten zum Opfer fallen. Ersetzt werden sie durch sogenannte alte Kämpfer, langjährige Parteigenossen also, die schon vor 1930 Mitglied in der NSDAP waren. Drei Jahre nach Hitlers Machtübernahme stellen sie bereits mehr als acht Prozent der Beschäftigten.

Auch viele Kulturschaffende im Dienst der Stadt Köln müssen ihre Posten räumen, darunter der ungarisch-jüdische Generalmusikdirektor Eugen Szenkar und der Direktor der Musikhochschule Walter Braunfels, ein bedeutender Komponist und Sohn eines jüdischen Vaters. Dem Ethnologen Julius Lips, Direktor des Rautenstrauch-Joest-Museums für Völkerkunde, wird sein früheres Engagement für die Sozialdemokraten angekreidet. Er verliert seinen Direktorenposten und seine Lehrerlaubnis als außerordentlicher Professor an der Kölner Universität.

Auch Max Zienow wird von der Stadt Köln zur persona non grata erklärt. „Weil ich Angestelltenvertreter war, wurde ich nach der Machtübernahme 1933 aufgrund des Berufsbeamtengesetzes nach Maßgabe des allgemeinen Personalabbaus aus den städtischen Diensten entlassen", gibt er bei einer Vernehmung durch die Kölner Gestapo am 6. Dezember 1943 an. Ein Schreiben des Oberstadtdirektors der Stadt Köln aus dem Jahr 1969, das sich heute im Bundesarchiv in Koblenz befindet, bestätigt, dass der technische Angestellte Max Zienow am 28. September 1933 entlassen wurde. Grund für die Kündigung sei gewesen, dass er auf einem Fragebogen falsche Angaben gemacht habe.

Eine eher fadenscheinige Begründung, wie die Kölner Behörde 36 Jahre später in ihrem Schreiben anmerkt. Max Zienows Name habe auf einer nicht signierten Liste von Angestellten gestanden, die für die Entlassung nach §§ 4 BBG vorgesehen gewesen seien. Dieser Paragraf regelt den Umgang mit angeblich politischen unzuverlässigen Mitarbeitern. Bestehen – wie bei Max Zienow – aufgrund von deren politischer Vergangenheit Zweifel an ihrer nationalsozialistischen Überzeugung, können sie aus dem Dienst entlassen werden. Es müsse also davon ausgegangen werden, heißt es in dem Schreiben von 1969 weiter, dass die Entlassung Zienows nach dieser Vorschrift vorgenommen worden wäre, hätte die Verwaltung nicht in der unkorrekten Fragebogenausfüllung ein anderes Motiv gefunden.

Ob und wo Max Zienow eine neue Arbeitsstelle findet, lässt sich nicht mehr feststellen. In einer Quelle heißt es, er sei arbeitslos gewesen und habe von Heimarbeit gelebt. Er selber gibt an, „in die Privatindustrie" gegangen zu sein. Maria Zienow erinnert sich lediglich an einen überraschenden Wohnungswechsel, „nachdem Vater bei der Stadt rausgeflogen war, weil er zu viel gesagt hatte". Die genauen Umstände seiner Entlassung allerdings seien ihr nicht bekannt. „Ich war damals erst 13 Jahre alt, und meine Eltern haben mich aus allem herausgehalten, weil sie mich schützen wollten." Vieles habe sie erst Jahre später von der Mutter erfahren und wisse es daher nur aus zweiter Hand.

Vermutlich kann Max Zienow nach seiner Entlassung die Miete für die Wohnung in der Mommsenstraße nicht länger aufbringen. 1934 zieht die Familie in eine wesentlich bescheidenere Erdgeschosswohnung in der Virchowstraße 3. Dort beträgt die Monatsmiete nur 35 Reichsmark, ein Glücksgriff im hochpreisigen Lindenthal.

Die nächsten Jahre des Max Zienow sind geprägt von dem Bemühen, seinen Alltag zu meistern und möglichst nicht aufzufallen in einem Staat, der ihm schon einmal die Existenzgrundlage entzogen hat. Maria Zienow hat inzwischen eine Ausbildung zur Erzieherin in einem städtischen Kindergarten in Köln-Kalk begonnen – gegen den Wunsch des Vaters, der seine einzige Tochter gern als Kinderärztin gesehen hätte.

Am 1. Mai 1937 entschließt sich Max Zienow zu einem überraschenden Schritt. Der ehemalige Gewerkschaftler und Sozialdemokrat tritt in die NSDAP ein. Über die Gründe für diese Entscheidung lässt sich nur spekulieren. Er selber erklärt bei einem Gestapoverhör im Dezember 1943 lediglich, er sei „gelegentlich einer Werbung" der Partei beigetreten. Ein Parteibuch habe er nie besessen, lediglich einen vorläufigen Mitgliedsausweis.

Sein Engagement beschränkt sich nach den Aussagen zweier Parteigenossen auf gelegentliche Hilfsdienste innerhalb der Ortsgruppe Hohenlind. Zienow habe sich bei Haussammlungen betätigt, gibt der politische Leiter der Ortsgruppe Arthur Kremer 1943 gegenüber der Kölner Gestapo an. Auch Blockleiter Edmund Hahn, ein langjähriger Nachbar von Max Zienow, schildert den Bewohner aus dem Erdgeschoss als freundlichen und hilfsbereiten Parteigenossen. „Als ich ihn aufforderte, mir bei meinen Arbeiten innerhalb des Blocks behilflich zu sein, war er sofort dazu bereit." Zienow habe sogar selber um die Belieferung mit Schulungsbriefen gebeten. Er, Hahn, habe ihn als „durchaus staatsbejahend" erlebt.

Die Aussagen seiner Tochter und späterer Kollegen erzählen eine etwas andere Geschichte. 1940 erhält Max Zienow nach Jahren der Arbeitslosigkeit eine gut dotierte Stelle als Bauingenieur bei der Obersten Bauleitung der Reichsautobahnen. Fachkräfte wie er sind gefragt im zweiten Kriegsjahr, selbst wenn sie eine aus nationalsozialistischer Sicht zwielichtige politische Vergangenheit haben. Der Ausbau des Autobahnnetzes, mit dem bereits in der Weimarer Republik begonnen wurde, gehört zu Adolf Hitlers Vorzeigeprojekten. Die Planung und

Eröffnung der Reichsautobahn Köln-Düsseldorf am 21. Mai 1936, Wagen des „Reichsautozuges" auf der Fahrt (Foto: Theo Felten)
NS-DOK Köln, N 1812,30

Durchführung der einzelnen Bauabschnitte liegen in den Händen von 15 Obersten Bauleitungen, die über ganz Deutschland verteilt sind. Max Zienow wird – für ein Monatsgehalt von 330 Reichsmark – Leiter des technischen Büros in Köln.

Der knapp 50-Jährige teilt sich das Arbeitszimmer am Kaiser-Friedrich-Ufer 3, dem heutigen Konrad-Adenauer-Ufer, mit drei Kollegen. Die Stimmung ist von Beginn an angespannt. Das jedenfalls lassen spätere Aussagen seiner Mitarbeiter vermuten, die von Sticheleien und politischen Meinungsverschiedenheiten erzählen. 1941 gerät Max Zienow das erste Mal in ernsthafte Schwierigkeiten: Kollege Josef Weißmüller, mit dem er in der Vergangenheit mehrmals über Kreuz geraten ist, meldet ihn wegen „dauernder hetzerischer Äußerungen" beim Betriebsobmann der Obersten Bauleitung Köln. Fritz Roßmann, seit 1932 Mitglied der NSDAP, reagiert umgehend: Er verwarnt den Beschuldigten und droht, im Wiederholungsfall „andere Maßnahmen gegen ihn zu ergreifen".

Offensichtlich nimmt Max Zienow die Warnung nicht ernst. Ein Jahr später gerät er erneut in Fritz Roßmanns Visier. Er habe, so der Vorwurf, trotz seiner Mitgliedschaft in der NSDAP im Büro kein Parteiabzeichen getragen. „Als ich ihn deswegen zur Rede stellte, erklärte er, dass er das Abzeichen an einem anderen Anzug hätte und nur vergessen hätte“, erinnert sich der Obmann im Dezember 1943 an den Vorfall. Nach dem Gespräch habe der Kollege das Abzeichen im Dienst regelmäßig getragen.

Vergeblich bittet Berta Zienow ihren Ehemann, sich in Zukunft zurückzuhalten mit seinen Kommentaren, und möglichst unter dem Radar zu fliegen. „Max, mach das doch nicht! Das schallt ja“, habe die Mutter den Vater ermahnt, wenn der zu Hause einen der verbotenen Feindsender gehört habe, erzählt Maria Zienow. Auch wohlmeinende Kollegen hätten den Vater wiederholt gewarnt, er solle aufpassen, dass seine Sprüche nicht den Falschen zu Ohren kommen. Doch der habe sich nicht beeinflussen lassen. „Ich mach' doch gar nichts. Ich kann ja wohl noch meine Meinung sagen“, habe seine Standardantwort gelautet. „Mein Vater war ein aufrechter Mann, der stets sagte, was er dachte. Auch wenn das vielleicht nicht immer klug war. Als gläubiger Katholik wollte er nicht zu den Verbrechen schweigen, die damals an der Tagesordnung waren.“

Einmal, erinnert sich Maria Zienow, habe er die KdF-Schiffe – die Kreuzfahrtschiffe der NS-Gemeinschaft „Kraft durch Freude“ – als verkappte Kriegsschiffe bezeichnet. „Das war ganz schlimm.“ Die Flotte des Friedens, wie die Schiffe in der NS-Diktion genannt werden, ermöglicht jährlich knapp 100 000 Deutschen für wenig Geld Reisen nach Helgoland, Palermo oder Teneriffa und gehört zu den wohl prestigeträchtigsten Propaganda-Instrumenten der NSDAP.

Max Zienows Schicksal entscheidet sich an einem Herbsttag im September 1943. An einer Haltestelle der Straßenbahn-Linie 13 trifft er zufällig eine alte Bekannte wieder: Elise Schriedels, geborene Schmitz. Max Zienow hatte während seiner Zeit beim Kölner Bauamt häufig mit ihrem Ehemann zu tun. Man kommt ins Plaudern, und Elise Schriedels spricht ihn auf das Parteiabzeichen an seinem Revers an. „Sie wunderte sich darüber, dass es mir gelungen war, Parteimitglied zu werden, weil ich doch ihrer Ansicht nach früher Marxist war und bei der Stadt entlassen worden bin“, berichtet Max Zienow später der Kölner Gestapo.

Über den weiteren Verlauf der Unterhaltung gehen die Aussagen auseinander. Kurz nach der Begegnung mit Max Zienow erstattet Elise Schriedels Anzeige gegen ihn. „Er äußerte darauf zu mir, dass er es (das Parteiabzeichen, Anm. d. Verf.) sonst nie öffentlich tragen würde. Das käme nur im Dienst infrage, weil er es da tragen müsste", behauptet die 49-Jährige. „Er nahm es darauf ab und steckte es in die Rocktasche." Adolf Hitler habe er als „Kerl" und „Schreier" bezeichnet, berichtet Elise Schriedels weiter. „Der Führer hätte Mord und Totschlag auf dem Gewissen, denn er hätte so viele Juden ermorden lassen. Er hätte Fotografien davon gesehen."

Zu diesem Zeitpunkt sind rund 6000 Kölner Jüdinnen und Juden in die Ghettos, Konzentrations- und Vernichtungslager im Osten deportiert worden. Max Zienow dürfte zumindest über die Ausgrenzung, Verfolgung und Deportation seiner unmittelbaren Nachbarn informiert gewesen sein. Bis 1937 lebte in der Virchowstraße 5 die Fabrikantenfamilie Heymann, und Berta Zienow hatte sich locker mit Luise Heymann angefreundet. Joseph Heymann, ein bekannter Kölner Kunstsammler, besaß in Wipperfürth eine große Wollspinnerei. 1937 wurde er festgenommen und mehrere Wochen im Kölner Gefängnis Klingelpütz festgehalten. Nach seiner Freilassung emigrierte die Familie nach England, und der Unternehmer vermietete das Haus an jüdische Bekannte.

Zu den neuen Bewohnern gehörte unter anderem der Fußballer Adolf Levy. „Adda" war mehrere Jahre Torwart beim Kölner Ballspiel-Club gewesen, einem Vorgängerklub des 1. FC Köln. 1933 hatte der Verein ihn und andere jüdische Spieler, darunter seinen Bruder Otto, ausgeschlossen. Adolf Levy und seine Ehefrau Alice wurden am 30. Oktober 1941 in das Ghetto Litzmannstadt deportiert, wo der ehemalige Sportler ein Jahr später starb. Die weiteren Bewohnerinnen und Bewohner aus der Virchowstraße 5 wurden ebenfalls deportiert und ermordet.

Die übrigen Anschuldigungen, die Elise Schriedels gegen Max Zienow erhebt, wiegen nicht minder schwer. Er habe dem Hitler-Regime unterstellt, bezüglich des Massakers von Katyn – der Massenerschießung polnischer Gefangener durch den sowjetischen Geheimdienst im Frühling 1940, die die NS-Regierung kurz zuvor publik gemacht hatte – gelogen zu haben. „Er sagte, vielleicht hätte der Staat selbst die Angelegenheit in Katyn ausgeführt." Außerdem habe er behauptet, Propagandaminister Joseph Goebbels und Robert Ley, Reichsleiter der NSDAP und Leiter der Deutschen Arbeitsfront, hätten in ihren Luftschutzkellern Bars eingerichtet, „und trieben dort ihre Lustbarkeiten, wenn die Bevölkerung bombardiert würde".

Am 6. Dezember 1943 wird Max Zienows Wohnung in der Virchowstraße 3 durchsucht, er selber wird zum Verhör ins EL-DE-Haus gebracht. Aus der NSDAP ist er bereits sechs Wochen vorher ausgeschlossen worden. Die Begründung der Kölner Kreisleitung: „Die politische Zuverlässigkeit ist nicht gegeben." Maria Zienow hat sich jener 6. Dezember 1943 ins Gedächtnis eingebrannt. „Als ich nachmittags von der Nikolausfeier im Kindergarten nach Hause kam, sagte Mutter nur: Vater haben sie abgeholt. Ich war inzwischen 22 Jahre alt, und das alles hat mich sehr getroffen."

Die Beweisaufnahme zieht sich hin bis ins neue Jahr. Nachbarn, Parteigenossen und die Angestellten von der Obersten Bauleitung der Reichsautobahnen werden von der Gestapo vernommen. Vor allem einige seiner Bürokollegen belasten Max Zienow schwer. Der neue Büroleiter sei von Anfang an in politischer Hinsicht aufgefallen, sagt Josef Weißmüller aus. Im August 1944 wird er seine Vorwürfe vor dem Volksgerichtshof in Berlin wiederholen. „Den deutschen Gruß wandte er fast selten an und erwiderte diesen auch nicht. Meist zog er den Hut beim Grüßen." Außerdem habe Zienow bei der Bekanntgabe des Wehrmachtsberichts fast täglich dessen Wahrheitsgehalt angezweifelt und Reichsminister Goebbels mehrmals als Lügenpropagandaminister bezeichnet. „Er war offensichtlich bemüht, die einzig dastehenden Erfolge unserer Wehrmacht herabzusetzen und eine schlechte Stimmung hervorzurufen."

Andere Kollegen vom Kaiser-Friedrich-Ufer stoßen ins gleiche Horn. Auch ihm sei aufgefallen, dass der neue Chef „in manchen Dingen eine Haltung gegen den Nationalsozialismus eingenommen hat", sagt der technische Angestellte Richard Pfeiffer aus. „Es kam mir so vor, dass er verbittert war, weil er durch die Machtübernahme seine vorherige Stellung verlor." Der Kollege sei menschlich zwar „ein tadelloser Kerl", doch „allgemein kann ich sagen, dass Zienow so, wie ich ihn kennengelernt habe, kein Nationalsozialist ist". Pfeiffers Ehefrau Wilhelmine kann sich ihrerseits an eine Unterhaltung mit Max Zienow erinnern, in der er sich „in sehr abstoßender Weise gegen die heutige Regierung und besonders gegen Doktor Goebbels" geäußert habe. Sie will ihm damals geraten haben, sich anderen gegenüber mit solchen Äußerungen zurückzuhalten. „Sonst kann es Ihnen einmal dumm ergehen."

Max Zienow steht zu den meisten seiner angeblichen Verfehlungen, andere Vorwürfe relativiert er und versucht, ihnen damit die Schärfe zu nehmen. Allein die Aussagen von Elise Schriedels weist er als dreiste Lügen zurück. Ja, er habe das Parteiabzeichen nicht immer getragen, den deutschen Gruß nicht immer entrichtet. Auch habe er verschiedentlich die Wehrmachtsberichte angezweifelt. Allerdings sei es nicht seine Absicht gewesen, die Erfolge der Wehrmacht herabzusetzen. „Wenn im Wehrmachtsbericht durchgegeben wurde, wir hätten diesen oder jenen größeren Sieg ohne viele Verluste errungen, dann brachte ich zum Ausdruck, dass wir uns durch die ewige Offensive ausbluten könnten, zumal unsere Fronten immer größer wurden." Ebenso habe er die Ansicht geäußert, dass derartige Siege stets große Opfer kosteten, „was aber aus propagandistischen Gründen nicht gesagt werden durfte".

Am 19. Januar 1944 wird Max Zienow erneut ins EL-DE-Haus einbestellt und von Kriminalobersekretär Erich Kuhfeldt vom „Referat für Heimtückeangelegenheiten, Kriegsdelikte, Feindpropaganda und politisches Fälschungswesen" verhört. Wieder verwahrt er sich gegen die Anschuldigungen von Elise Schriedels und beteuert, überzeugter Nationalsozialist zu sein. Es bedrücke ihn außerordentlich, dass er in seiner vaterländischen Gesinnung durch diese Behauptungen als Staatsfeind hingestellt werde und der Eindruck hervorgerufen werde, dass er an eine Kriegsniederlage glaube, erklärt er laut Protokoll am Ende des Verhörs. „Ich bin im Gegenteil vom Sieg unserer ruhmvollen Armee überzeugt." Selbst diese Solidaritätsadresse an das NS-Regime rettet ihn nicht. Um 15.45 Uhr desselben Tages wird Max Zienow verhaftet und in das Gefängnis Klingelpütz überstellt.

„Wenigstens haben sie ihn dort gut behandelt", sagt Maria Zienow. „Er war Kalfaktor und musste nicht die ganze Zeit in der Zelle verbringen, sondern durfte kleine Verrichtungen machen." Mehrmals besucht sie den Vater, der den Ernst der Lage immer noch nicht zu begreifen scheint, im Gefängnis. „Er hat nicht damit gerechnet, zum Tode verurteilt zu werden. Er dachte, dass er seine Strafe absitzt, und danach ist alles vorbei."

Im April 1944 verweist die Kölner Staatsanwaltschaft den Fall Zienow schließlich an den Volksgerichtshof in Berlin. An das „Blutgericht", wie es im Volksmund heißt. Der Beschuldigte habe sich eines Verbrechens nach Paragraf 5 der Kriegssonderstrafrechtsverordnung schuldig gemacht, da seine öffentlichen Äußerungen geeignet gewesen seien, das Vertrauen des Volkes zur politischen Führung zu untergraben und den Wehrwillen des deutschen Volkes zu lähmen und zu zersetzen, lautet die Begründung.

Damit ist das Schicksal des 53-Jährigen besiegelt. Laut Paragraf 5 der Kriegssonderstrafrechtsverordnung wird mit dem Tode bestraft, „wer öffentlich dazu auffordert oder anreizt, die Erfüllung der Dienstpflicht in der deutschen oder einer verbündeten Wehrmacht zu verweigern, oder sonst öffentlich den Willen des deutschen oder verbündeten Volkes zur wehrhaften Selbstbehauptung zu lähmen oder zu zersetzen sucht". Am 24. Mai 1944 wird Max Zienow „zur dortigen Verfügung in die Untersuchungshaftanstalt beim Kriminalgericht Berlin NW 40, Alt Moabit 12a, mittels Einzeltransport überstellt". Am Mittwoch, dem 23. August 1944, um 9.30 Uhr beginnt vor dem Volksgerichtshof die Hauptverhandlung gegen den Kölner Architekten wegen Wehrkraftzersetzung und Feindbegünstigung. Berta Zienow sitzt im Zuschauerraum und verfolgt mit versteinerter Miene die Verhandlung.

Das Gericht ist sich schnell einig. Um 12.55 Uhr verkündet Kammergerichtsrat Hermann Granzow das Urteil, und Berta Zienow schreit auf: Todesstrafe und lebenslanger Ehrverlust. Der Angeklagte Max Zienow habe „insbesondere im September 1943 gegenüber einer Volksgenossin verächtliche Bemerkungen über den Führer und seine Handlungsweise gemacht, die in gröbster Weise den deutschen Wehrwillen lähmen konnten, und dadurch auch unsere Feinde begünstigt", so die Begründung.

Eine Woche später wird der Todeskandidat unter der Zugangsnummer 1815/44 in das Zuchthaus Brandenburg-Görden überführt. Max Zienow versucht, den Tod vor Augen, in einem letzten Aufbäumen gegen das Unvermeidliche zu retten, was nicht mehr zu retten ist. Ein eilig eingereichtes handschriftliches Gnadengesuch, in dem er sich ein letztes Mal gegen die Beschuldigungen der Zeugin Elise Schriedels verwahrt und erneut seine Treue zum NS-Regime beteuert, wird abgelehnt, die Vollstreckung des Todesurteils auf den 9. Oktober 1944 um 12.30 Uhr angesetzt.

Das Hauptgebäude des Zuchthauses Brandenburg-Görden, Juni 1930. Der Originaltitel des Fotos lautet: „Das Hauptgebäude des modernsten Zuchthauses Europas in Brandenburg a/Havel ist fertiggestellt. Man vermutet beim Anblick dieses Gebäudes alles andere als ein Zuchthaus" (Foto: Georg Pahl)
Bundesarchiv, Bild 102-11695 / Georg Pahl / CC-BY-SA 3.0

„Mutter durfte Vater ein letztes Mal besuchen", erinnert sich Maria Zienow, die damals allein in Köln zurückblieb. „Er hat noch versucht, sie zu trösten und gesagt: Sei nicht traurig. Trage das tapfer. Ich muss jetzt dafür einstehen, was ich im Leben vielleicht nicht so gut gemacht habe." Am 9. Oktober 1944 um 12.50 Uhr wird Max Zienow im Zuchthaus Brandenburg-Görden von Scharfrichter Wilhelm Röttger mit dem Fallbeil hingerichtet. Zehn Tage später erhält Berta Zienow Post vom Oberreichsanwalt beim Volksgerichtshof Ernst Lautz. „Das am 13. August 1944 gegen Ihren Ehemann ergangene Todesurteil ist am 9. Oktober vollstreckt worden. Die Veröffentlichung einer Todesanzeige ist nicht zulässig."

Maria Zienow und ihre Mutter werden in der Nacht vom 30. auf den 31. Oktober 1944 ausgebombt, das Haus in der Virchowstraße wird komplett zerstört. Wenige Tage später fliehen sie nach Sachsen und kehren erst nach Kriegsende nach Köln zurück. Das Schicksal des Vaters habe ihr ganzes Leben überschattet, sagt Maria Zienow. Bis

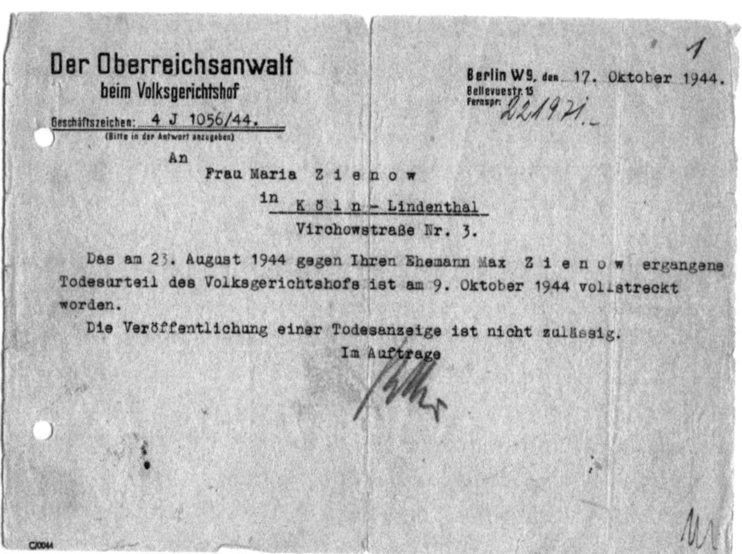

1

Der Oberreichsanwalt
beim Volksgerichtshof

Geschäftszeichen: 4 J 1056/44.
(Bitte in der Antwort anzugeben)

Berlin W 9, den 17. Oktober 1944.
Bellevuestr. 15
Fernspr. 221971.

An
Frau Maria Z i e n o w
in K ö l n - Lindenthal
Virchowstraße Nr. 3.

Das am 23. August 1944 gegen Ihren Ehemann Max Z i e n o w ergangene Todesurteil des Volksgerichtshofs ist am 9. Oktober 1944 vollstreckt worden.

Die Veröffentlichung einer Todesanzeige ist nicht zulässig.

Im Auftrage

Vollstreckungsmeldung des Todesurteils von Max Zienow an Ehefrau Maria: „Die Veröffentlichung einer Todesanzeige ist nicht zulässig"
NS-DOK Köln, N 3226,2

heute frage sie sich, warum dieser Gott, an den auch sie glaube, so viel Unglück zulasse. „Aber ich musste das alles zum Glück nicht allein tragen. Meine Mutter war nach Vaters Tod sehr tapfer und hat mir vieles abgenommen, weil ich doch so viel Schweres erlebt hatte."

Jesus! Maria! Josef!

„Haben wir Gutes aus der Hand Gottes angenommen, warum sollen wir nicht auch Übles annehmen? Wie es dem Herrn gefallen hat, so ist es geschehen. Der Herr hat es gegeben, der Herr hat es genommen. Des Herrn Name sei gepriesen."
(Dulder Job)

Gebetsandenken
an B.-Ingenieur
Max Bernhard Zienow
Architekt

Geboren am 12. März 1891 in Saerbeck i. Westf., verheiratete er sich am 12. März 1920 mit Berta Teuber, die ihm in glücklicher [illegible] eine Tochter schenkte. Aus tiefer religiöser Überzeugung gehörte er ganz seiner Familie und seiner Berufsarbeit. Weil er aus seiner Ablehnung des damaligen politischen Systems keinen Hehl machte, wurde er am 19. Januar 1944 verhaftet und am 9. Oktober 1944 in Brandenburg hingerichtet. Die letzten Worte an seine leidgeprüfte Gattin waren: „Ich opfere das auf für Dinge, die ich im Leben falsch gemacht; wehe tut es mir nur, daß meine Tochter, noch so jung, doch dieses alles schon mitmachen muß." Gott möge das Opfer seines irdischen Lebens vergelten mit den unvergänglichen Freuden des ewigen Lebens.

Gebetsandenken an Max Zienow
NS-DOK Köln, N 3226,15

Widerstand und Verweigerung im Dritten Reich

Wie viele Menschen in Deutschland sich wie Max Zienow mehr oder minder subtil gegen ein System wenden, dessen Politik sie als falsch oder sogar verbrecherisch empfinden, ist schwer zu sagen. „Gegnerschaft und Widerstand gegen den Nationalsozialismus bildeten über den gesamten Zeitraum nationalsozialistischer Herrschaft keine Konstanten", schreibt Horst Matzerath, langjähriger Direktor des NS-Dokumentationszentrums der Stadt Köln, in seinem Buch „Köln in der Zeit des Nationalsozialismus". Die Motive der Regimekritiker sind höchst unterschiedlich. „Enttäuschter ‚Idealismus' ehemaliger Nationalsozialisten konnte sich in grundsätzliche Ablehnung verwandeln, euphorische Zustimmung bei der Machtergreifung in tiefe Skepsis umschlagen. Kritik konnte sich an bestimmten Maßnahmen entzünden und darauf beschränken oder sich zu prinzipieller Ablehnung auswachsen."

Dementsprechend groß ist die Bandbreite des politischen Widerstands, und nicht jede Form der Kritik mag auf den ersten Blick als solche erkennbar sein. Gefährlich ist sie in jedem Fall. „Schon Kleinigkeiten konnten Konflikte mit den Anforderungen der Partei heraufbeschwören" und als Ausdruck einer staatsfeindlichen Gesinnung gelten, heißt es bei Matzerath: die unterlassene Beflaggung des Hauses an nationalen Feiertagen, eine angeblich zu kleine Hakenkreuzfahne, eine Kopfbedeckung, die nicht abgenommen wird, wenn eine NS-Formation mit Fahnen vorbeimarschiert, ein vernuschelter Hitlergruß oder ein herabgelassenes Rollo an Adolf Hitlers Geburtstag am 20. April.

Zwei Gesetze erleichtern die Verfolgung der „Staatsfeinde": die „Verordnung des Reichspräsidenten zur Abwehr heimtückischer Angriffe gegen die Regierung der nationalen Erhebung" vom 21. März 1933 und das „Gesetz gegen heimtückische Angriffe auf Staat und Partei und zum Schutz des Parteiuniformen" vom 20. Dezember 1934. „Damit", schreibt Matzerath, „wurden bis dahin ‚normale' Verhaltensweisen potentiell zu politischen Verstößen." Ein Jahr vor Beginn des Zweiten Weltkriegs verschärft ein weiteres Gesetz die Situation all jener Menschen, die als potenzielle Regimegegner ins Visier der Staatsmacht geraten: die Kriegssonderstrafrechtsverordnung vom 17. August 1938. Von besonderer Bedeutung ist Paragraf 5 „Zersetzung der Wehrkraft", der Max Zienow und auch Klara und Fritz Stoffels als Zeugen Jehovas zum Verhängnis wird (siehe Kapitel Klara und Fritz Stoffels).

Stolperstein Mathilde Joseph, Schildergasse 57 (früher 59, Foto: Karin Richert)

Karin Richert

„Tante Mathilde ergab sich nie“

**Mathilde Joseph,
1865 geboren in Michelstadt.
Verfolgt als Jüdin.
1942 Suizid in Köln.**

Schildergasse 59, heute 57

Mathilde Joseph starb gegen drei Uhr morgens. „Selbstmord durch Sturz aus dem Fenster.“ So steht es in der Anzeige der Kriminalpolizei Köln vom 22. Juni 1942, und so steht es auch in ihrer Sterbeurkunde. Nur wenige Stunden nach ihrem Suizid wäre Mathilde Joseph in das Ghetto Theresienstadt deportiert worden. Dem entzog sie sich durch den Tod von eigener Hand – eine Frau von 77 Jahren, die alles verloren hatte außer ihren Willen, nicht länger andere über sich bestimmen zu lassen.

Mathilde Joseph gehört zu der bekannten Kölner Kaufmannsfamilie Joseph. Ihr Vater Abraham Moses Joseph gründete 1872 das wohl schönste und größte Schuhgeschäft der Stadt: das Schuhhaus A. M. Joseph in der Breite Straße. Geboren wird sie am 6. März 1865 im hessischen Michelstadt, einem 3000-Seelen-Ort im Odenwald. Seit dem 17. Jahrhundert besteht in der verwinkelten Kleinstadt eine jüdische Gemeinde, mehr geduldet als geachtet von der christlichen Mehrheit. Mathildes Urgroßvater Abraham Joseph hatte sich 1746 in Michelstadt niedergelassen. Seit 1775 bewohnt die Familie Joseph eine Haushälfte in der Neutorstraße 2. Vermutlich wurde auch Mathilde dort geboren. Mitte des 19. Jahrhunderts ist die Gemeinde auf knapp 200 Mitglieder angewachsen – und dank der angeblichen Wundertaten des jüngst verstorbenen Rabbi Seckel Löb Wormser auch jenseits des Odenwalds bekannt. Noch heute hängt ein Bild von ihm in der örtlichen Synagoge.

Die meisten Juden sind Tagelöhner, Händler und Viehverkäufer, die ihre Familien kaum ernähren können. Auch Abraham Joseph, 1828 in Michelstadt geboren, verdient wie schon der Vater sein Geld als Viehhändler. 1856 hat er in Darmstadt die vier Jahre jüngere Betty Hess

Marktplatz Michelstadt, Rathaus und dahinter die Evangelische Stadtkirche, zwischen 1900 und 1939
Bildarchiv Foto Marburg, Aufnahme-Nr. 1.614.671a

geheiratet. Mathilde ist das fünfte Kind des Paares, ein zartes Mädchen mit schiefen Knochen, dessen Rückgrat sich zu einem leichten Buckel krümmt. Ein Leben lang wird sie eine kleine und schmächtige Person bleiben, das Sorgenkind ihrer Mutter, mit der sie bis zu deren Tod zusammenlebt. Nach ihr werden noch zwei weitere Kinder geboren.

Als Mathilde sieben Jahre alt ist, zieht die neunköpfige Familie nach Köln, und Abraham Joseph eröffnet in der Breite Straße 1 das Schuhhaus A. M. Joseph. Der ehemalige Viehhändler erweist sich als geschickter Geschäftsmann mit einem guten Gespür für die Wünsche seiner städtischen Kundschaft. Schon bald zieht das junge Unternehmen um in ein Ladenlokal in der Schildergasse 81. Abrahams Sohn und Nachfolger Adolph Joseph verlegt den Firmensitz Anfang der 1890er-Jahre schließlich in die Schildergasse 59, die heutige Nummer 57, wo Mathilde Joseph den Großteil ihres Lebens verbringen wird. Mehr als 40 Jahre gilt diese Adresse in Köln als Synonym für feinstes Schuhwerk, dargeboten in einem lichtdurchfluteten Verkaufspa-ast mit mehreren Stockwerken und einem goldglänzenden Schriftzug

Schildergasse, um 1905
NS-DOK Köln, N 2252,3

über dem Haupteingang. Heute steht an nämlicher Stelle das Kaufhaus Peek & Cloppenburg. Davor erinnert seit 2013 ein Stolperstein an das Schicksal von Mathilde Joseph.

Der Standort ist klug gewählt. Die Schildergasse hat sich in der zweiten Hälfte des 19. Jahrhunderts zu einer der Flaniermeilen von Köln entwickelt. Viele der kleinen Lokale und Einzelhandelsgeschäfte, Buchhandlungen, Schneidereien, Kleider- und Haushaltswarenläden haben jüdische Besitzer.

Die Glas- und Porzellanwarenhandlung Jacob Marcan in Haus 84 a mit ihren großen Schaufenstern und den ultramodernen Verkaufsräumen gehört den Nachfahren von Jacob und Alwine Marcan aus Wesel, die um 1860 nach Köln gezogen sind. Die renommierte Papierhandlung Hermann Gompertz in Haus 72–74 wird von den miteinander verbandelten Familien Gompertz und Hermann Cohen geführt. Auch die Städtische Israelitische Volksschule, ein schlichter, zweiflügeliger Bau, hat seit Mitte der 1870er-Jahre in der Schildergasse ihren Sitz wenn auch weit zurückgesetzt von der Straße und nur durch einen schmalen Zugang zwischen zwei Häusern zu erreichen. Erst 1922 wird sie in der Lützowstraße ein neues Gebäude beziehen.

Das Schuhhaus A. M. Joseph, Schildergasse 59
Historisches Archiv der Stadt Köln, Best. 1230 (Joseph, Artur), A 8

Doch kein Haus ist so prachtvoll wie das Schuhgeschäft der Familie Joseph. „Als Kind war es jedes Mal ein Erlebnis, mit der Mutter einen Besuch dort zu machen. Von weitem schon sahen wir freudig erregt die vielfenstrige Fassade, die in ihrer großzügigen Architektur sich von den kleineren Häusern der Umgebung abhob", schreibt Mathildes Neffe Artur Joseph in seiner Autobiografie „Meines Vaters Haus". Voller Stolz liest der kleine Junge „immer wieder das prächtige Schild mit unserem Namen", lässt den Blick über die Front schweifen und ist begeistert, wenn sich die Menschen staunend vor den sieben Schaufenstern drängen.

Das Innere des Einkaufsparadieses kann sich ebenfalls sehen lassen. „Dunkel gekleidete Verkäufer und Verkäuferinnen liefen emsig hin und her, kletterten die Rollleitern vor den Regalen hoch bis zur Decke, um Kartons herab zu holen, oder saßen auf kleinen Bänkchen zu Füßen der Kundschaft, die von der Höhe ihrer Sessel gnädig Befehle erteilte." In den Schaufenstern, schwärmt Artur Joseph, liegen „mit Gold- und Silberfäden durchzogene, mit Brillanten besetzte Brokatschuhe auf zierlichem Stelz (Absatz, Anm. d. Verf.) von den feinen Füßen blonder Prinzessinnen, die bezaubernd gekleidet durch die Säle ihrer Paläste schweben“. Perserteppiche bedecken die Böden, und in dem mit Spiegeln verkleideten sogenannten Lichtzimmer im ersten Stock schirmt ein schwerer Samtvorhang die Kundinnen vor neugierigen Blicken ab.

Mehr als sechs Jahrzehnte bestimmt das Geschäft das Leben der Familie Joseph. „Es lenkte uns mehr, als wir es beherrschten. Nie entließ es uns aus seinem Bann: den Vater und die Mutter nicht und nicht uns Kinder. Es war der Gradmesser des Könnens, des Fleißes, der Vernunft: Es glich einem Richter, der emporheben und verwerfen konnte, zu jeder Stunde“, schreibt Artur Joseph, der nach dem Tod seines Vaters im Jahr 1928 das Familienunternehmen in der dritten Generation übernimmt.

Auch Mathilde Joseph und ihre beiden älteren Schwestern Sidonie und Jenny sind Teil der Firma. Jenny, schon mit 15 Jahren „ein eigenwilliges Persönchen, mittelgroß, drall“ und ein wenig kokett, konzentriert sich auf die männliche Kundschaft. „Angeblich, weil sie sich besonders für Herrenschuhe interessierte, in Wirklichkeit, um die Begegnung mit ‚Mannsvolk‘ als Anknüpfungspunkt auszunutzen.“ Ihren Stammkunden verpasst sie heimlich Spitznamen, die nicht immer schmeichelhaft sind. „Herr Hinterhältig, Herr Nörgler, Herr Billig, Herr Poussierstengel“, wispert sie vor sich hin, während sie die Männer mit einem strahlenden Lächeln begrüßt. Abraham Joseph weiß nichts von den Gedankenspielen seiner Tochter. Der Firmengründer hätte es gewiss missbilligt, vermutet Artur Joseph. „Weil er bei jeder Gelegenheit seine Kunden als seine Freunde pries.“

Nach ihrer Heirat bleibt Jenny der Branche treu. Mit ihrem Ehemann Siegfried Sternberg führt sie bis zum Jahr 1922 am Theaterplatz 17 in Aachen die Schuhwarenhandlung S. Sternberg Schuh-Haus. Sidonie heiratet einen gewissen Siegfried Silbermann und zieht mit ihm nach Frankfurt am Main.

Mathilde Josephs Lebensinhalt bleibt das Geschäft in der Schildergasse. Sie ist beliebt bei den Kundinnen und Kunden, die ihre kompetente, stets freundliche Beratung zu schätzen wissen. „Wenn nur Mathilde da ist, kann ich beruhigt abwesend sein“, lobt Adolph Joseph den unermüdlichen Einsatz der Schwester für das prosperierende Familienunternehmen. „Sie versteht nicht viel vom Disponieren, aber sie sorgt für Ordnung, und das ist die Hauptsache.“

Adolph Joseph hat den Betrieb nach dem Tod des Vaters im Jahr 1887 übernommen und ist mit der Frankfurter Kaufmannstochter

Jenny Erlanger verheiratet. Inzwischen betreibt das Schuhhaus Joseph Filialen in Bonn, Koblenz und Frankfurt. 1914 beläuft sich der Jahresumsatz auf zwei Millionen Reichsmark. „Ich habe viel Erfolg im Leben gehabt, weil ich immer sehr fleißig war, und weil ich, obgleich ich mein Ziel hoch stecke, niemals große Rosinen im Kopf trug", erzählt Adolph Joseph seinem heranwachsenden Sohn Artur bei einem ihrer gemeinsamen Sonntagspaziergänge. Der Unternehmer versteht sich wie auch der Rest der Familie als treuer Deutscher und gottesfürchtiger Jude. „Unser Vaterland ist Deutschland. Ich bin Deutscher, und meine Religion ist Privatsache", betont er häufig.

Anfang der 1890er-Jahre zieht Mathilde Joseph mit ihrer verwitweten Mutter Betty vom Perlenpfuhl 33–37, wo sie zuvor lebten, in das Geschäftshaus in der Schildergasse 59. Sie ist jetzt Ende zwanzig, ein Ehepartner hat sich nicht gefunden. Jeden Morgen steigt sie mit einem großen Schlüsselbund in der Hand die Treppen ins Erdgeschoss hinunter, um das Hauptportal des Schuhhauses auf- und abends wieder abzuschließen. Die Wohnung der beiden Frauen liegt in der dritten Etage. „Eine hohe Treppe führte außerhalb der Geschäftsräume zu ihr empor" und lässt ahnen, wie abgeschieden Mutter und Tochter leben. Im Wohnzimmer steht ein alter Sekretär aus Nussbaumholz mit zahlreichen Schubladen und Geheimfächern, der für den jungen Artur „stets etwas Mystisches" an sich hat. Ein bequemer Sessel ist für „Oma Bettychen" ans Fenster gerückt. Von dort aus hat die alte Dame den besten Blick über die Stadt. In der Ferne sind sogar die Türme des 1880 vollendeten Kölner Doms zu sehen.

Direkt neben dem Haus liegt die evangelische Antoniter-Kirche, ein schlichter Bau aus dem 14. Jahrhundert. Dort wird im Mai 1911 die spätere Widerstandskämpferin Freya von Moltke getauft. Und dort wird knapp 30 Jahre später ein Seitenaltar zu einer „Kriegsgedächtnisstätte" umfunktioniert werden, die von einer großen Hakenkreuzfahne dominiert wird. Schuhhaus und Kirche grenzen – anders als die Gebäude heute – unmittelbar aneinander, und während des Gottesdienstes hört man in der Küche von Betty und Mathilde Joseph die an- und abschwellenden Töne der Orgel jenseits der Mauer. „Ein feste Burg ist unser Gott", „Geh aus mein Herz und suche Freud in dieser lieben Sommerzeit." Auch der junge Artur lauscht oft gemeinsam mit der Großmutter und der Tante den Liedern, „die von drüben über das Herdfeuer kommen".

Für Artur und seinen zwei Jahre jüngeren Bruder Manfred ist die Wohnung über den Verkaufsräumen des Schuhhauses ein geheimes Reich, das sie nur nach vorheriger Anmeldung betreten dürfen. „Ruhe war dort zu finden und Verständnis für die Aufregungen des kindlichen Lebens." Als Artur während eines Besuchs bei Großmutter und Tante an Masern erkrankt, sitzt Mathilde Joseph Nacht für Nacht „mit ihrem gebeugten Rücken" am Bett ihres Lieblingsneffen, flößt ihm heiße Milch ein und singt ihm etwas vor, bis er wieder eingeschlafen ist. Tapfer sei sie zeit ihres Lebens gewesen. Tapfer und willensstark. „Tante Mathilde ergab sich nie."

Mathilde Joseph umsorgt auch die Mutter mit Hingabe. „Tagsüber im Geschäft tätig, war sie oben immer noch das Kind." Betty Joseph, 1832 im hessischen Windecken geboren, ist eine energische Frau, deren schmalem Körper man nicht ansieht, dass er sieben Kinder zur Welt gebracht hat. „Immer bewegte sie sich schnell. Sie lief mehr, als sie ging, auch als ihr Rücken schon müde und gekrümmt war." Ihr Wort hat Gewicht in der Familie. Wenn Betty Joseph etwas nicht passt, dann presst sie den Mund zu einem dünnen Strich zusammen, und ihre „tiefe, sonst gütig-ruhige Stimme" wird „knapp und entschlossen". Bis zu ihrem Tod trägt sie den Sheitel, die Perücke der verheirateten orthodoxen Frauen. Das eigene Haar hatte man ihr zu ihrem Leidwesen am Tag ihrer Hochzeit abgeschnitten.

Wenn am Freitagnachmittag der Sabbat beginnt, ziehen Mathilde Joseph und die Mutter ihre besten Kleider an. Sobald es dämmrig ist, wird der Tisch mit einer schneeweißem Damastdecke gedeckt. Betty Joseph stellt zwei Leuchter darauf, zündet die Kerzen an und beginnt zu beten. „Lautlos bewegten sich die Lippen der Großmutter, die tief im Gebet versunken vor dem Tisch stand. Nach einer Weile hob sie Kopf und Arme gegen die Decke, ließ darauf langsam die Hände zu den brennenden Kerzen sinken, beschrieb zum Abschluss der Gebärde mit geöffneten Fingern einen Bogen über dem Licht."

Das Lichterfest Chanukka im Dezember feiert die Familie gemeinsam in der Wohnung von Oma Bettychen und Tante Mathilde. Oft habe es Streit gegeben, weil die Großmutter die Leuchter zu dicht an die Fenster gestellt hätte, erinnert sich Artur Joseph an etliche spannungsgeladene Familienfeiern. Vergeblich habe der Vater die alte Dame zu überzeugen versucht, „dass die Leuchter auf den Tisch in der Mitte des Raumes gehörten, und dass die Passanten nicht unbedingt

Annonce des Schuhhauses A.M. Joseph, um 1930
NS-DOK Köln

auf private Vorgänge in einem Geschäftshaus aufmerksam gemacht werden sollten". Natürlich habe die Großmutter sich in ihrer Überzeugung nicht beirren lassen.

Längst ist das Schuhhaus Joseph in Köln eine Institution und weit über die Grenzen der Stadt bekannt. Zur Karnevalszeit singen die Jecken in den Kneipen und Sitzungssälen: „Maria un Joseph, die han en der Schelderjaß en Schohnsjeschäff" – Maria und Joseph haben in der Schildergasse ein Schuhgeschäft. Der Berliner Schriftsteller und Kabarettist Joachim Ringelnatz, ein Freund von Artur Joseph, widmet dem berühmten Schuhhaus Anfang der 1930er-Jahre sogar ein kleines Gedicht. „Und ich weiß, wie auch der raue / Seemann seine Stiefel liebt und pflegt. / Und Herrn Joseph sag ich frei und überlegt, / dass ich gern in seine Fenster schaue", reimt er ein wenig holprig in dem Mehrstropher „Ehe du Schuhe kaufst".

Adolph und Artur Joseph reisen regelmäßig in die Metropolen Europas, um sich über die neuesten Trends auf dem Schuhmarkt zu informieren. Der Schwerpunkt des Angebots liegt auf „erstklassigen Luxusschuhen internationalen Geschmacks", doch es gibt auch modisches Schuhwerk zu erschwinglichen Preisen. Seine Schuhe bei Josephs zu kaufen ist ein Muss in Kölns gutbürgerlichen Kreisen. Dem Schriftsteller Heinrich Böll bleibt sein erster Schuhkauf in der liebevoll dekorierten Kinderabteilung des Hauses ein Leben lang in Erinnerung. Eine Art Knappenweihe sei das gewesen, ähnlich dem Eintritt in die bürgerliche Gesellschaft, schreibt er im Vorwort zu Artur Josephs Autobiografie. „Nach den ersten Jahren schuhlischer Anarchie wird man plötzlich zum Gegenstand umständlicher Überlegungen: Frische Strümpfe, gewaschene Füße, vielerlei Vorbereitungen, um ein Problem zu lösen, das bis dato keins gewesen war."

Selbst die Inflation übersteht das Kölner Schuhhaus relativ unbeschadet. Das Familienvermögen wächst. 1924 beziehen Adolph und Jenny Joseph mit ihren beiden inzwischen erwachsenen Söhnen in der Goltsteinstraße 210 in Köln-Bayenthal eine luxuriöse Villa mit 15 Zimmern und einem parkähnlichen Garten. Das Palais, so die familieninterne Bezeichnung, ist Adolph Josephs ganzer Stolz. „Die Fassade aus rotem Klinker, das Portal geschützt durch ein von vier starken Säulen getragenes Vordach." Die Tapeten in der Empfangshalle sind aus grünem Leder, die Fliesen im Musikzimmer aus Marmor. Zur schicklichen Besuchsstunde habe die Türglocke nicht mehr stillgestanden, erinnert sich Artur Joseph. Scharen von Freunden, Bekannten und „Leuten, die wir kaum kannten", wandern staunend durch die Räume, um „das ‚fabelhafte' Haus zu besichtigen und einmal darin gewesen zu sein".

Legendär sind auch Adolph Josephs Rosenmontagsfeiern. Bis zu 300 Gäste drängen sich an diesem Tag schon frühzeitig in den Verkaufsräumen des Schuhhauses in der Schildergasse, „damit sie aufs bequemste Wagen und Reiter und das ganze Tschingdara und Trullala" bewundern können. Die Schaufenster im Erdgeschoss sind leergeräumt, die Vitrinen in der ersten Etage beiseite gerückt. Fabrikanten, Karnevalisten, Schauspieler, Sänger und Lokalpolitiker mit ihren Familien – „keiner ließ sich vergeblich bitten". Die Gäste werden bewirtet mit Kaffee und Kuchen, Muuzen und Muuzemändelcher, dem typischen Kölner Karnevalsgebäck. Der Sekt fließt in Strömen. Die Rosenmontagskapellen spielen einen Tusch nach dem anderen, wenn sie an der breiten Fensterfront vorbeiziehen, Strüssjer – kleine Blumensträuße – fliegen, Kamelle – Karamellbonbons – prasseln in der ersten Etage zwischen den Schuhregalen auf die Perserteppiche. Ein Strauß roter Rosen schafft es 1894 sogar vom Prinzenwagen in Betty

Kölner Karneval 1934, antisemitischer Mottowagen „Die Letzten ziehen ab"
NS-DOK Köln, N 3075

und Mathilde Josephs Wohnzimmer in der dritten Etage. Geworfen hat ihn ein Freund der Familie, der Teppichfabrikant Josef Wingender, der in jenem Jahr Karnevalsprinz ist.

1915 ist der Spaß vorerst vorbei. Während des Ersten Weltkriegs und der Besatzungszeit der Engländer finden in Köln keine Rosenmontagszüge statt. Endlich, am 28. Februar 1927, ziehen die ersten Wagen seit zwölf Jahren durch die Kölner Innenstadt. Tschingdara und Trullala. Für Adolph Joseph ist das Spektakel einer der letzten Umzüge, die er noch erleben darf. Der 67-Jährige stirbt am 13. August 1928 an den Folgen eines Schlaganfalls. Nur sechs Jahre später rollt der erste antisemitische Karnevalswagen durch die Schildergasse, vorbei auch am Schuhhaus Joseph. Die Karnevalisten haben sich mit langen Bärten und hohen schwarzen Hüten als orthodoxe Juden kostümiert. Auf einem Schild steht das Motto des Wagens: „Die Letzten ziehen ab."

Mathilde Joseph lebt seit dem Tod ihrer Mutter allein in der Wohnung in der Schildergasse. Dem Familienunternehmen fühlt sie sich nach wie vor eng verbunden. Regelmäßig ruft sie in Artur Josephs Büro an und bittet den Neffen, der seit dem Tod des Vaters das Familienunternehmen führt, zu ihr hochzukommen. Es gebe „Wichtiges zu besprechen und zu berichten“. Mal hat sie in den Auslagen der Konkurrenz ein paar interessante Novitäten entdeckt, von denen sie ihm unbedingt erzählen muss. Mal ist ihr im eigenen Geschäft etwas aufgefallen, das ihr Missfallen erregt hat. „Dabei servierte sie gern eine freundliche Zwischenmahlzeit mit Fleischwurst, selbst eingemachten Senfgurken und duftendem Kaffee.“

Finanziell geht es dem Geschäft besser denn je: Das Unternehmen habe sich in einer stetig steigenden Kurve bewegt, während sich das Lebensgefühl der Zeit zusehends verdüstert habe, schreibt Artur Joseph. Der sogenannte Schwarze Donnerstag, der Börsenkrach am 24. Oktober 1929 in New York also, und die nachfolgende Weltwirtschaftskrise haben die deutsche Wirtschaft erschüttert. Die Arbeitslosenzahlen steigen und erreichen im Januar 1932 mit 7,6 Millionen Betroffenen ihren Höhepunkt. Die deutsche Regierung taumelt von einer Krise in die nächste. Innerhalb von zwei Jahren finden vier Reichstagswahlen statt, ohne dass eine regierungsfähige Mehrheit zustande kommt. „Von 1930 an verwickelte und verschlechterte sich die allgemeine Lage“, fasst Artur Joseph die prekäre Situation zusammen.

Der junge Unternehmer ist wie sein Vater „ganz mit dem Geschäft verwachsen“ und tritt als dessen Geschäftsführer mehr und mehr ins öffentliche Leben. Er sitzt im Schiedsgericht der Industrie- und Handelskammer Köln und im Modeausschuss für die Deutsche Schuhwirtschaft in Berlin. Auch in der jüdischen Gemeinde und in der Rheinlandloge ist er aktiv. Doch die wachsenden Ressentiments gegen Juden bereiten nicht nur Artur Joseph zunehmend Sorgen.

„Sei auf der Hut“, hatten ihn schon 1919 einige christlichen Freunde gewarnt. Deutschland habe den Krieg verloren, und die wahren Schuldigen seien gewillt, die Juden zum Sündenbock zu machen. „Fühlt euch nicht sicher“, ermahnt auch Ludwig Rosenthal die jüdische Gemeinde. Regelmäßig thematisiert der Rabbiner in seinen Predigten in der Synagoge Glockengasse die Judenfeindlichkeit der Deutschen: „Seid euch bei allem, was ihr unternehmt, bewusst, wie die Umwelt euch jeden Augenblick beobachtet! Hütet euch vor dem geringsten Fehler, der kleinsten Taktlosigkeit; sie könnten zur Belastung für alles Jüdische werden. Ihr seid eine Minderheit, stets der Kritik ausgesetzt und niemals einer wohlwollenden.“

Längst sind die Nationalsozialisten zu einer Gefahr für die junge deutsche Demokratie geworden. Bei den Reichstagswahlen im Juli

1932 fährt die NSDAP mehr als 37 Prozent ein und ist damit die stärkste Partei im Reichstag. Die nächste Wahl nur vier Monate später beschert der Partei zwar erhebliche Stimmenverluste, doch nicht nur Artur Joseph ahnt, „wohin der Wettlauf mit dem rücksichtslosen Volksverführer" führen wird. „Durch ganz Deutschland reiste der Mann, der geschwätzige und rücksichtslose Trommler, der das Volk erwecken und aufrichten wollte." Am 4. Januar 1933 besucht Adolf Hitler Köln. In einer Villa des Bankiers Kurt Freiherr von Schröder in Köln-Lindenthal trifft der Vorsitzende der NSDAP den ehemaligen Reichskanzler Franz von Papen, um mit ihm über eine Beteiligung der Nationalsozialisten an der Regierung zu verhandeln. Die mehrstündige Begegnung am Stadtwaldgürtel 35 wird als „Geburtsstunde des Dritten Reichs" in die Geschichtsbücher eingehen. Knapp vier Wochen später ernennt Reichspräsident Paul von Hindenburg Adolf Hitler zum Reichskanzler.

Artur Joseph begreift schnell, was Hitlers Machtübernahme für die Familie bedeutet. Noch am Abend des 30. Januar sucht er seine verwitwete Mutter auf, um mit ihr über den Verkauf des Familienunternehmens zu sprechen. Jenny Joseph lebt nach wie vor im Palais in der Goltsteinstraße. Den Tod ihres Mannes hat sie, so scheint es, auch fünf Jahre später nicht verwunden. Unwillig wehrt sie Arturs Ansinnen ab. Kein Verkauf! Zumindest nicht zum jetzigen Zeitpunkt. Schließlich habe er dem Vater versprochen, die Firma nicht ohne äußersten Zwang aufzugeben. „Wirf die Flinte nicht ins Korn," rät sie ihrem ältesten Sohn. „Deine Pflicht ist und bleibt im Geschäft."

Jenny Josephs Weigerung, das Unternehmen so zügig wie möglich zu verkaufen, erweist sich als eine fatale Fehleinschätzung der politischen Lage. Und besiegelt letztendlich ihr eigenes Schicksal und das ihrer Schwägerin Mathilde. Bereits am 27. März erscheint im „Westdeutschen Beobachter" ein Schmäh-Artikel, in dem Artur Joseph vorgeworfen wird, er habe seinen Angestellten verboten, in die Partei einzutreten. „Dieser palästinensische Jude kann sich auf etwas gefasst machen", droht der Verfasser. Nächtliche Telefonanrufe reißen die Familie aus dem Schlaf. „Judenbengel" zischen Unbekannte, sobald Artur Joseph den Hörer abnimmt. In der Post finden sich anonyme Briefe mit unflätigen Beschimpfungen.

Ende März erreicht die antijüdische Hetze ihren ersten Höhepunkt. Auf Flugblättern und in den Zeitungen ruft die „Nationalsozialistische

Deutsche Freiheitsbewegung“ zum Boykott jüdischer Geschäfte, Ärzte und Rechtsanwälte auf. „Wer in jüdischen Geschäften kauft, ist ein Volksverräter, und Volksverräter werden der öffentlichen Verachtung preisgegeben“, heißt es in den Pamphleten, die ganz Deutschland wie eine braune Flut überschwemmen. „Macht euch frei von Judenknechtschaft und Judentyrannei.“

Auch in Köln fällt der Aufruf auf fruchtbaren Boden. „Die Boykottmaßnahmen zur Abwehr der jüdischen Gräuel- und Hetzpropaganda haben heute Morgen planmäßig begonnen“, meldet die Kölnische Zeitung am 1. April in ihrer Abendausgabe. „Gegen neun Uhr marschierten Gruppen der Hilfspolizei, der SA und der SS durch die Hauptgeschäftsstraßen. An den Schaufenstern jüdischer Geschäfte wurden Plakate angebracht, auf denen es unter anderem heißt: „Kein anständiger Deutscher kauft bei einem Juden.“ Von Lautsprecherwagen, die langsam durch die Straßen rollen, scheppern antisemitische Parolen, SS und SA verteilen Handzettel mit Boykottaufrufen.

Auch an den Schaufenstern des Schuhhauses Joseph kleben an diesem ersten Samstag im April die Hetzplakate der Nationalsozialisten. An den Fassaden der Konkurrenz sieht es nicht anders aus. „Jüd“ und „Ab nach Palästina“ steht in klotzigen Buchstaben an der Fassade der

Drohungen und Hakenkreuze an einem jüdischen Geschäft, Köln 1. April 1933
NS-DOK Köln, N 342,1 S.22 Nr.2

Schuhhandlung J. Speier in der Breite Straße 100. Der Metzgermeister Arnold Katz und sein Sohn Benno werden von SA-Männern durch die Stadt getrieben. Katz senior muss ein Plakat mit der Aufschrift tragen: „Als Antwort auf die Gräuelpropaganda kauft kein Deutscher mehr beim Juden!"

Der Kölner Kaufmann Richard Stern gehört zu den wenigen, die an diesem Tag gegen die Boykottmaßnahmen des braunen Mobs aufbegehren. Stern, 1899 in Weilerswist geboren, ist im Ersten Weltkrieg als Frontkämpfer mit dem Eisernen Kreuz II. Klasse ausgezeichnet worden. Sein Protest ist ein stiller. In Anzug und Krawatte steht der 34-Jährige an diesem Tag vor der Bettwarenhandlung Stern am Marsilstein 20 und präsentiert den Passanten den Orden an seinem Revers.

Die Stimmungsmache gegen jüdische Geschäftsleute zeigt Wirkung. „Keinen Pfennig den jüdischen Warenhäusern", trommelt der „Westdeutsche Beobachter". Und veröffentlicht regelmäßig Listen „arischer" Firmen. Das Kaufhaus Leonhard Tietz in der Hohe Straße ist eines der ersten großen Geschäfte in Köln, die unter dem Druck der neuen Machthaber in Existenznot geraten: Am 3. April 1933 ziehen sich Alfred Leonard Tietz und andere „nichtarische" Mitglieder aus dem Vorstand zurück. Dennoch geht der Umsatz dramatisch zurück, die Aktien des millionenschweren Unternehmens fallen ins Bodenlose. Schließlich verkauft die Familie einen Großteil ihrer Anteile zu Schleuderpreisen, Tietz emigriert 1934 mit seiner Familie erst in die Niederlande und später nach Palästina. Aus der Leonhard Tietz AG wird die Westdeutsche Kaufhof AG.

Artur Joseph stemmt sich verzweifelt gegen den wirtschaftlichen Niedergang des Schuhhauses Joseph. Aufhalten kann er ihn nicht. Das Geschäft beginnt „einer Maschine zu gleichen, die, außer Takt geraten, allmählich zum Stillstand kommt". Die Verluste des Unternehmens gehen in die Hunderttausende. 1935 muss die Filiale in Koblenz schließen. Langjährige Kunden drücken Artur Joseph „verschwiegen" die Hand, „wie jemandem, dem man sein Beileid ausspricht". Andere wenden sich ab, wenn sie ihm auf der Straße begegnen.

Mathilde Joseph lebt nach wie vor in der Wohnung, die sie einst mit ihrer Mutter teilte. Schon lange steigt sie morgens nicht mehr hinunter ins Erdgeschoss, um die Eingangstür des Geschäfts aufzuschließen.

Oft ist nachts die Fassade beschmiert worden. Zettel mit antisemitischen Parolen kleben daran, oder jemand hat mit roter Farbe eine

Der Haupteingang des Schuhhauses
Historisches Archiv der Stadt Köln, Best. 1230 (Joseph, Artur), A 8

großes J an die Front gepinselt. „Aber hurtig raus" steht eines Morgens auf einem der Schaufenster. Daneben ist die Karikatur eines orthodoxen Juden mit geschultertem Gepäck zu sehen.

Die Beschimpfungen und Gesänge der Nazi-Kolonnen, die im Stechschritt über die Schildergasse marschieren, setzen der knapp Siebzigjährigen zusätzlich zu. Aufgeregt ruft sie eines Nachts bei Artur Joseph an und berichtet dem Neffen, dass Männer in SA-Uniformen dabei seien, auf Feuerwehrleitern die Front des Geschäfts mit Girlanden und riesigen Hakenkreuzfahnen zu schmücken. Ob sie das dulden müsse? Anlass der nächtlichen Aktion ist der Besuch Adolf Hitlers am 28. März 1936 in Köln. Drei Wochen zuvor ist die Wehrmacht in das seit 1918 entmilitarisierte Rheinland einmarschiert. Jetzt erwarten Hunderttausende Kölner den „Führer", um ihn für diesen Coup zu feiern.

Schon am Vortag ist die Stadt ein einziges Fahnenmeer. Lediglich jüdische Geschäfte sind gehalten, von einer Beflaggung abzusehen. „Vielleicht gehörte es zum Beflaggungssystem, dass durch solche Lücken die Feinde des neuen Staates offenbar werden sollten", schreibt Artur Jospeh. Doch im letzten Moment scheint man sich an oberster Stelle anders besonnen zu haben, und das Schuhhaus wird in der Nacht vor Hitlers Besuch in aller Eile von SA-Leuten geschmückt. Am nächsten Morgen findet Artur Joseph „unser ‚jüdisches Geschäft' hinter einer Wand aus Bannern der ‚Bewegung' verschwunden", und manch guter Freund gratuliert ihm ironisch zu der „äußerst gelungenen Schaufensterdekoration".

Wirtschaftlich geht es weiter bergab mit dem Schuhhaus Joseph Auch die Belegschaft beginnt, sich gegen ihren jüdischen Arbeitgeber zu stellen. Mathilde Joseph verlässt die Wohnung in der dritten Etage nur noch selten. Einsam sei die Tante in den letzten Jahren gewesen schreibt Artur Joseph, der sich zunehmend mit Auswanderungsgedanken trägt. Mit Entsetzen beobachtet er, wie sich Deutschland verändert. „Rachsucht, Misstrauen und Willkür wucherten, die Gespräche wurden doppelbödig, die Kunst des Briefeschreibens schwand, vom Gedanken an die Zensur erstickt." In den Parks der Stadt dürfen Juden nur noch gelb gestrichene Bänke benutzen, die grünen sind „arischen" Spaziergängern vorbehalten. Vom 1. Januar 1939 an müssen jüdische Bürger und Bürgerinnen einen zweiten Vornamen – Israel oder Sara – annehmen. Auch Mathilde wird dazu gezwungen. Mathilde Sara Joseph, so lautet der Name auf ihrer Sterbeurkunde.

Nach dem „Anschluss" Österreichs im März 1938 kommt das Aus für das Schuhhaus Joseph: Ein parteinaher Freund legt Artur Joseph „eindeutig und eindringlich" nahe, Deutschland zu verlassen, ehe es zu spät sei. Er solle demnächst verhaftet und in ein Lager gebracht werden. Dieses Mal zögert der Unternehmer nicht lange. Er verkauft, und aus dem Schuhhaus A. M. Joseph wird die Schuhhandlung Böhmer. Mit einer kurzen Rede verabschiedet sich Artur Joseph im September 1938 von der Belegschaft. „Der eine oder andere sah zu Boden." Eine Mitarbeiterin überreicht ihm einen Blumenstrauß. Ein Nicken, ein kurzer Dank. „Mir war zumute wie einem ungerecht zum Tode Verurteilten, der unter den Hohnrufen des Mobs das Schafott besteigt."

Kurz darauf emigriert Artur Joseph mit Ehefrau Margot und zwei Kindern nach Palästina. Dort arbeitet er einige Jahre als Wanderfotograf, ehe er Anfang der 1950er-Jahre zurückkehrt nach Deutschland. Seine Mutter Jenny Joseph zieht zu ihrem Sohn Manfred und dessen Frau Ruth nach Berlin. Am 4. Oktober 1942 wird die 68-Jährige mit einem sogenannten Altentransport in das Ghetto Theresienstadt deportiert und dort am 29. Dezember 1942 ermordet.

Mathilde Joseph bleibt allein in Köln zurück. Nach dem Verkauf des Geschäftshauses in der Schildergasse muss sie ihre Wohnung, die mehr als 40 Jahre ihr Zuhause war, räumen. Ein Großteil ihres Besitzes wird ihr genommen. Die nächsten vier Jahre bis zu ihrem Tod verbringt sie im Israelitischen Lehrlingsheim in der Utrechter Straße, das inzwischen als Ghettohaus dient.

Über Mathilde Josephs Zeit in dem schmucklosen roten Backsteinbau unweit der Aachener Straße ist nichts bekannt. Mehr als 160 Menschen wohnen dort auf engstem Raum, viele von ihnen krank und hochbetagt. Gelegentlich schaut ein Arzt, der jüdische Allgemein-

Seitenaltar der evangelischen Antoniterkirche, Köln 1935
Archiv der Evangelischen Gemeinde Köln

Die zerstörte Antoniterkirche und das Haus Schildergasse 59 (rechts)
Archiv der Evangelischen Gemeinde Köln

mediziner Hans Salomon Feldheim, nach dem Rechten. Er und seine Tochter werden sich im September 1944 ihrer drohenden Deportation in den Osten durch Selbstmord entziehen.

Am 14. Juni 1942 muss Mathilde Joseph auch diese Unterkunft verlassen. In den frühen Morgenstunden des folgenden Tages soll sie gemeinsam mit knapp 1000 Personen aus dem gesamten Rheinland in das Ghetto Theresienstadt deportiert werden. Die letzten Stunden ihres Lebens verbringt sie in der St. Apern-Straße 29–31. Die Gebäude der orthodoxen Gemeinde Adass Jeschurun sind 1941 zu einem der größten Ghettohäuser Kölns umfunktioniert worden. Hunderte Menschen warten in den überfüllten Räumen auf ihre Deportation in die

Grabstätte der Familie Joseph auf dem jüdischen Friedhof Köln-Bocklemünd (Foto: Martin Oehlen)
Martin Oehlen

Das zerstörte Schuhhaus Joseph, 1940er Jahre
NS-DOK Köln, N 1699 S. 20 Nr. 1

Vernichtungslager im Osten. Ob Mathilde Joseph erst in dieser Nacht oder schon früher den Entschluss fasste, sich selber zu töten, vermag niemand zu sagen. Doch ihre Entscheidung ist getroffen. Um drei Uhr morgens springt sie aus einem Fenster des Ghettohauses in den Tod – eine tapfere Frau, die sich niemals ergab.

Mathilde Joseph, die den Zusatznamen Sara führen musste, ist auf dem Jüdischen Friedhof in Köln-Bocklemünd beerdigt, gemeinsam mit ihrem Bruder Adolph. Das halbrunde Grabmal mit der Nummer sechs in Flur zehn erinnert an den Absatz eines Schuhs. Das Schuhhaus Joseph wurde im Krieg zerstört und später abgerissen.

Arisierung jüdischer Unternehmen in Köln

Im 19. Jahrhundert beginnt sich in Köln eine wohlhabende jüdische Mittelschicht zu etablieren, die entscheidenden Anteil am wirtschaftlichen Aufschwung der Stadt hat. Zu den Erfolgsunternehmen gehören neben dem Schuhhaus Joseph das Bankhaus Sal. Oppenheim, das seit 1801 in Köln ansässig ist, das Kaufhaus Leonard Tietz in der Hohe Straße und die Firma Gebrüder

Bing, die mit Samt- und Seidenbändern handeln. Das ehemalige Geschäftshaus am Neumarkt ist heute Sitz des Kölner Gesundheitsamtes.

Bereits kurz nach Hitlers Machtübernahme beginnt die schleichende „Arisierung" jüdischer Unternehmen. Von 1938 an werden jüdische Geschäftsleute systematisch aus dem Wirtschaftsleben verdrängt und gezwungen, ihre Firmen zu Schleuderpreisen zu verkaufen. Am 18. November 1938 ordnet die Reichsregierung die reichsweite Schließung der noch existierenden jüdischen Betriebe an. Am 3. Dezember verfügt sie deren „Zwangsveräußerung". Auch in Köln werden 1938 mehr als 1000 Klein- und Großunternehmen zur Aufgabe gezwungen. Im Februar 1939 meldet der damalige IHK-Geschäftsführer Paul Heinen, die „Entjudung im Gau Köln-Aachen" sei mit wenigen Ausnahmen in verhältnismäßig kurzer Zeit so weit durchgeführt worden, dass heute die gesamte Wirtschaft des Gaues dem Führer für seine großen Aufgaben zur Verfügung stehe.

Stolpersteine Hugo und Gertrud Rose, Sülzgürtel 43
(früher 47, Fotos: Karin Richert)
Karin Richert

„Ich wollte lediglich zu meinen Kindern“

**Hugo Rose, 1938 geboren in Gotha.
Verfolgt als Sinto.
1944 deportiert in das Vernichtungslager
Auschwitz-Birkenau. Ermordet.**

**Gertrud Rose, 1939 geboren in Wien.
Verfolgt als Sinteza.
1944 deportiert in das Vernichtungslager
Auschwitz-Birkenau. Ermordet.**

Sülzgürtel 43

Dies ist die Geschichte zweier Kinder. Geboren in den Jahren 1938 und 1939. Deportiert und getötet im Jahr 1944. Hugo und Gertrud Rose waren Sinti, „Zigeunerkinder“, und ihr kurzes Leben erzählt von Armut, Vernachlässigung und frühen Verlusten. Wie mindestens 220 000 Sinti und Roma zählen auch sie zu den Opfern des NS-Rassenwahns, der Menschen „artfremden Blutes“ gnadenlos ausgrenzte, verfolgte und entrechtete. Egal, wie alt sie waren.

Ihre Mutter Johanna wird am 31. Mai 1917 im schlesischen Torgau in eine katholische Sinti-Familie hineingeboren. „Hannis“ Vater August Elias Landsberger ist Pferdehändler und reist mit der Familie in einem hölzernen Wohnwagen von Ort zu Ort. Hanni hat sieben Geschwister, zur Schule gehen die Kinder nur sporadisch. „In der Nähe von Halle habe ich in verschiedenen Dörfern die Volksschule besucht“, berichtet die junge Frau 1942 bei einem Polizeiverhör und kommt alles in allem auf eine Schulzeit von rund 16 Monaten. „Das war etwa im Jahre 1928 bis 1929. Der Unterricht war jedoch derart gering, dass ich auch heute mit Ausnahme meines Namens weder lesen noch schreiben kann“, nimmt der Polizeibeamte ihre Aussage in bestem Amtsdeutsch zu Protokoll.

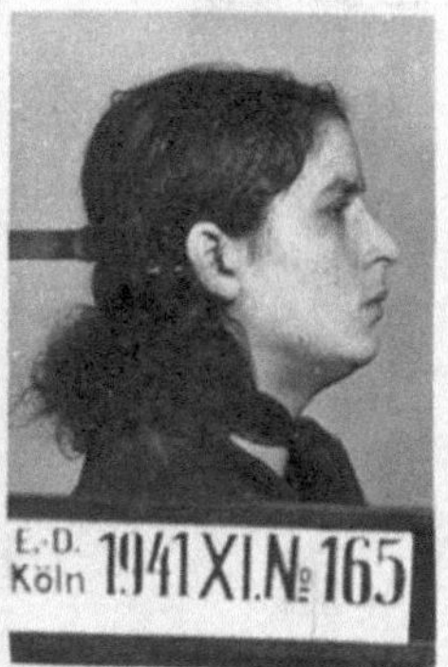

Erkennungsdienstliche Fotos der Kripo Köln von Johanna Rose
Landesarchiv Nordrhein-Westfalen Abt. Rheinland, BR 2034 Nr. 1775

Anfang 1933 lernt die 15-Jährige in Merseburg den sechs Jahre älteren Sinto Oswald Rose kennen und schließt sich ihm an, während ihre Familie ohne sie weiterzieht. Oswald Rose ist Artist bei einem Wanderzirkus. Geboren wird er am 3. März 1911 im schlesischen Städtchen Klix in der Nähe von Bautzen. Auch Oswald Roses Kindheit und Jugend ist geprägt von einem Wanderleben von Ort zu Ort. Er ist Analphabet und wird – im Januar 1935 – seine Heiratsurkunde und auch die Geburtsurkunden seiner Kinder mit drei ungelenken „X" unterzeichnen.

„Wir hatten einen eigenen Wagen und zogen ebenfalls nach Zigeunerart umher", schildert Hanni Rose den Alltag mit dem Lebensgefährten. Merseburg, Nordhausen, Hagen, Bochum – die Reiseroute führt das Paar von der Saale Richtung Westen und endet wenige Monate später auf einem Wohnwagenstellplatz an der Merheimer Straße in Köln.

Hanni ist inzwischen mit ihrem ersten Kind schwanger und steht kurz vor der Niederkunft. Köln ist auf den ersten Blick kein schlechter Platz, um eine Weile zu pausieren. Seit Anfang der 1930er-Jahre leben in der Stadt einige hundert Sinti- und Romafamilien. Wagenlager wie das in Nippes gibt es – mehr geduldet als willkommen – in fast jedem Viertel. Viele Familien haben ihre schlichten Holzwagen seit Jahren auf dem Areal an der Merheimer Straße oder auf dem Merheimer Platz geparkt und verdienen ihr Geld als Schausteller, Kanarienvogelzüchter, Musikanten oder Pferdehändler. Zumindest Letztere haben auch

Wohnwagenstellplatz auf Kölner Stadtgebiet, 1934. Foto zum Artikel „Weg mit den Wohnbaracken!" im „Westdeutschen Beobachter"
Westdeutscher Beobachter Nr. 585 vom 24.12.1934, S.3

jenseits der Wagenburgen einen guten Ruf. „Nach dem Urteil der die Kölner Pferdemärkte überwachenden Tierärzte sind die meisten dieser Pferdehändler durchaus zuverlässige und tierverständige Pferdepfleger, die nach allgemeiner Erfahrung einen ehrlichen Handel treiben", schreibt die Kölnische Zeitung 1928.

Nach der Machtübernahme der Nationalsozialisten im Januar 1933 ändert sich der Ton. Vor allem der „Westdeutsche Beobachter", der seinen Redaktionssitz in Köln hat, macht regelmäßig Stimmung gegen die „betrügerischen Hintertreppenhändler", „Kommunisten" und „übel duftenden Burschen", die in den „Zigeunerlagern" leben. „Ein nur negatives Volk", heißt es etwa in einem Artikel vom 1. März 1933. „Schmarotzer ihrer Gastvölker, unfähig, auch nur in der geringsten Form aufzubauen." Man könne nur staunen, „wie hier Menschen auf einer Kulturstufe stehen, die von der des Negers nicht allzu weit entfernt ist". Lüge und Betrug seien ihnen zur zweiten Natur geworden.

Beliebt waren „die Zigeuner" noch nie in Deutschland. Köln macht da keine Ausnahme. Bereits im ausgehenden Mittelalter versuchen die Städte, den Zuzug der Fremden zu verhindern, und daran hat sich im 20. Jahrhundert wenig geändert. Sie werden als Heiden und Diebe diffamiert und sogar der Spionage verdächtigt. Anthropologen, Ethnologen und sogenannte Rasseforscher wie der französische Orientalist Arthur de Gobineau zementieren im 19. Jahrhundert den schlechten Ruf der ungeliebten Außenseiter: Sie stellen die jahrhundertealten Vorurteile gegen Sinti und Roma auf eine pseudo-wissenschaftliche Basis und legen damit den Grundstein für die Rassenideologie der Nationalsozialisten.

„Zigeuner" werden als außereuropäisches und bildungsfernes Volk diskreditiert, außerstande, sich zivilisatorisch weiterzuentwickeln. Die Folge: Alle Türen für eine gesellschaftliche Inklusion hätten sich geschlossen, schreibt die Historikerin Karola Fings in ihrem Buch „Sinti und Roma – Geschichte einer Minderheit": „Stattdessen rückten bevölkerungspolitische Konzepte wie Segregation und Sterilisation in den Vordergrund, um eine vermeintliche ‚Zigeunerfrage' zu lösen." Bis in die 1980er-Jahre, so Karola Fings, seien „Zigeuner" als ein primitives und minderwertiges Volk beschrieben worden, „das im grundsätzlichen Gegensatz zu dem zivilisierten ‚Wirtsvolk' oder ‚Gastland' stehe".

Die Politiker der Kaiserzeit und der Weimarer Republik haben vor allem die reisenden Sinti und Roma im Visier. Mit Gesetzen und Ver-

Kohlezeichnung von Heinz Kroh aus einer Serie von „Zigeuner"-Motiven. undatiert
NS-DOK, N 2075,42

ordnungen zur „Bekämpfung der Zigeunerplage“ versuchen sie, deren „rohem und ungezügeltem“ Wanderleben ein Ende zu setzen und sie zu zwingen, sesshaft zu werden. Gleichzeitig wehren sich die Städte und Gemeinden mit Händen und Füßen gegen den Zuzug von „Zigeunern und nach Zigeunerart umherziehenden Personen“, unter anderem, weil sie fürchten, eventuell für deren Unterhalt aufkommen zu müssen. Unter den Nationalsozialisten eskaliert die Ausgrenzung der Sinti und Roma schließlich zum Völkermord.

Hanni und Oswald Rose wohnen rund ein Jahr in Köln. Dort wird am 2. Januar 1934 Adolf, ihr erstes Kind, geboren. Und dort, auf dem Standesamt in Köln-Nippes, geben sie sich am 31. Januar 1935 im Beisein von zwei Trauzeugen das Jawort. Einer von ihnen ist Hanni Roses Schwager und Artisten-Kollege Emil Herzberger, der mit Ehefrau Emma am Merheimer Platz wohnt. Kurz nach der Hochzeit verlässt das junge Ehepaar die Stadt. Auch in Köln hat sich die Lage für Sinti und Roma seit der Machtübernahme der Nationalsozialisten spürbar verschlechtert. „Zigeuner“ gelten im NS-Deutschland als „artfremde

Wachbaracke des Aufsehers Willi Schmidt im Köln-Bickendorfer „Zigeunerlager“, aufgenommen von der „Reichsstelle Ritter“ im Winter 1937/1938
Bundesarchiv, Bild 146-2000-004-31A

Eine Familie vor ihren Wohnwagen auf dem Schwarz-Weiß-Platz in Köln-Bickendorf, 1937
Bundesarchiv, Bild 146-1997-019-27A / CC-BY-SA 3.0

Rasse", für die kein Platz ist in der sogenannten deutschen Volksgemeinschaft. Von nun an werden die Gesetze der Weimarer Republik rigoros angewendet. Schnell kommen weitere, noch restriktivere Verordnungen hinzu. Viele Städte und Gemeinden verweigern den ambulanten Händlern die Ausstellung von Wandergewerbescheinen, und erste Stimmen fordern, alle „Zigeuner und Zigeunermischlinge" zu sterilisieren.

1935 steht der Wohnwagenstellplatz von Hanni und Oswald Rose an der Merheimer Straße kurz vor der Auflösung. Seit Mai 1934 läuft bei der Kölner Stadtverwaltung die Planung für die Errichtung eines zentralen „Zigeunerlagers" an der Venloer Straße 888. Das Areal am sogenannten Schwarz-Weiß-Platz – benannt nach dem Gelände des Sportvereins Schwarz-Weiß – soll die über ganz Köln verteilten Wohnwagenstellplätze überflüssig machen.

Im Mai 1935 ist das Lager neben dem Bahndamm des Bickendorfer Güterbahnhofs bezugsfertig. Wenig später werden die ersten Familien zwangseingewiesen – und verlieren damit endgültig ihre Bewegungsfreiheit. Der Platz ist von einem zwei Meter hohen Maschen- und Stacheldraht-Zaun umgeben. Verwaltet wird er von Willi Schmidt, Mitglied der SS, der mit seiner Familie in einer Baracke neben dem Eingang wohnt und jeden kontrolliert, der hinein- oder hinauswill. Selbst die Toilettengänge werden von Schmidt überwacht, der die Schlüssel zu den sanitären Anlagen verwaltet. Die Einrichtung am Schwarz-Weiß-Platz hat Modellcharakter. In den nächsten zwei Jahren werden in Berlin, Frankfurt a. M., Magdeburg und anderen Städten weitere zentrale „Zigeunerlager" nach dem Kölner Vorbild etabliert.

Hanni Rose ist inzwischen zum zweiten Mal schwanger. Im März 1935 bringt sie im Aachener Marianneninstitut, einem Geburtshaus für arme Wöchnerinnen, ihren Sohn Gottlieb zur Welt. Von Aachen aus reist die Familie einige Monate durch die Eifel. Anschließend sei man rheinaufwärts gezogen, gibt Hanni Rose 1941 zu Protokoll. Wovon sie und die Kinder in dieser Zeit leben, muss Spekulation bleiben.

Seit 1933 müssen Artisten wie Oswald Rose einen Mitgliedsausweis der Reichstheaterkammer vorweisen. Die jedoch tut sich von Anfang an schwer mit der Aufnahme sogenannter Nichtarier, zu denen die Nationalsozialisten Juden, „Neger" und eben auch „Zigeuner" zählen. Kaum denkbar also, dass Oswald Rose im Besitz des erforderlichen Papiers war. Wer es dennoch in den NS-Berufsverband schafft, der muss zwei Jahre später um seine berufliche Existenz bangen: Im Herbst 1935 beginnt die Reichstheaterkammer mit dem systematischen Ausschluss ihrer „nichtarischen" Mitglieder.

Hanni Rose versucht zunächst, als Hausiererin ein paar Mark zu verdienen. Viel Glück hat sie damit nicht. Im März 1934, nur wenige Wochen nach Geburt ihres ersten Kindes, wird sie festgenommen und zu zwei Wochen Gefängnis verurteilt, weil sie überteuerte Borten und Spitzen verkauft hat. Am 28. September 1936 gerät die 19-Jährige erneut ins Visier der Polizei: In Gemünd in der Eifel wird sie wegen Bettelei zu einer Woche Gefängnis verurteilt, ein Gesetzesverstoß, geboren aus der schieren Not. „Da ich nichts zum Leben hatte, habe ich gebettelt."

Vermutlich im Herbst 1936 verlassen Hanni und Oswald Rose das Rheinland und reisen zunächst Richtung Nordhausen in Thüringen. Von dort aus ziehen sie langsam weiter ins sächsische Weißenfels, wo Hannis Eltern August und Mathilde Landsberger vorübergehend wohnen. Meist verlassen sie die kleinen Orte und Städte, in denen sie Station machen, schon nach wenigen Tagen und verzichten aus gutem Grund auf die gesetzlich vorgeschriebene polizeiliche Anmeldung. Seit am 14. Dezember 1937 der „Grundlegende Erlass über die vorbeugende Verbrechensbekämpfung durch die Polizei" in Kraft getreten ist, können sogenannte Asoziale und Arbeitsscheue jederzeit ohne juristisches Verfahren in ein Lager gebracht und auf unbestimmte Zeit interniert werden. Besonders für Sinti und Roma hat dieser Erlass fatale Folgen. Wer nicht bereit ist, sein ambulantes Gewerbe aufzugeben, gerät in Gefahr, von der Polizei als Asozialer festgenommen und verschleppt zu werden.

Hanni und Oswald Rose bleiben mehrere Wochen in Weißenfels. Es ist ihre letzte Station als „fahrende Zigeuner": Im Frühjahr 1938 verkaufen sie ihren Wohnwagen. Hanni Rose ist ein weiteres Mal schwanger. Am 17. Mai 1938 bringt die 21-Jährige in Gotha ihren dritten Sohn Hugo zur Welt. Die fünfköpfige Familie hat eine Unterkunft in der Hützelsgasse 46 gefunden, einer bescheidenen Wohngegend in der Gothaer Innenstadt. Oswald Rose, das zumindest legen Unterlagen des Konzentrationslagers Dachau nahe, scheint nach dem Verkauf des Wohnwagens als Chauffeur und ungelernter Bauarbeiter gearbeitet zu haben. Polizeilich gemeldet ist die Familie auch in Gotha nicht.

Die Nationalsozialisten verschärfen derweil den Maßnahmenkatalog gegen die Sinti und Roma. Bereits seit 1935 sind Ehen zwischen „deutschblütigen Personen mit Zigeunern, Negern oder ihren Bestarden" durch die Nürnberger Gesetze verboten. „Zigeunerkinder" werden vielerorts vom Besuch öffentlicher Schulen ausgeschlossen. Für sie werden – so auch in Köln – eigene Klassen eingerichtet.

1938 gehen die Machthaber einen entscheidenden Schritt weiter. Am 1. Oktober wird im Reichskriminalhauptamt in Berlin die „Reichszentrale zur Bekämpfung des Zigeunerunwesens" eingerichtet. Am 8. Dezember 1938 folgt ein Runderlass Heinrich Himmlers zur „Bekämpfung der Zigeunerplage". Zur endgültigen Lösung der „Zigeunerfrage" sei es notwendig, alle „sesshaften und nicht-sesshaften Zigeuner sowie alle nach Zigeunerart umherziehenden Personen" zu erfassen, heißt es darin. Betraut mit der Registrierung und Begutachtung der Betroffenen unter rassistischen Kriterien wird die 1936 gegründete „Rassenhygienische und bevölkerungsbiologische Forschungsstelle“ unter der Leitung des Mediziners und Rassentheoretikers Robert Ritter.

Oswald und Hanni Rose scheinen zunächst Glück zu haben. Bis Anfang 1939 wohnen sie unbehelligt in der Hützelsgasse 46. Hanni ist erneut in anderen Umständen. Es ist ihre fünfte Schwangerschaft in fünf Jahren. Ein Kind, namenlos in den wenigen erhaltenen Akten, ist bereits verstorben.

Kurz nach dem Jahreswechsel packt das Paar erneut seine Habseligkeiten und reist mit den drei kleinen Söhnen nach Wien. Hanni Rose nennt keinen Grund für den Aufbruch nach Österreich. „Von Gotha aus sind wir nach Wien gefahren und haben dort zuerst Arsenalweg Nummer A 21 gewohnt“ – mehr ist dazu im Protokoll nicht festgehalten. Mag sein, dass Oswald und sie vor einer drohenden Festnahme aus Gotha in das Nachbarland flüchten. Mag sein, dass sie Verwandte in Wien haben, von denen sie sich Unterstützung erhoffen.

In Sicherheit ist die Sinti-Familie auch in der sogenannten Ostmark nicht. Österreich gehört seit März 1938 zum Deutschen Reich, und die österreichische Polizei hat schon bald nach dem „Anschluss“ zügig mit der Registrierung der rund 11 000 dort lebenden Sinti und Roma begonnen. Ihnen werden die Bürgerrechte entzogen. Das Betreten der Stadtzentren und die Teilnahme an Wahlen sind ihnen untersagt. Sie dürfen weder öffentlich musizieren noch einem Wandergewerbe nachgehen. Bereits im April 1938 werden die ersten „Zigeuner“ als sogenannte Asoziale in Konzentrationslager deportiert.

Oswald und Hanni Rose bleiben nach ihrer Ankunft in Wien nur noch sechs gemeinsame Monate. Dann werden auch sie Opfer der nationalsozialistischen „Zigeunerpolitik“, die auf den Ausschluss der Sinti und Roma aus der Sozialgemeinschaft und in letzter Konsequenz auf ihre physische Vernichtung zielt. Während einer Razzia wird Oswald Rose von der Kripo Wien festgenommen und am 26. Juni wegen asozialen Verhaltens in „Schutzhaft“ genommen. Einen Tag später wird er unter der Gefangenennummer 15212 in das Konzentrationslager Dachau deportiert. Hanni Rose bleibt hochschwanger mit drei kleinen Kindern in Wien zurück.

Mit Oswald Rose werden in diesem Juni 1939 etwa 2000 Sinti und Roma Opfer der ersten landesweiten Massendeportation in Österreich. Die männlichen Häftlinge werden nach Dachau, Buchenwald, Ravensbrück oder Mauthausen verschleppt und müssen in den Lagern

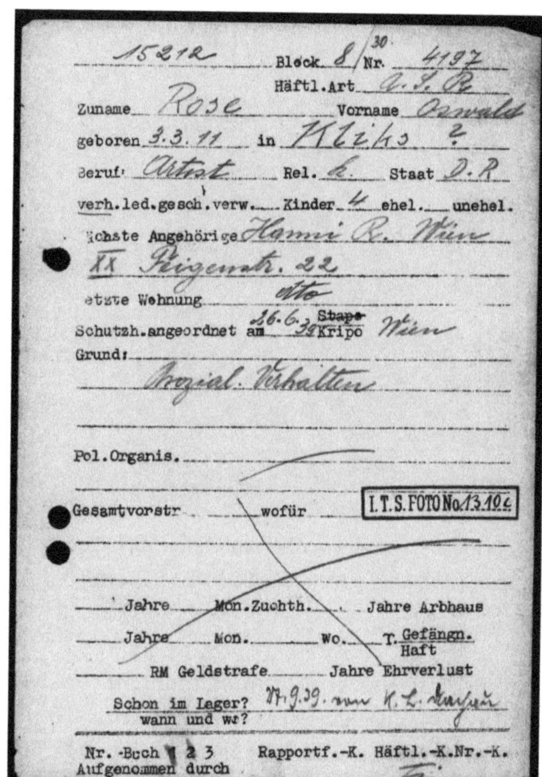
15212 Block 8/30 Nr. 4197
Häftl.Art A.S.R.
Zuname Rose Vorname Oswald
geboren 3.3.11 in Kliks ?
Beruf: Artist Rel. k. Staat D.R
verh.led.gesch.verw. Kinder 4 ehel. unehel.
Nächste Angehörige Hanni R. Wien
XX
Letzte Wohnung dto
Schutzh.angeordnet am 26.6.39 Stapo Kripo Wien
Grund:
Asozial. Verhalten
Pol.Organis.
Gesamtvorstr. wofür I.T.S. FOTO No 13.104
Jahre Mon.Zuchth. Jahre Arbhaus
Jahre Mon. Wo. T. Gefängn. Haft
RM Geldstrafe Jahre Ehrverlust
Schon im Lager? wann und wo? 27.9.39. vom K.L. Dachau
Nr.-Buch 123 Rapportf.-K. Häftl.-K.Nr.-K.
Aufgenommen durch

Häftlingskarte aus dem KZ Buchenwald für Oswald Rose, Haftgrund „asoziales Verhalten“ *1.1.5.3 / 6946281 / ITS Digital Archive, Arolsen Archives*

Zwangsarbeit leisten. Frauen und Jugendliche kommen in das Frauen-KZ Ravensbrück. Für Oswald Rose beginnt mit seiner Festnahme eine Odyssee durch mehrere Konzentrationslager, die im August 1941 in einer Gaskammer der Tötungsanstalt Hartheim endet. Gertrud, sein jüngstes Kind, wird er nicht mehr kennenlernen.

Oswald Rose wird zunächst zwei Monate in Dachau festgehalten, ehe er weiterdeportiert wird in das Konzentrationslager Mauthausen. Im Dezember 1940 verlegt man ihn in das KZ Buchenwald und teilt ihn dem Arbeitskommando Entwässerung zu. Seine letzte Station ist das KZ Gusen, ein Nebenlager von Mauthausen östlich von Linz. Von dort aus wird der 30-Jährige nach Schloss Hartheim gebracht und am 18. August 1941 ermordet, ohne seine Familie noch einmal wiedergesehen zu haben. In dem weiß verputzten Renaissancebau sind seit

Das Schloss Hartheim in Alkoven / Österreich, Todesort von Oswald Rose
Wikimedia / Liberaler Humanist CC BY-SA 3.0

dem Beginn der Vernichtungsaktion „T4" im Jahr 1940 bereits mehr als 18000 Menschen vergast worden: Alte, Kranke, Personen mit seelischen, geistigen und körperlichen Einschränkungen (siehe Kapitel Johanna Lenz). Oswald Rose wird das Opfer einer weiteren Tötungsaktion, der sogenannten Sonderbehandlung 14f13, bei der rund 12000 KZ-Häftlinge, unter ihnen zahlreiche Sinti und Roma, umgebracht werden.

Hanni Roses Lage ist nach Oswalds Festnahme verzweifelter denn je. Erst im September 1941 erfährt sie vom Tod ihres Ehemannes. Sie sei noch etwa einen Monat im Arsenalweg wohnen geblieben und dann in die Feikestraße 44 gezogen (die heutige Stromstraße), gibt sie gegenüber der Kölner Kriminalpolizei zu Protokoll. Weshalb ihr Mann seinerzeit im KZ untergebracht worden sei, wisse sie nicht, lediglich, dass seine Festnahme anlässlich einer Razzia erfolgte, sei ihr bekannt.

Am 31. Juli 1939, zwei Monate vor Beginn des Zweiten Weltkriegs, bringt die 22-Jährige in einem Krankenhaus im Wiener Bezirk Landstraße ihr fünftes Kind zur Welt. Über Gertrud Roses erste Lebensjahre lässt sich, ebenso wie über die ihrer Brüder, nur spekulieren. Hanni Rose und ihre Kinder teilen sich die Unterkunft in der Feikestraße mit Regina Reinhardt, vermutlich einer Verwandten aus Köln. Auf welche Weise die beiden Frauen ihren Lebensunterhalt bestreiten – auch das kann man aufgrund der folgenden Geschehnisse nur erahnen.

Hanni Rose selber verliert nur wenige Worte über die Zeit zwischen 1939 und 1941, die geprägt ist von materieller Not und der wachsenden Angst, verschleppt und ermordet zu werden. Seit Heinrich Himmlers sogenanntem Festsetzungserlass vom 17. Oktober 1939 ist es „Zigeunern" bei Androhung einer KZ-Strafe verboten, sich von ihrem Wohnort zu entfernen. Auch Hanni Rose erhält die Auflage, ihren Bezirk in Wien nicht ohne Erlaubnis der Polizei zu verlassen. Während in Deutschland im Mai 1940 die ersten Deportationen von rund 2500 Sinti und Roma in das besetzte Polen beginnen, werden in Österreich mehrere „Zigeunerlager" eingerichtet, in denen bis zu 2000 Männer, Frauen und Kinder interniert werden.

Im August 1941 wendet sich das Schicksal von Hanni Rose und ihren Kindern ein weiteres Mal: Hanni wird an der Grenze zum Protektorat Böhmen und Mähren festgenommen. Sie habe lediglich Nahrungsmittel – „Fleisch- und Wurstwaren" – besorgen wollen, führt sie gegenüber den Grenzpolizisten zu ihrer Verteidigung an. Es ist bereits ihr dritter Verstoß gegen die polizeilichen Auflagen. Das erste Mal war sie mit einer Woche Haft davongekommen. Eine Festnahme wegen Betrugs in Steyregg bei Linz war sogar gänzlich ohne Folgen geblieben.

Ihre dritte Festnahme mündet in einer Katastrophe. Hanni Rose wird „wegen unberechtigten Verlassens des Aufenthaltsortes" zu drei Monaten Haft verurteilt. Als sie am 5. Oktober 1941 aus dem Wiener Frauengefängnis entlassen wird, ist die Unterkunft in der Feikestraße verwaist. Regina Reinhardt, erfährt sie, ist mit den Kindern nach Köln gereist, wo Hannis Schwager und Trauzeuge Emil Herzberger mit seiner Familie wohnt. Hanni Rose zögert nicht lange. Sie reist ihren Kindern hinterher – und verstößt damit ein weiteres Mal gegen die Auflage, ihren Wohnort nicht zu verlassen. „Um eine Erlaubnis bei der Polizeibehörde habe ich nicht nachgesucht", erklärt sie einen Monat später gegenüber der Kölner Kriminalpolizei. Eine Entschuldigung könne sie hierzu nicht angeben. „Ich wollte lediglich zu meinen Kindern und gegebenenfalls in Köln eine Wohnung nehmen."

Dazu soll es nicht mehr kommen. Hanni Rose zieht zunächst für einige Wochen zu Regina Reinhardt, die mit Adolf, Gottlieb, Hugo und

Gertrud in der Kirchturmstraße 4 in Köln-Mülheim untergekommen ist. Weder die beiden Frauen noch die Kinder sind in Köln polizeilich gemeldet. Wovon sie leben, ist unklar, doch die Not muss groß gewesen sein. Am 24. November 1941 wird Hanni Rose erneut festgenommen: Sie hat am Gallwitzufer, dem heutigen Niederländerufer, ein Huhn gestohlen und ist von dessen Besitzer auf frischer Tat ertappt worden. Sie habe das Huhn für ihre Kinder kochen wollen, erklärt sie bei der Vernehmung.

Damit ist ihr Schicksal besiegelt. Die vierfache Mutter kommt im Kölner Gefängnis Klingelpütz in Untersuchungshaft und wird nach der Gerichtsverhandlung am 8. Dezember 1941 als „Asoziale" für unbestimmte Zeit in polizeiliche Vorbeugungshaft genommen. Dass das Verfahren gegen sie wegen Geringfügigkeit eingestellt wurde, spielt dabei keine Rolle. „Sie ist wegen Bettelei, Betrugs und verbotener Grenzüberschreitung vorbestraft", heißt es in der Begründung der Kölner Kriminalpolizei. „Die Rose ist eine typische Vollblutzigeunerin, die weder durch Auflagen noch durch Verwarnungen zu einem arbeitsamen und geregelten Leben angehalten werden kann." Eine Besserung sei erst nach längerer Unterbringung zu erwarten. Der Einspruch zweier Rechtsanwälte, die auf die finanzielle Notlage der alleinerziehenden Mutter verweisen, bleibt unberücksichtigt. Am 21. März 1942 wird Hanni Rose in das Konzentrationslager Ravensbrück deportiert. Ihre Kinder wird sie nicht wiedersehen.

Für den dreijährigen Hugo und seine Schwester Gertrud bedeutet die Festnahme der Mutter die Trennung auch von ihren älteren Brüdern. Adolf und Gottlieb Rose finden Aufnahme bei Erwin und Emma Herzberger, die mit ihren drei Kindern im Stavenhof 7 wohnen. Der Schwager sorge für den Unterhalt der Kinder, erklärt Hanni Rose gegenüber der Polizei. Hugo und die erst zwei Jahre alte Gertrud werden in das städtische Kinderheim am Sülzgürtel 43 eingewiesen und verlieren damit ihre letzten familiären Bindungen.

Dort lebt bereits ein weiteres „Zigeunerkind": die drei Jahre alte Ilga Grünholz. Ilga, am 8. September 1939 in eine Familie von Lovara (eine Gruppe der Roma, Anm. d. Verf.) hineingeboren, hat ihre ersten Lebensmonate in einem Kinderheim in Leverkusen-Schlebusch verbracht. Als ihre Eltern und Geschwister im Mai 1940 in das besetzte Polen deportiert werden, bleibt sie als einzige ihrer Familie im Rheinland zurück.

Waisenhaus Köln-Sülz, 1. Mai 1936 (Fotograf: Julius Radermacher)
NS-DOK Köln, Bp 7233

Dass die „Zigeunerkinder" in dem Heim besondere Fürsorge erfahren, ist mehr als fraglich. Seit die Luftangriffe auf Köln zunehmen, bemüht sich die Heimleitung um die Verlegung der Zöglinge in weniger gefährdete Gebiete, und das weitläufige Gebäude am Sülzgürtel steht bei der Ankunft der Geschwister teilweise leer. Ein Großteil der Kinder und Jugendlichen ist bereits im März 1941 in das Kloster Steinfeld evakuiert worden. Ein Jahr später wird auch die Säuglingsabteilung in die Eifel verlegt.

Seit dem Sommer 1942 nutzt die Stadt Köln die freigewordenen Räumlichkeiten mit ihren rund 500 Betten als Ausweichkrankenhaus. Mehrere Hospitäler sind bei dem 1000-Bomber-Angriff am 31. Mai stark zerstört worden, und man benötigt neue Unterbringungsmöglichkeiten für die Kranken. Auch ein Hilfskrankenhaus für Zwangsarbeiter und die Zentrale für Fliegergeschädigte mitsamt einer Notküche sind zeitweise in dem Gebäudekomplex einquartiert.

Hugo und Gertrud verbringen rund zwei Jahre in der städtischen Einrichtung. Die Luftangriffe der Alliierten auf Köln nehmen von

Monat zu Monat zu. Oft gellen schon tagsüber die Luftschutzsirenen. Tausende Gebäude, Industrieanlagen, Brücken, Schulen und Bahnhöfe sind zerstört, auch das Kinderheim hat mehrere Treffer abbekommen. Die Schäden sind notdürftig behoben, sodass das Gebäude weiterhin genutzt werden kann.

Inzwischen hat sich die Situation für Sinti und Roma weiter verschärft. Das Leben von Hugo und Gertrud gerät zunehmend in Gefahr. Am 16. Dezember 1942 ordnet Heinrich Himmler im sogenannten Auschwitz-Erlass die Erfassung und Deportation von rund 23 000 Sinti und Roma aus ganz Europa in das Vernichtungslager Auschwitz-Birkenau an. Auf Befehl des Reichsführers-SS sind „Zigeunermischlinge, Rom-Zigeuner und nicht deutschblütige Angehörige zigeunerischer Sippen balkanischer Herkunft“ nach bestimmten Kriterien auszuwählen und in einer Aktion von wenigen Wochen in ein Konzentrationslager einzuweisen. „Die Einweisung erfolgt ohne Rücksicht auf den Mischlingsgrad familienweise in das Konzentrationslager Auschwitz.“

In den folgenden Wochen wird in Auschwitz-Birkenau in einem abgetrennten Lagerbereich ein sogenanntes Zigeunerfamilienlager mit 32 Holzbaracken eingerichtet. Am 26. Februar 1943 erreichen die ersten Güterwaggons mit Hunderten Menschen den Schreckensort. Den Ankömmlingen werden der Buchstabe Z und eine Ziffer in den linken Unterarm tätowiert. Wer nicht registriert ist, wird unmittelbar nach der Ankunft in den Tod geschickt. Ende 1943 sind bereits rund 70 Prozent der Gefangenen von Lagerabschnitt B II e an Hunger, Entkräftung, Infektionskrankheiten oder durch gezielte Vernichtungsaktionen gestorben. Vor allem die Kindersterblichkeit ist extrem hoch. In der Nacht vom 2. auf den 3. August 1944 werden alle, die die Torturen des KZ-Alltags bis dahin überlebt haben, in die Gaskammern des Vernichtungslagers getrieben und ermordet: Es sind 2897 Frauen, Männer und Kinder.

In der Kölner „Dienststelle für Zigeunerfragen“ beginnt man Mitte Januar 1943 mit der Zusammenstellung der Deportationslisten. Die Beamten kennen keine Rücksicht. Die Dienststelle habe sich durch ein besonders rigoroses Vorgehen ausgezeichnet, „bei dem der zugestandene Ermessungsspielraum in der Beurteilung einzelner Fälle nur in den seltensten Fällen großzügig ausgenutzt wurde“, schreibt der Historiker Martin Rüther in seinem Buch „Köln im Zweiten Weltkrieg“

Bereits am 3. und am 11. März 1943 verlassen zwei Transporte die Stadt Richtung Auschwitz.

Zu den ersten Deportierten gehört Gertruds und Hugos Spielgefährtin Ilga Grünholz. Unterlagen legen nahe, dass das Sülzer Kinderheim die Kölner Polizei aus eigenem Antrieb auf das „Zigeunerkind" in seiner Obhut aufmerksam machte. Und auch Hugos und Gertruds achtjähriger Bruder Gottlieb wird in diesen Märztagen gemeinsam mit Emma und Emil Herzberger und deren Kindern nach Auschwitz-Birkenau verschleppt. Keiner von ihnen wird das Todeslager überleben. Gottlieb stirbt – mit der eintätowieren Kennung Z-4256 auf dem linken Unterarm – am 23. September 1943, sechs Monate nach seinem neunten Geburtstag. Der zehnjährige Adolf, der zuletzt bei Verwandten in Bonn gelebt hatte, wird bereits vier Tage vor seinem jüngeren Bruder am 14. März 1943 in das Todeslager deportiert und dort am 12. Januar 1944 ermordet.

Hugo und Gertrud Rose bleiben bis zum Februar 1944 in der relativen Sicherheit des städtischen Kinderheims. Zum Verhängnis wird ihnen vermutlich ein Erlass des Reichskriminalpolizeiamts vom 28. Januar 1944, worin Kinderheime und Fürsorgebehörden aufgefordert werden, der Behörde eventuelle „Zigeunerkinder" zu melden. Auf welchem Weg Hugo und Gertrud in das Vernichtungslager gelangen, lässt sich nicht mehr klären. Gewiss ist allein, dass die Geschwister am 23. Februar 1944 als Neuzugänge in Auschwitz-Birkenau registriert werden. Hugo erhält die Nummer Z-9284, Gertrud die Nummer Z-9993. Der Zeitpunkt ihres Todes ist nicht bekannt.

Hanni Rose überlebt als einzige ihrer Familie den Genozid an den Sinti und Roma. Sie stirbt am 6. Oktober 2000 um 5.30 Uhr in der Krofdorfer Straße 140 in Gießen.

Deportationen von Sinti und Roma in Köln

In Köln leben vor 1933 einige hundert Sinti- und Romafamilien. Nach der Machtübernahme der Nationalsozialisten werden sie zunehmend ausgegrenzt und diskriminiert. Ihre Arbeitsmöglichkeiten werden stark eingeschränkt. 1937 wird bei der Kölner Kriminalpolizei ein „Kommissariat für Zigeunerfragen" eingerichtet. Ein Jahr später geht daraus die „Dienststelle für

Zigeunerfragen" hervor. Die Kölner Kripo arbeitet eng mit der „Rassenhygienischen und bevölkerungsbiologischen Forschungsstelle" in Berlin zusammen. Deren Mitarbeiterstab untersucht im März 1938 alle Bewohnerinnen und Bewohner des sogenannten Zigeunerlagers in Köln-Bickendorf unter „rassischen" Gesichtspunkten. So wird u. a. der Kopfbereich vermessen und fotografiert. Die Daten werden in Karteien gesammelt.

Mit Beginn des Zweiten Weltkriegs verschärft sich die Situation weiter: Das Reichssicherheitshauptamt in Berlin plant die Verschleppung aller Sinti und Roma aus dem Deutschen Reich in das besetzte Polen. Köln ist unmittelbar von der Aktion betroffen. Am 16. Mai 1940 werden mehr als 900 Männer, Frauen und Kinder aus dem Kölner Regierungsbezirk, aus Aachen, Bonn, Koblenz und Trier in ein Sammellager an der Kölner Messe gebracht und von dort aus am 21. Mai in Ghettos und Lager deportiert. Heute gemahnt die Erinnerungsspur des Künstlers Gunter Demnig an den Leidensweg der Betroffenen. Mindestens 59 weitere Männer und Frauen werden einzeln deportiert. Mit dem sogenannten Auschwitz-Erlass vom Dezember 1942 ist die Vernichtung der Sinti und Roma besiegelt. In Köln gehen im März 1943 zwei erste Transportzüge mit mehr als 170 Menschen in das Vernichtungslager Auschwitz-Birkenau ab. Bis zum April 1944 folgen zahlreiche Einzelverschleppungen.

Bibliografie

Adenauer, Konrad/Gröbe, Volker: Lindenthal, die Entwicklung eines Kölner Vororts, Köln 2004

Alicke, Klaus-Dieter: Lexikon der jüdischen Gemeinden im deutschen Sprachraum, Gütersloh 2008.

Bastian, Till: Homosexuelle im Dritten Reich, München 2000.

Becker-Jákli, Barbara (Hrsg.): „Ich habe Köln doch so geliebt." Lebensgeschichten jüdischer Kölnerinnen und Kölner, Köln 1993.

— Das jüdische Köln", Köln 2012.

— Der jüdische Friedhof Köln-Bocklemünd, Köln 2016.

Bopf, Britta: „Arisierung" in Köln. Die wirtschaftliche Existenzvernichtung der Juden 1933–1945, Schriften des NS-Dokumentationszentrums der Stadt Köln, Bd. 10, Köln 2004.

Bopp, Dominika u. a. (Hrsg.): Die Enzyklopädie des Ghettos Lodz/ Litzmannstadt, Göttingen 2020.

Braasch-Schwersmann, Ursula/Gräf, Holger Thomas (Hrsg.): Hessischer Städteatlas, Lieferung I,7, Michelstadt, Marburg 2005.

Centrum Schwule Geschichte (Hrsg.): „Das sind Volksfeinde". Die Verfolgung von Homosexuellen an Rhein und Ruhr 1933–1945", Köln 1998.

— Himmel und Hölle. 100 Jahre schwul in Köln, Köln 2003.

Corbach, Dieter: 6.00 Uhr ab Messe Köln-Deutz – Deportationen 1938–1945, Köln 1999.

Daners, Hermann/Wißkirchen, Josef: Was in Brauweiler geschah – Die NS-Zeit und ihre Folgen in der Rheinischen Provinzial-Arbeitsanstalt, Pulheim 2006.

— Die Arbeitsanstalt Brauweiler bei Köln in nationalsozialistischer Zeit, Essen 2013.

Dietmar, Carl/Jung, Werner: Kleine illustrierte Geschichte der Stadt Köln, 9. überarb. Auflage, Köln 2002.

Dülffer, Jost/Szöllösi-Janze, Margit (Hrsg.): Schlagschatten auf das „braune Köln", Köln 2010.

Fings, Karola: Sinti und Roma – Geschichte einer Minderheit, 2. aktualis. Auflage, München 2019.

Fings, Karola/Sparing, Frank: Rassismus, Lager, Völkermord – Die nationalsozialistische Zigeunerverfolgung in Köln, Schriften des NS-Dokumentationszentrums der Stadt Köln, Bd. 13, Köln 2005.

Fischer, Stefanie: Ökonomisches Vertrauen und antisemitische Gewalt. Jüdische Viehhändler in Mittelfranken 1919–1939, Göttingen 2014.

Franken, Irene: „Ja, das Studium der Weiber ist schwer!". Studentinnen und Dozentinnen an der Universität Köln bis 1933, Köln 1995.

Garbe, Detlef: Zwischen Widerstand und Martyrium. Die Zeugen Jehovas im „Dritten Reich", München 1993.

Gedenkbuch – Die Sinti und Roma im Konzentrationslager Auschwitz-Birkenau, 2 Bde., München 1998.

Goebel, Christine/Hocke, Michaela/Pawelletz, Jörg: „Lebensunwert" – Entwürdigt und vernichtet. Zwangsterilisation und Patientenmorde im Nationalsozialismus im Spiegel der Quellen des Landeshauptarchivs Koblenz, Koblenz 2017.

Grübel, Monika: Landjuden – Ein Leben zwischen Land und Stadt, in: Arndt, Claudia Maria (Hrsg.) Unwiederbringlich vorbei – Geschichte und Kultur der Juden an Sieg und Rhein. 10 Jahre Gedenkstätte Landjuden an der Sieg in Windeck-Rosbach, Siegburg 2005.

Gutman, Israel (Hrsg.): Enzyklopädie des Holocaust. Die Verfolgung und Ermordung der europäischen Juden, Bde. 1–3, München/ Zürich 1995.

Haag, Heinz-Otto: „Ich gebe ihnen einen Namen." Stolpersteine in Michelstadt, Michelstadt 2013.

Joseph, Artur: Meines Vaters Haus, Köln 1959.

KidS Kinder und Jugendpädagogische Einrichtung der Stadt Köln (Hrsg.): Vom Kölner Waisenhaus zu KidS. Geschichte(n) des Sülzer Kinderheims 1917- 2012, Köln 2013.

Klarsfeld, Serge: Vichy – Auschwitz. Die Zusammenarbeit der deutschen und französischen Behörden bei der „Endlösung der Judenfrage" in Frankreich, Nördlingen 1990.

Klose, Marten: „Die gemeinsame Bluttaufe des Schlachtfeldes schafft eine Verbrüderung, die unvergänglich ist." Deutsche Juden im Ersten Weltkrieg, Masterarbeit, Oldenburg 2009.

Krüner, Klaus und Ulrike: Die Familie Spier und die Wickrather Lederfabrik, Wickrath 2017.

Kürten, Helene/Siebert, Margarete: Vergangenheit unvergessen. Schicksale jüdischer Familien in der Gemeinde Weilerswist während der Naziherrschaft, Weilerswist 2008.
Landeswohlfahrtsverband Hessen (Hrsg.): „Euthanasie" in Hadamar. Die nationalsozialistische Vernichtungspolitik in hessischen Anstalten, Kassel 1991.
— Verlegt nach Hadamar. Die Geschichte einer NS-„Euthanasie"-Anstalt, Kassel 2009.
Limpricht, Cornelia/Müller, Jürgen/Oxenius, Nina (Hrsg.): „Verführte" Männer. Das Leben der Kölner Homosexuellen im Dritten Reich, Köln 1991.
Marxen, Klaus/Schlüter, Holger: Terror und „Normalität". Urteile des nationalsozialistischen Volksgerichtshof 1934–1945, Juristische Zeitgeschichte NRW, Bd. 13, Düsseldorf 2004.
Matz, Reinhart/Vollmer, Wolfgang: Köln vor dem Krieg. Leben. Kultur. Stadt 1880 bis 1940, Köln 2012.
Matzerath, Horst: Köln in der Zeit des Nationalsozialismus, Köln 2009.
Mergel, Thomas: Köln im Kaiserreich 1871–1918, Köln 2018.
Müller, Jürgen: Ausgrenzung der Homosexuellen aus der Volksgemeinschaft. Die Verfolgung von Homosexuellen in Köln 1933–1945", Köln 2003.
NS-Dokumentationszentrum der Stadt Köln (Hrsg.): Die NS-Verfolgung der Zeugen Jehovas in Köln, Köln 2006.
— Köln im Nationalsozialismus. Ein Kurzführer durch das EL-DE-Haus, Köln 2011.
Pohl, Dieter: Nationalsozialistische Verbrechen 1939–1945. Gebhardt Handbuch der deutschen Geschichte, 10., völlig neu bearb, Auflage, Bd. 20, Stuttgart 2022.
Pracht, Elfi: Jüdisches Kulturerbe in Nordrhein-Westfalen. Teil 1: Regierungsbezirk Köln, Beiträge zu den Kultur- und Kunstdenkmälern im Rheinland, Köln 1997.
Roth, Thomas: Kölnerinnen und Kölner vor dem Volksgerichtshof. Vortrag im Begleitprogramm zur Sonderausstellung „Der Volksgerichtshof 1934–1945 – Terror durch ‚Recht'", 9. Mai 2019 im NS-Dokumentationszentrum der Stadt Köln, https://docplayer.org/184271296-Koelnerinnen-und-koelner-vor-dem-volksgerichtshof [15. 1. 2022].

Rüther, Martin: Köln im Zweiten Weltkrieg. Alltag und Erfahrungen zwischen 1939 und 1945, Schriften des NS-Dokumentationszentrums der Stadt Köln, Bd. 12, Köln 2005.

Sacerdoti, Giorgio: „Falls wir uns nicht wiedersehen". Die Familie von Siegmund Klein zwischen Rettung und Tod. Briefe aus Deutschland, Frankreich, den Niederlanden, der Schweiz und Italien, Münster/Berlin 2010.

Schlechtriemen, Kurt: Opfer des Nationalsozialismus in Köln-Müngersdorf, Köln 2017.

Schmitt, Gabi/Zbick, Heike: „... zu keiner Arbeit zu gebrauchen – Verlegt in eine andere Anstalt", Köln 2005.

Schweitzer, Sabine: Orte der Deportationen von Roma und Sinti 1938–1943, in: Dokumentationsarchiv des österreichischen Widerstandes (Hrsg.): Deportation und Vernichtung – Maly Trostinec, Wien 2019.

Schwering, Markus (Hrsg.): Leo Schwering – In den Klauen der Gestapo, Köln 1988.

Stiftung Topografie des Terrors (Hrsg.): Der Volksgerichtshof 1934–1945. Terror durch „Recht", Begleitkatalog zur gleichnamigen Ausstellung, Berlin 2018.

Tarcali, Olga: Rückkehr nach Erfurt. Erinnerungen an eine zerstörte Jugend, Erfurt 2001.

Wasserman, Steven: Grasping at Straws – Letter from the Holocaust, San Francisco 2021.

Weinhold, Kurt: Die Geschichte eines Zeitungshauses 1620–1945, Köln 1969.

Würich, Sabine: Den Dom durften wir nie betreten. Portraits ehemaliger Zwangsarbeiter in Köln, Köln 2008.

Archive

Die Biografien beziehen sich größtenteils auf Quellen aus der Datenbank des NS-Dokumentationszentrums der Stadt Köln.

Weitere Quellen:

BArch R 3017/ (Bundesarchiv Berlin, Akten Max Zienow).

BArch ZSG 134/ (Bundesarchiv, Abteilung Koblenz, Akten Max Zienow)

DOK 1928-02-27 Rheydt: Urteilsschrift des Kammergerichts Berlin, 3. Strafsenat Elßholzstraße, Strafverfahren gegen Luise Pakull,

Klara Wiechert und Heinrich Pungs, AZ 3. S. 9/28/22. Berlin 27. 02. 1928. Copyright „Jehovas Zeugen, Archiv Zentraleuropa“ (Akte Klara Stoffels).

https://arolsen-archives.org: 1 Inhaftierungsdokumente / 1.1 Lager und Ghettos / 1.1.29 Konzentrationslager Natzweiler (Struthof) / 1.1.29.2 Individuelle Unterlagen Natzweiler /. 1 Inhaftierungsdokumente / 1.1 Lager und Ghettos / 1.1.6 Konzentrationslager Dachau / 1.1.6.7 Schreibstubenkarten Dachau /. 1 Inhaftierungsdokumente / 1.1 Lager und Ghettos / 1.1.6 Konzentrationslager Dachau / 1.1.6.7 Schreibstubenkarten Dachau /. (Akten Heinrich Malmedy).

https://arolsen-archives.org: 1 inhaftierungsdokumente / 1.2 Verschiedenes / 1.2.2 Gefängnisse / 1.2.2.1 Listenmaterial Gruppe P.P. /. (Personalakte Klara Stoffels).

https://collections.ushmm.org-search/catalog/vmh503 (USC Shoah Foundation Institute testimony of Hilde Khnie, geb. Helmreich).

https://www.bundestag.de/resource/blob/585518/aa001bc743d58848b2323ccc1725c3be/WD-1-035-18-pdf-data.pdf (Dokumentation Jüdische Ärztinnen und Ärzte im Nationalsozialismus: Ausgrenzung, Entrechtung, Verfolgung), Stand: November 2020.

Telefoninterviews, E-Mails, Gespräche

Telefoninterview mit Hilde Khnie, geborene Helmreich, 2. März 2020.

E-Mails von Gunter Vandeplas, belgische Holocaust-Gedenkstätte Kazerne Dossin, 25. November und 1. Dezember 2020.

E-Mails von Marianne Spier-Donati 25. November und 2. Dezember 2020.

Telefoninterviews mit Helmut Bieger zwischen 9. März und 12. April 2021.

Gespräch mit Karl Heinz Lenz 17. September 2021.

Telefoninterview mit Jürgen Lenz 20. September 2021.

Telefoninterview mit Brigitte Eimermacher 29. September 2021.

Gespräche mit Maria Zienow 11. und 14. November 2021.

Gespräch mit Helmut Bieger 16. Dezember 2021.

Gespräch mit Steven Wassermann 13. Mai 2022.

Danksagung

Herzlich danken möchte ich Dr. Hennig Borggräfe, dem Direktor des NS-Dokumentationszentrums, und der stellvertretenden Direktorin Dr. Annemone Christians-Bernsee, die dieses Buchprojekt großzügig unterstützt haben, sowie Dr. Werner Jung, dem ehemaligen Direktor der Institution, der die Anregung zu diesem Buch gegeben hat. Ebenso herzlich danke ich den Mitarbeiterinnen und Mitarbeitern des NS-DOK, allen voran Ibrahim Basalamah, Aaron Knappstein, Nina Matuszewski, Dr. Thomas Roth und Astrid Sürth. Sie alle haben mich mehr als drei Jahre intensiv mit Rat und Tat unterstützt und mir bei der Beschaffung von Aktenmaterial und Fachliteratur geholfen. Einige haben das Manuskript kritisch gegengelesen. Zu den ersten Lesern gehörte auch mein Ehemann Martin Oehlen. Sollten sich dennoch Fehler finden, sind diese allein mir zuzuschreiben.

Sehr danken möchte ich drüber hinaus den vielen Menschen, die geduldig meine Anfragen beantworteten, mir Unterlagen zukommen ließen und mich durch ihr Interesse ermutigten, trotz der langwierigen Recherche nicht von dem Projekt abzulassen. Dazu gehören Pfarrer Armin Beuscher von der Evangelischen Kirchengemeinde Köln-Lindenthal, Helmut Bieger, Neffe von Klara Stoffels, Peter Brauer, ehemaliger Pressesprecher des Direktoriums für Vollblutzucht und Rennen e. V., Brigitte Eimermacher, Großnichte von Johanna Lenz, Dr. Karola Fings, Historikerin, Dr. Ulrich Fischer, stellvertretender Leiter des Historischen Archivs der Stadt Köln, Ulrike Krüner, Heimatverein Wickrath, Helene Kürten, Heimatforscherin, Jürgen und Karl Heinz Lenz, Neffen von Johanna Lenz, Kurt Schlechtriemen, Bürgerverein Müngersdorf, Gerhard Seemann, Geschichtsverein des Kreises Euskirchen e. V., Wolfram Slupina, Öffentlichkeitsreferent der Zeugen Jehovas, Marianne Spier-Donati, Tochter von Hilde und Carl Spier, Gunter Vandeplas, Mitarbeiter der belgischen Holocaust-Gedenkstätte Kazerne Dossin in Mechelen, Steven Wasserman, Enkel von Max und Trude Ichenhäuser, Maria Zienow, Tochter von Max Zienow.